建築施工図の基本

描き方・読み方の手引き

はじめに

　昭和50年代前半くらいまでは、施工図（仮設計画図、躯体図、平面詳細図）は現場の技術社員によって描かれるのが大半であったと思います。クーラーのない時代に汗でトレーシングペーパーが汚れるのを気にしながら、T定規、三角定規を使って描いた思い出があります。

　"施工図"を描くことは、職人との意思伝達を計るうえで大事な手段であり、また各部位の納まりが自然と頭に入る利点がありました。

　近年、建設業を取り巻く環境が一変し、設計図においては、意匠・構造・設備各図の不整合が増え、詳細図が省略されるケースが多々見受けられるようになりました。
　また、ゼネコン、工務店サイドにおいても施工図を外注業者に頼るケースが増え、現場の技術社員はチェックするのみというケースがほとんどになりました。

　この時代背景としては、建設業界の不況、そして過当競争の結果、必然的にコスト削減を設計者、施工業者とも迫られ、現場での作業量が従前に比べて増大した結果、外注業者に頼らざるをえない状況が発生したと考えられます。

　しかし　ここで考えなければならないことは"施工図"を描く習慣のない、また教育を受けていない若手の現場技術者が、正しい知識のもとで迅速にチェックできるかという点です。建物の施工品質管理は、現場の技術者が追求するのがゼネコン、工務店を問わず基本だと思います。

　本書は、現場技術者が"施工図"を描く、あるいはチェックするうえで、何が大事で何がポイントなのかを若手技術者が理解できるレベルでまとめ、実践の手引きになるように特色を出しています。また、仮設から設備に至る施工図の流れを一冊にまとめることによって、企業が若手社員の技術教育に使える様に配慮しました。
　さらに、外注業者（専門工事業者）が製作図を描くうえで必要な、作図情報の伝達についてもポイントを掲げています。

　今後、ますます激化するであろう国際的な技術、コスト面での競争に、日本のゼネコンが打ち勝つためには若手技術者のレベルアップが不可欠です。
　また、経営者の方々も優秀な覇気のある若者が進んで現場に入ってこれる環境を整えてあげるべきと考えます。本書がそのうえで少しでも役に立つことが出来れば幸いです。

平成16年5月　　　建築施工図研究会

目 次

はじめに ———— *3*
本書の構成について ———— 8
  1. 基本構成 ———— 8
  2. モデル建築 ———— 8

序 章

設計図と施工図の関係 ———— 11
  1. 設計図とは ———— 10
  2. 施工図とは ———— 12
施工工程と作図にあたっての注意事項 ———— 12
図面作成における線種の使い分け ———— 14
レイヤ管理について ———— 15
  1. レイヤの考え方と管理方法 ———— 15
  2. 管理のポイント ———— 15
  3. レイヤ管理の概要（例）———— 16

第1章 仮設計画図

1. 総合仮設計画図 ———— 20
  1．総合仮設計画図とは ———— 20
  2．事前に検討・確認が必要な項目 ———— 21
  3．計画図に表現される内容と記載方法 ———— 22
  4．総合仮設計画図作成のポイント ———— 26
  ■ 官庁提出用申請図について ———— 29
  ■ 総合仮設計画図作成のための情報図 ———— 30
  5．総合仮設計画図完成図 ———— 32

2. 根切・山留計画図 ———— 34
  1．根切・山留計画図とは ———— 34
  2．事前に検討・確認が必要な項目 ———— 35
  ■ 山留工法に関する関連事項 ———— 36
  ■ 沿道掘削願いについて ———— 37
  3．計画図に表現される内容と記載方法 ———— 37
  4．根切・山留計画図作成のポイント ———— 38
  5．根切・山留計画図完成図 ———— 40

3. 外部足場計画図 ———— 42
  1．外部足場計画図とは ———— 42
  2．事前に検討・確認が必要な項目 ———— 42
  3．計画図に表現される内容と記載方法 ———— 43
  ■ 足場の種類と規制事項 ———— 45
  4．外部足場計画図作成のポイント ———— 46
  ■ 道路・歩道の借用について ———— 49
  5．外部足場計画図完成図 ———— 50

4. 型枠支保工計画図 ──── 54
1．型枠支保工計画図とは ──── *54*
2．事前に検討・確認が必要な項目 ──── *54*
■ 型枠支保工計画図の必要性 ──── *55*
3．計画図に表現される内容と記載方法 ──── *55*
■ 型枠工法関連事項 ──── *57*
4．型枠支保工計画図作成のポイント ──── *58*
■ 目地・セパレータ等 ──── *60*
■ 型枠の施工順序 ──── *60*
■ 型枠の組立、解体に関する法的規制事項 ──── *61*
5．型枠支保工計画図完成図 ──── *62*

第2章　躯体計画図

1. 躯体図作成の共通ポイント ──── 68
1．躯体図とは ──── *68*
2．躯体図の表現 ──── *68*

2. 杭伏せ図 ──── 74
1．杭伏せ図とは ──── *74*
2．事前に検討・確認が必要な項目 ──── *74*
3．計画図に表現される内容と記載方法 ──── *75*
■ 杭の種類 ──── *75*
■ 工法の違いによる杭の分類 ──── *75*
4．杭伏せ図作成のポイント ──── *76*

3. 基礎伏せ図 ──── 78
1．基礎伏せ図とは ──── *78*
2．事前に検討・確認が必要な項目 ──── *78*
3．計画図に表現される内容と記載方法 ──── *79*
4．基礎伏せ図作成のポイント ──── *80*
5．基礎伏せ図完成図 ──── *84*

4. 立上がり躯体図 ──── 86
1．立上がり躯体図とは ──── *86*
2．事前に検討・確認が必要な項目 ──── *86*
3．計画図に表現される内容と記載方法 ──── *86*
4．立上がり躯体図作成のポイント ──── *88*
5．立上がり躯体図完成図 ──── *90*

5. 最上階立上がり躯体図 ──── 92
1．最上階立上がり躯体図とは ──── *92*
2．事前に検討・確認が必要な項目 ──── *13*
3．計画図に表現される内容と記載方法 ──── *13*
4．最上階立上がり躯体図作成のポイント ──── *13*
5．最上階立上がり躯体図完成図 ──── *96*

6. 階段躯体図 ──── 98
1．階段躯体図とは ──── *98*
2．事前に検討・確認が必要な項目 ──── *98*
3．計画図に表現される内容と記載方法 ──── *98*
■ 階段に関する建築基準法 ──── *99*
4．階段躯体図作成のポイント ──── *100*
5．階段躯体図完成図 ──── *102*

第3章　外部仕上げ計画図

1．外壁タイル割付図 ──── 106
1．外壁タイル割付図とは──── *106*
2．事前に検討・確認が必要な項目──── *106*
■　タイルの種類と張り方────106
3．計画図に表現される内容と記載方法──── *108*
4．外壁タイル割付図作成のポイント──── *110*
5．外壁タイル割付図完成図──── *112*
■　外壁タイル割付参考図────114

2．屋上仕上げ詳細図 ──── 117
1．屋上仕上げ詳細図とは──── *117*
2．事前に検討・確認が必要な項目──── *117*
3．計画図に表現される内容と記載方法──── *118*
4．屋上仕上げ詳細図作成のポイント──── *119*
5．屋上仕上げ詳細図完成図──── *13*

第4章　内部仕上げ計画図

1．平面詳細図 ──── 126
1．平面詳細図とは──── *126*
2．事前に検討・確認が必要な項目──── *126*
3．計画図に表現される内容と記載方法──── *127*
4．平面詳細図作成のポイント──── *128*
5．平面詳細図完成図──── *130*

2．天井伏せ図 ──── 132
1．天井伏せ図とは──── *132*
2．事前に検討・確認が必要な項目──── *132*
3．計画図に表現される内容と記載方法────133
4．天井伏せ図作成のポイント──── *134*
5．天井伏せ図完成図──── *13*

3．便所詳細図 ──── 138
1．便所詳細図とは──── *138*
2．事前に検討・確認が必要な項目──── *138*
3．計画図に表現される内容と記載方法──── *139*
4．便所詳細図作成のポイント──── *140*
5．便所詳細図完成図──── *142*

第5章　防水仕上げ計画図

1．防水標準詳細図 ──── 144
1．防水標準詳細図とは──── *144*
2．事前に検討・確認が必要な項目──── *144*
■　防水の種類──── *145*
3．防水標準詳細図作成のポイント──── *148*

第6章　専門工事業者作成施工図

1. 専門工事業者作成図について ───── 154
1. 事前に検討・確認が必要な項目───── *154*
2. 作図開始にあたって───── *154*

2. 建具製作図 ───── 155
1. 建具製作図の種類───── *155*
2. 設計図書および製作図について───── *155*
3. 建具製作図の共通チェックポイント───── *156*
4. 他の施工図との整合性───── *161*
5. アルミ製建具製作図───── *162*
6. スチール製建具製作図───── *164*
7. ステンレス製建具製作図───── *166*
8. シャッター製作図───── *168*

3. その他の金物製作図 ───── 171
1. その他の金物製作図───── *171*
2. その他の金物製作図のチェックポイント───── *172*

4. 製作図に関するその他の注意点 ───── 173
1. 他の製作図との整合・調整───── *173*
2. 設備・電気との整合調整───── *173*
3. 分らない場合は専門業者に質問を───── *173*
4. 承認に際しては見直しを───── *173*

5. エレベーターに関する建築工事 ───── 174
1. 防災面からの注意点───── *174*
2. 躯体面からの注意点───── *174*
■ 不停止区間がある場合の注意点───── *176*

第7章　設備施工図

1. 設備一般の注意点 ───── 178
1. 設備施工図とは───── *178*
2. 設備工事の特徴───── *179*
3. 設備工事と法規制───── *179*
4. 設備工事のチェックポイント───── *181*
5. 設備施工計画図の記号───── *183*
6. 設備施工計画図の見方───── *191*

【モデル建築にみる設備と躯体工事との関連】───── *192*
1. 基礎工事における設備工事の注意点───── *192*
2. 平面詳細図───── *194*

■ 参考：設備関係出願リスト───── *196*

●

建築施工図研究会メンバー───── *200*

本書の構成について

基本構成

　第1章から第5章までは、下記のように五つの項目に整理して詳述している。専門工事業者の製作図となる第6章・第7章についても、出来るだけこの項目に則した体裁でまとめている。

1．施工図とは
それぞれの施工図がなぜ必要なのか。その役割・目的について説明している。

2．事前に検討・確認が必要な項目
施工図作成の事前検討や、監理者に確認をとっておくことが作図作業をスピーディに進め不整合を防ぐうえで重要となる。そうした項目をチェック形式でまとめている。

3．計画図に表現される内容と表現方法
必要とされるのはどのような図面か。その内容と表現方法について説明している。

4．計画図作図のポイント
図を基に、部分的に品質や納まりのチェックポイントを解説している。

5．完成図
各項ごとに完成した施工図を掲載した。なぜ、このような納まりになったのか、部分ごとに理解することが必要である。

モデル建築

　より実践に基づいたマニュアルとするため、実在するテナントビル（店舗・学校）の設計図書を中心に編纂しているが、一般的な図面も併せて採用している。

●モデル建築の主な概要

- ・立地条件　　都市計画区域内　前面道路（東 4.0m、北 6.0m、西 4.0m）
- ・敷地面積　　基準法敷地面積　137.79m²
- ・階　数　　　地上3階建
- ・最高高さ　　9.90m
- ・延床面積　　318.78m²
- ・主体構造　　鉄筋コンクリート造
- ・杭　　　　　既成杭（支持杭）
- ・外部仕上げ　屋上　アスファルト防水層3層の上押え
  　　　　　　　　　　コンクリート厚60mm内溶接金網
  　　　　　　　　　　φ6 @100
  　　　　　　　外壁　道路側　45二丁掛けタイル
  　　　　　　　　　　隣地側　打ち放しコンクリート
  　　　　　　　　　　の上吹付けタイル
- ・内部仕上げ　床　　タイルカーペット
  　　　　　　　巾木　ソフト巾木
  　　　　　　　壁　　石膏ボード下地ビニールクロス
  　　　　　　　天井　岩綿吸音板

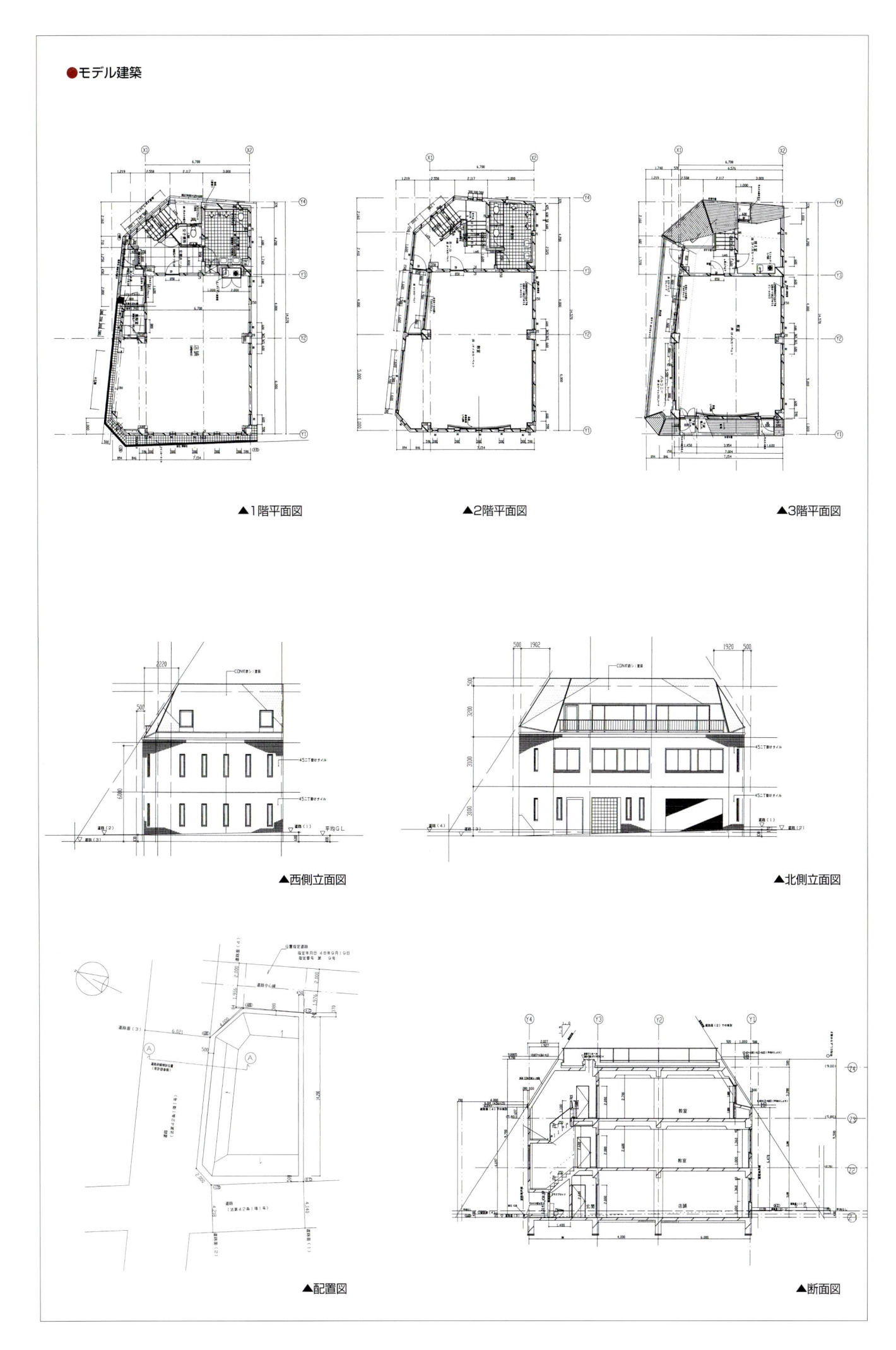

● モデル建築

▲1階平面図　　　　　　　　▲2階平面図　　　　　　　　▲3階平面図

▲西側立面図　　　　　　　　　　　　　　　　▲北側立面図

▲配置図　　　　　　　　　　　　　　　　　　▲断面図

序章

設計図と施工図の関係

1. 設計図とは

設計図は、建築物の目的・用途を図面として表現したもので、「基本設計図」「実施設計図」などがある。ここでは、実施設計図（配置図、平面図、立面図、断面図、仕上げ図等）をいう。

2. 施工図とは

施工図は、工事請負業者が施工するために作成した図面である。その中には施工上の問題点や作業効率、ＶＥ^(※)などを含め、設計仕様範囲内での変更事項が盛り込まれているが、品質や整合性により設計仕様を変更する場合もある。

(※)：VE(Value Engineering)
設計図が求める「価値」を、それが果たすべき「機能」と、そのためにかける「コスト」との関係で把握し、それに変わる他の工法や手法によって「価値」の向上を図ること。

● 施工図の役割と作成の流れ

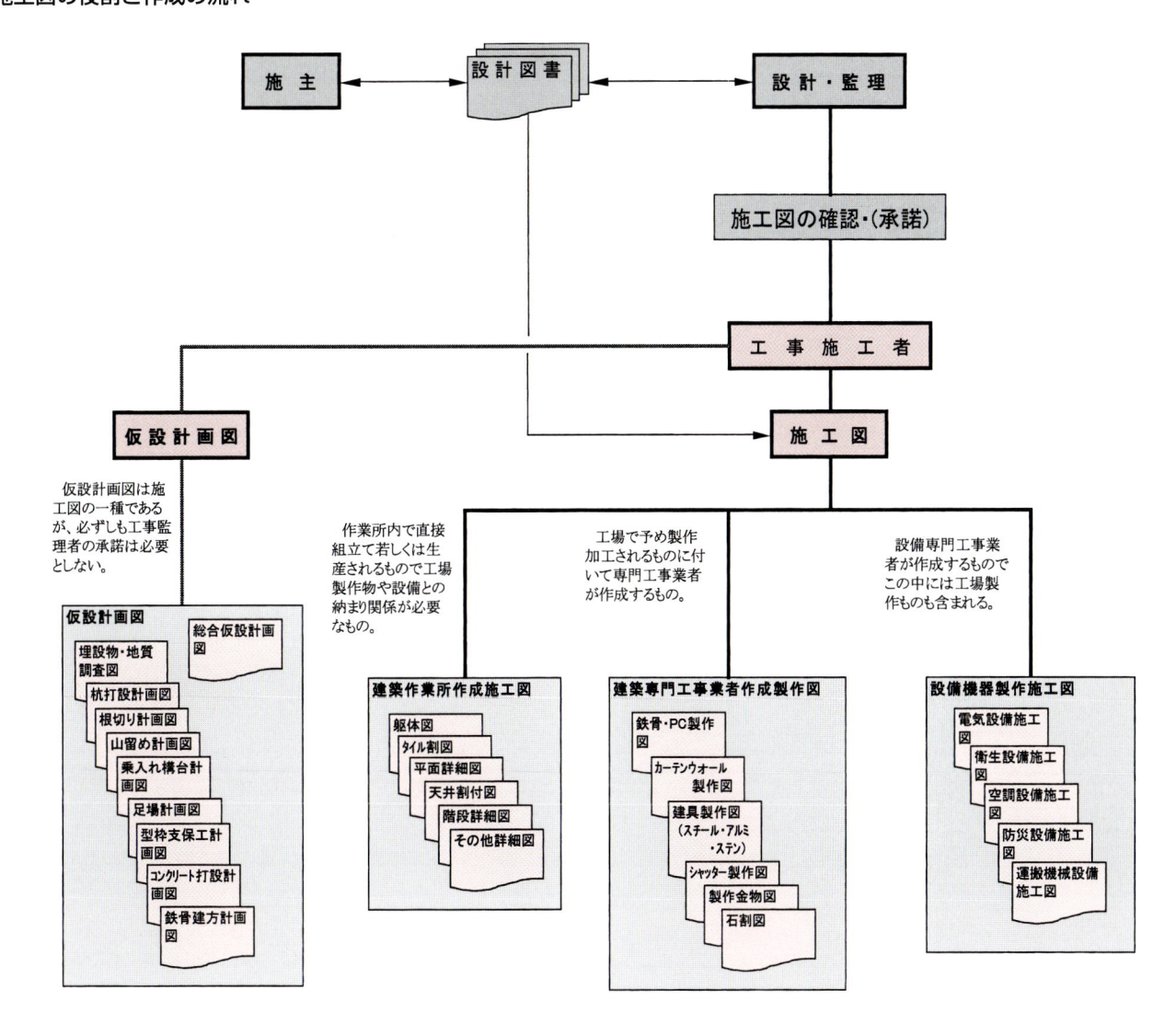

```
            施 主 ←→ 設計図書 ←→ 設計・監理
                        │
                        ↓
                   施工図の確認・(承諾)
                        │
                        ↓
                   工 事 施 工 者
                    │         │
                    ↓         ↓
                仮設計画図   施 工 図
```

仮設計画図は施工図の一種であるが、必ずしも工事監理者の承諾は必要としない。

作業所内で直接組立て若しくは生産されるもので工場製作物や設備との納まり関係が必要なもの。

工場で予め製作加工されるものに付いて専門工事業者が作成するもの。

設備専門工事業者が作成するものでこの中には工場製作ものも含まれる。

仮設計画図
- 総合仮設計画図
- 埋設物・地質調査図
- 杭打設計画図
- 根切り計画図
- 山留め計画図
- 乗入れ構台計画図
- 足場計画図
- 型枠支保工計画図
- コンクリート打設計画図
- 鉄骨建方計画図

建築作業所作成施工図
- 躯体図
- タイル割図
- 平面詳細図
- 天井割付図
- 階段詳細図
- その他詳細図

建築専門工事業者作成製作図
- 鉄骨・PC製作図
- カーテンウォール製作図
- 建具製作図（スチール・アルミ・ステン）
- シャッター製作図
- 製作金物図
- 石割図

設備機器製作施工図
- 電気設備施工図
- 衛生設備施工図
- 空調設備施工図
- 防災設備施工図
- 運搬機械設備施工図

施工工程と作図にあたっての注意事項

　下記の工程表は、モデル建築に施工図作成のスケジュールを合わせたものである。表で分るように、施工図作成のタイミングは早期で短期間に多くの施工図を描くことに加え、他の施工図や外注業者との関連もあり複雑なので注意を要する。

　まず仮設計画図から始めるが、全体の工事計画の基本概要を決めて取り掛からないと容易ではない。作図は途中で判明する細かな問題点を解決しながら進めるが、次の点に特に注意

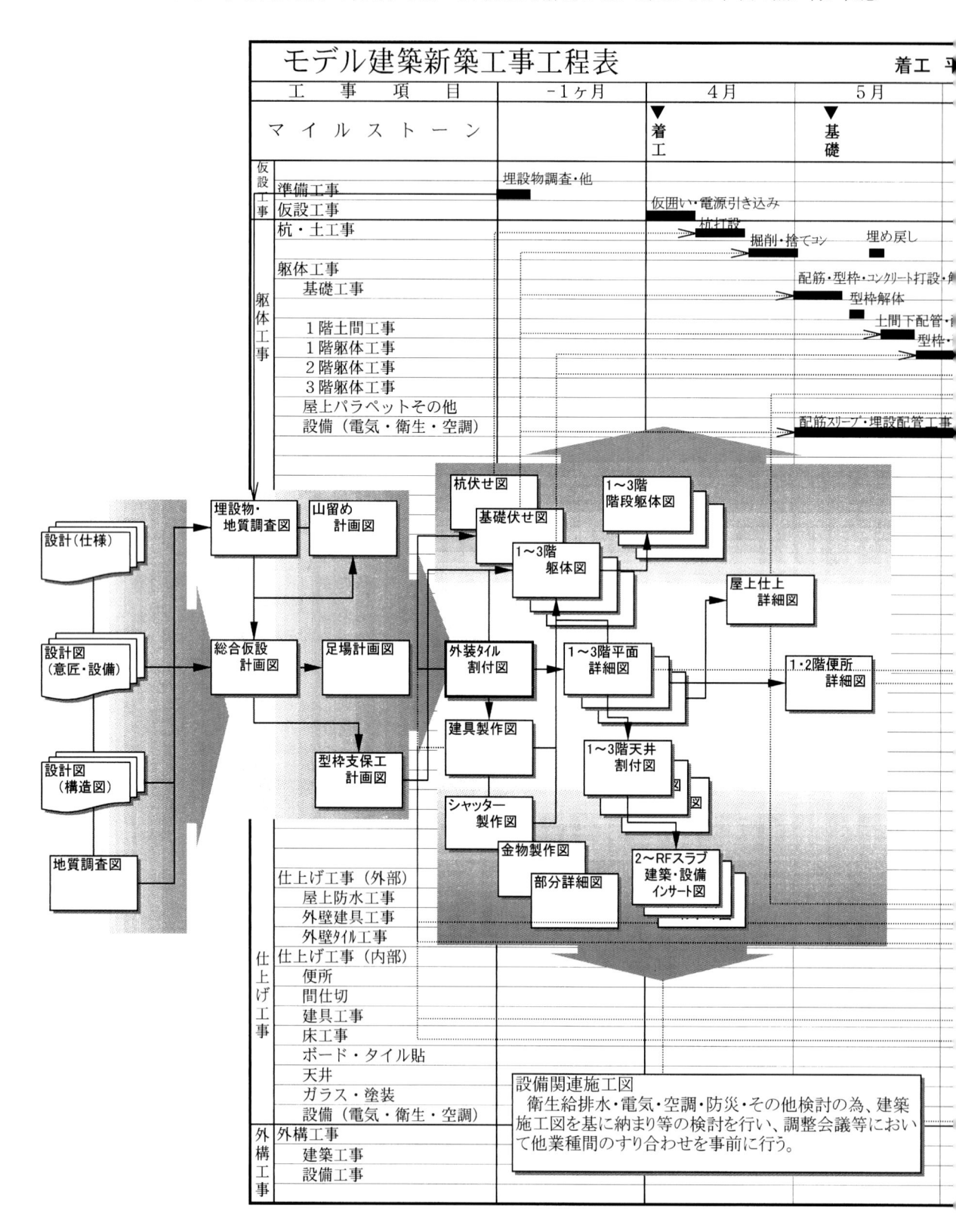

したい。

- ● **施工図間の整合**

  関連する施工図間の調整をしたことが、お互いの図面に間違いなく記載されること。

- ● **問題の発見と早期解決**

  工事が始まってから問題が発生したのでは、手戻り仕事の原因となるので、施工図の段階で問題の発見と解決を計る。

- ● **確認（承諾）**

  施工図を承諾する行為は、関連調整（付帯設備の施工図・建築専門工事業者の製作図）を終え、工事監理または施主が承諾することをいう。また、確認（承諾）には時間をかかるので早めに提出する事が必要である。

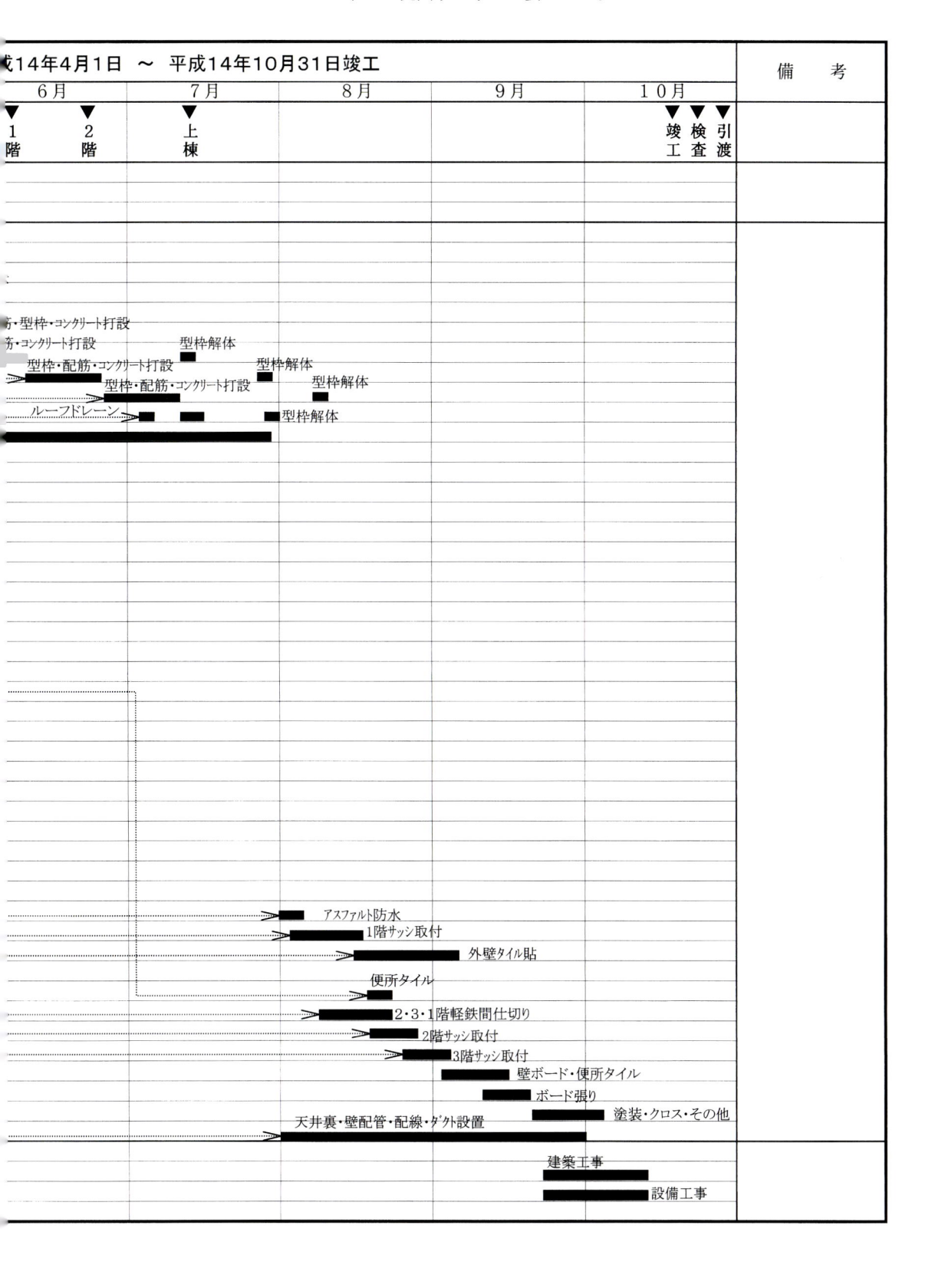

平成14年4月1日 ～ 平成14年10月31日竣工

6月	7月	8月	9月	10月	備考
▼1階 ▼2階	▼上棟			▼竣工 ▼検査 ▼引渡	

（工程表）

- 筋・型枠・コンクリート打設
- 筋・コンクリート打設
- 型枠・配筋・コンクリート打設 → 型枠解体
- 型枠・配筋・コンクリート打設 → 型枠解体
- ルーフドレーン → 型枠解体
- アスファルト防水
- 1階サッシ取付
- 外壁タイル貼
- 便所タイル
- 2・3・1階軽鉄間仕切り
- 2階サッシ取付
- 3階サッシ取付
- 壁ボード・便所タイル
- ボード張り
- 天井裏・壁配管・配線・ダクト設置
- 塗装・クロス・その他
- 建築工事
- 設備工事

13

図面作成における線種の使い分け

　施工図作成にあたって表現する部位ごとの線種をあらかじめ決めておくことが、混乱を防ぎ、理解しやすく、また作業の合理化を計るうえで大切である。下表にモデル建築図で用いた線種と部位を示したが、これは一般的に用いられている線種でもある。

線種			主な使用部位	
			仮設計画図	施工図
実線	太線	0.35	建物外周、強調したい部位・部材 各断面部、図面枠 揚重機	建物外周、強調したい部位・部材 各断面部、図面枠 躯体断面、仕上げ図の仕上げ線
	中線	0.20	各断面図 仮設建物、足場 揚重機	躯体断面、仕上げ図の仕上げ線 符号・文字 家具、設備機器
	細線	0.10	見えがかり部分	見えがかり部分、仕上げ図の躯体線 躯体見えがかり部分、天井タイルの目地 寸法引出し、補助線、コンクリートハッチング 各種ハッチング、家具・設備機器
破線	太線	0.35	仮囲い 揚重機（工事の進捗状況により 　　　　設置場所が変わる場合） ターンバックル、チェーン	
	中線	0.20	仮設建物、足場 揚重機（工事の進捗状況により 　　　　設置場所が変わる場合）	
	細線	0.10	見えがくれ部分	見えがくれ部分、仕上げ図の梁線 躯体見えがくれ部分 増し打ち部、各種ハッチング
点線	太線	0.35		
	中線	0.20	仮設建物、足場	
	細線	0.10		増し打ち部、各種ハッチング
一点鎖線	太線	0.35		止水板 重要事項説明部分の囲い
	中線	0.20	通り芯、補助通り芯	通り芯、補助通り芯
	細線	0.10	通り芯、補助通り芯 埋設物、架空線 ストックヤード	通り芯、補助通り芯
二点鎖線	太線	0.35		
	中線	0.20	道路表示 敷地境界線 ストックヤード	シャッター線 敷地境界線
	細線	0.10	埋設物、架空線 ストックヤード	シャッター線

レイヤ管理について

　施工図はＣＡＤで描かれるのが一般的となっている。レイヤを効果的に使用することが、図面の統合性、作図作業のスピードアップの面から重要である。ここでは、施工図を描くうえでのレイヤの考え方、管理方法のポイントの概要を紹介する。

1. レイヤの考え方と管理方法

● レイヤとは
　レイヤとは透明なシートのようなもので、ＣＡＤ図はこのシートが幾重にも重なって構成されている。何も指定しなければ一番下のシートに描かれているので、作成した図は0番目（または1番目）のレイヤに描かれていることになる。

● 組織と施工図
　建設工事に携わる業種は大きく分けて4社（建築・衛生空調設備・電気設備・運搬機械設備）以上となり、いずれの業者も施工図（製作図）は作成するので、工事を統括している現場管理者（建築）は、管理上の総合図（建築・衛生空調設備・電気設備の要素を1枚の図面上で表現したもの）を作成するため、建築で描かれた躯体図や平面詳細図を基に、設備・電気が各自の施工図をその上（別レイヤ）に描き足し（重ねて）建築へ戻すなど、お互いの施工上の摺り合わせを図面上で行う必要がある。

● 作図効率
　ＣＡＤの場合、共通する内容については、あるレイヤに一度描いて登録しておけば、別の図面にも利用出来る。また、標準的な詳細納まり等もデータベース化して登録しておくことにより何回でも利用出来、作図効率を高めることが可能である。

● 編集や変更時の対応
　データベース（標準納まり）の差し替え（納まり変更）等の場合は、レイヤの交換で簡単に対応出来るほか、変更前と後の図面データの保存など容易に処理できる。

2. 管理のポイント

● 共通ルールの設定
　ＣＡＤには幾つかの種類がありデータ交換（ＤＸ）[※-1]の問題もあるが、ここではAUTO-CADによる作図とする。作図の開始前に下記の1〜6の項目について決める必要がある。

項　目	確　認	内　容
1．レイヤについて	現場監理者からの要望はあるか	図面枠やその内容について
	建築側担当者が決めてよいか	衛生空調設備・電気設備業者と打ち合わせを行う
2．線種と作図画面色	標準的な線種・太さ	標準的なもの（例：P14表）
3．文字	フォント・サイズ	標準的なもの
4．作図範囲	作図の種類・担当・作図スケジュール	無駄な作業をしないため、作図工程も含め全体で検討をする
5．印刷	印刷サイズと出図スケール	Ａ０・Ａ１・Ａ２・その他
6．保存	内部サーバー・外部サーバー（ＡＳＰ）[※-2]	近年では大きなプロジェクトの場合、ＡＳＰを利用するケースも考えられる

（※-1）：ＤＸ（データエクスチェンジ）
　CADの種類によりデータ形式が異なるので、データ変換のための中間ファイルをつくる必要がある。なお、100％の変換は出来ない。

（※-2）：ASP（アプリケーション・サービス・プロバイダー）
　アプリケーション・ソフトをネットワークを介してユーザーに提供する事をASPという。

3. レイヤ管理の概要（例）

作業所名				比較的大型現場の場合のレイヤ管理表（例）	
No.	レイヤーNo.	分類	番号	内容及び部位	詳細
0	0001	共通	1	図面枠	図面枠は(赤)／関連文字は(水)
1	0002		2	通り芯・通り芯寸法	通り芯は(黄)／通り芯寸法線は(緑)／通り芯符号、寸法数字は(黄)
2	0003		3	壁芯・壁芯寸法	壁芯は(黄)／壁芯寸法線は(緑)／寸法数字は(黄)
3	0004		4	非表示線・文字・数字	柱内逢芯符号／作図範囲線／図面枠外文字
4	0005		5	キープラン	キープラン通り芯
5	0006		6	凡例	符号凡例／特記事項／キープランハッチ
6	0007		7	保留マーク・メモ	雲マーク／◆印／理由文字
7	0008		8		
8	0101	作図(仮設)	1	道路	道路線は(青)
9	0102		2	敷地境界線	境界線は(黄)
10	0103		3	建物	建物外壁線(赤)
11	0104		4	仮設工作物	仮設事務所他・仮囲い・ゲート・足場・山留・型枠支保工
12	0105		5	揚重機械設備	足場クレーン・タワークレーン・トンボクレーン・リフト
13	0106		6	仮設電気設備	電灯・動力は(赤)
14	0107		7	仮設給排水設備	給水・排水は(緑)
15	0108		8		
16	0201	作図(躯体)	1	杭	
17	0202		2	基礎	
18	0203		3	基礎・杭寸法（英数字）	寸法線は(緑)／寸法数字は(黄)
19	0204		4	基礎・杭符号	ベース符号／その他符号
20	0205		5	RC躯体（柱・壁）／S造柱	RC躯体、柱壁は(水)／鉄骨柱は(赤)
21	0206		6	RC躯体（柱・壁）寸法（英数字）	寸法線は(緑)／寸法数字は(黄)
22	0207		7	RC躯体（柱・壁）符号	
23	0208		8	梁（見上げ・見下げ・地中）	
24	0209		9	梁寸法（英数字）	寸法線は(緑)／寸法数字は(黄)
25	0210		10	梁符号	
26	0211		11	スラブ符号	
27	0212		12	開口待号	建具、ELV等
28	0213		13	SRC造鉄骨／S造部材	鉄骨柱、鉄骨梁は(赤)／胴緑　鉄骨二次部材は(水)
29	0214		14	躯体雑	スリーブ・スラブ開口及び表示・差し筋・人通口・連通管・通水管
30	0215		15	躯体雑寸法	寸法線は(緑)／寸法数字は(黄)
31	0216		16	躯体図補助線	ハッチング・断面・段差表示
32	0217		17	躯体図文字（かな漢字）	打込み物の記入及び引出し線は(緑)／記入事項(黄)
33	0218		18	躯体（断面図）	躯体図（柱・壁・梁・床）の断面図は(水)／その他(紫)
34	0219		19	躯体（断面図）用寸法（英数字）	寸法線は(緑)／寸法数字は(黄)
35	0220		20		
36	0221		21		
37	0222		22		
38	0301	作図(仕上)	1	外装パネル	PC版、ALC版、アスロック等（外部）
39	0302		2	仕上線	ボード・タイル・石
40	0303		3	建具	窓、カーテンウォール、扉、パーテーション、断面は(黄)／その他は(紫)
41	0304		4	壁下地（湿式）	CB　ALC・PC・アスロック等（内部）
42	0305		5	壁下地（乾式）	LGS　木
43	0306		6	床雑・壁雑（建築）	造付家具・手摺・グレーチング・金物・段鼻・UPDN矢印・エスカレーター
44	0307		7	床雑・壁雑（設備）	便器・流し台等　衛生器具
45	0308		8	備品	家具
46	0309		9	平詳図補助線	ハッチング線は(青)／開口、段差表示記号は(黄)
47	0310		10	平詳図文字（かな漢字）	図面内記入文字／引出し文字・階段段数
48	0311		11	平詳図寸法（英数字）	仕上げ寸法線は(緑)／寸法数字は(黄)
49	0312		12	仕上表・符号	建具表、符号・間仕切壁断面図、符号・標準部品
50	0313		13		
51	0314		14	天井目地	床目地（平詳）．壁目地（展開図）も含まれる
52	0315		15	天井割芯・割付寸法	寸法線は(緑)／寸法数字は(黄)
53	0316		16	天井雑（建築）	カーテンボックス・防煙垂壁・カーテンレール・点検口
54	0317		17		
55	0318		18		
56	0319		19		
57	1101	作図(設備)	1	電気（照明コンセント・動力）	照明器具
58	1102		2		コンセント
59	1103		3		天井内配線
60	1201		1	衛生（給水・排水）	器具類
61	1202		2		排水口
62	1203		3		
63	1301		1	空調	吹出し口
64	1302		2		天井内ダクト
65	1303		3		操作盤
66	1401		1	防災	各種器具
67	1402		2		
68	1403		3		
69	1701		1	その他	エレベーター表示盤・操作盤
70	1702		2		
71	1703		3		

線の太さ及びＣＲＴ画面の(色)					
太 線	中 線	中 線	中 線	中 線	細 線
0.35(赤)	0.20(水)	0.20(黄)	0.20(紫)	0.20(緑)	0.10(青)

作図の線種・太さ及びＣＲＴ画面の(色)										備　　考
仮設図	杭伏図	基礎伏図	床伏図	一般躯体図(見上)	躯体断面図	平面詳細図	天井伏図	タイル割図(内外)	設備図	
実　線	実　線	実　線	実　線	実　線	実　線	実　線	実　線	実　線	実　線	
一点鎖線(赤)	一点鎖線(赤)	一点鎖線(赤)	一点鎖線(赤)	一点鎖線(赤)	一点鎖線(赤)	一点鎖線(赤)	一点鎖線(赤)	一点鎖線(赤)	一点鎖線	数字は実線(黄)
一点鎖線	一点鎖線	一点鎖線	一点鎖線	一点鎖線	一点鎖線	一点鎖線	一点鎖線	一点鎖線	一点鎖線	数字は実線(黄)
○	○	○	○	○	○	○	○	○	○	線種は自由(白)
実　線	実　線	実　線	実　線	実　線	実　線	実　線	実　線	実　線	実　線	
実　線	実　線	実　線	実　線	実　線	実　線	実　線	実　線	実　線	実　線	
二点鎖線	－	－	－	－	－	－	－	－	二点鎖線	
二点鎖線	－	－	－	－	－	－	－	－	二点鎖線	
実　線	－	－	－	－	－	－	－	－	実　線	
実　線	－	－	－	－	－	－	－	－	実　線	
実　線	－	－	－	－	－	－	－	－	実　線	
実　線	－	－	－	－	－	－	－	－	実　線	
－	実　線	破　線	－	－	－	－	－	－	－	
－	破　線	実　線	実　線	－	－	－	－	－	－	
－	一点鎖線	実　線	－	－	－	－	－	－	－	数字は実線(黄)
－	－	実　線	実　線	－	－	－	－	－	－	
－	－	実　線	実　線	実　線	－	実　線	実　線	実　線	－	打放し線は破線(青)
－	実　線	実　線	実　線	実　線	－	実　線	実　線	実　線	－	数字は実線(黄)
－	実　線	実　線	実　線	実　線	実　線	実　線	実　線	実　線	－	
－	－	実線(青)	破線(青)	実線(青)	－	破線(青)	実線(青)	－	－	打放し線は破線(紫)
－	－	実　線	実　線	実　線	－	－	－	－	－	数字は実線(黄)
－	－	実　線	－	実　線	－	－	－	－	－	
－	－	－	－	－	実　線	－	－	－	－	
－	－	－	－	－	実　線	－	－	－	－	
－	実線(赤)	実線(赤)	実線(赤)	実線(赤)	－	実線(赤)	実線(赤)	実線(赤)	－	
－	－	実　線	実　線	実　線	－	－	－	－	－	
－	一点鎖線	実　線	実　線	実　線	－	－	－	－	－	数字は、実線(黄)
－	－	実　線	実　線	実　線	－	－	－	－	－	
－	実　線	実　線	実　線	実　線	－	－	－	－	－	見通し線は実線(紫) 打放し線は破線(青)
－	－	－	－	－	実　線	－	－	－	－	数字は実線(黄)
－	－	－	－	－	実　線	－	－	－	－	
－	－	－	－	実　線	－	実　線	実　線	実　線	－	
－	－	－	－	－	－	実　線	実　線	実　線	－	
－	－	－	－	－	－	実　線	実　線	実　線	－	
－	－	－	実　線	実　線	－	実　線	実　線	実　線	－	
－	－	－	－	－	－	実　線	実　線	実　線	－	
－	－	－	－	－	－	実線(青)	－	実線(紫)	－	
－	－	－	－	－	－	実線(青)	－	実線(紫)	－	
－	－	－	－	－	－	実線(青)	－	実線(紫)	－	
－	－	－	－	－	－	破線(青)	－	破線(紫)	－	
－	－	－	－	－	－	実線(青)	－	実線(紫)	－	
－	－	－	－	－	－	一点鎖線	－	一点鎖線	－	数字は実線(黄)
－	－	－	－	－	－	実　線	実　線	実　線	－	
－	－	－	－	－	－	実線(青)	実線(青)	実線(青)	－	
－	－	－	－	－	－	－	一点鎖線	－	－	数字は実線(黄)
－	－	－	－	－	－	－	実線(青)	－	－	
－	－	－	－	－	－	－	実線(水)	実線(水)	実線その他	建築図と重ねる場合は水色
－	－	－	－	－	－	実線(水)	－	実線(水)	実線その他	〃
－	－	－	－	－	－	－	－	－	実線その他	〃
－	－	－	－	－	－	実線(水)	－	実線(水)	実線その他	〃
－	－	－	－	－	－	－	－	実線(水)	実線その他	〃
－	－	－	－	－	－	－	実線(水)	－	実線その他	建築図と重ねる場合は水色
－	－	－	－	－	－	－	－	－	実線その他	〃
－	－	－	－	－	－	実線(水)	－	－	実線その他	〃
－	－	－	－	－	－	実線(水)	－	－	実線その他	〃
－	－	－	－	－	－	実線(水)	－	実線その他		
－	－	－	－	－	－	実線(水)	－	－	実線その他	建築図と重ねる場合は水色

仮設計画図

第1章

1. 総合仮設計画図
2. 根切・山留計画図
3. 外部足場計画図
4. 型枠支保工計画図

1 総合仮設計画図

1. 総合仮設計画図とは

当該建物の建設工事を進める上で共通的に使用される仮設設備等の計画図であり、一般仮設計画図あるいは共通仮設計画図とも呼ばれる。

そもそも仮設とは最終的には解体撤去されてしまうため他の工事に比べて軽く考えられているが、工事を効率よく安全に行うためにはきわめて重要であり、品質の良否も総合仮設の内容に左右されることが多い。

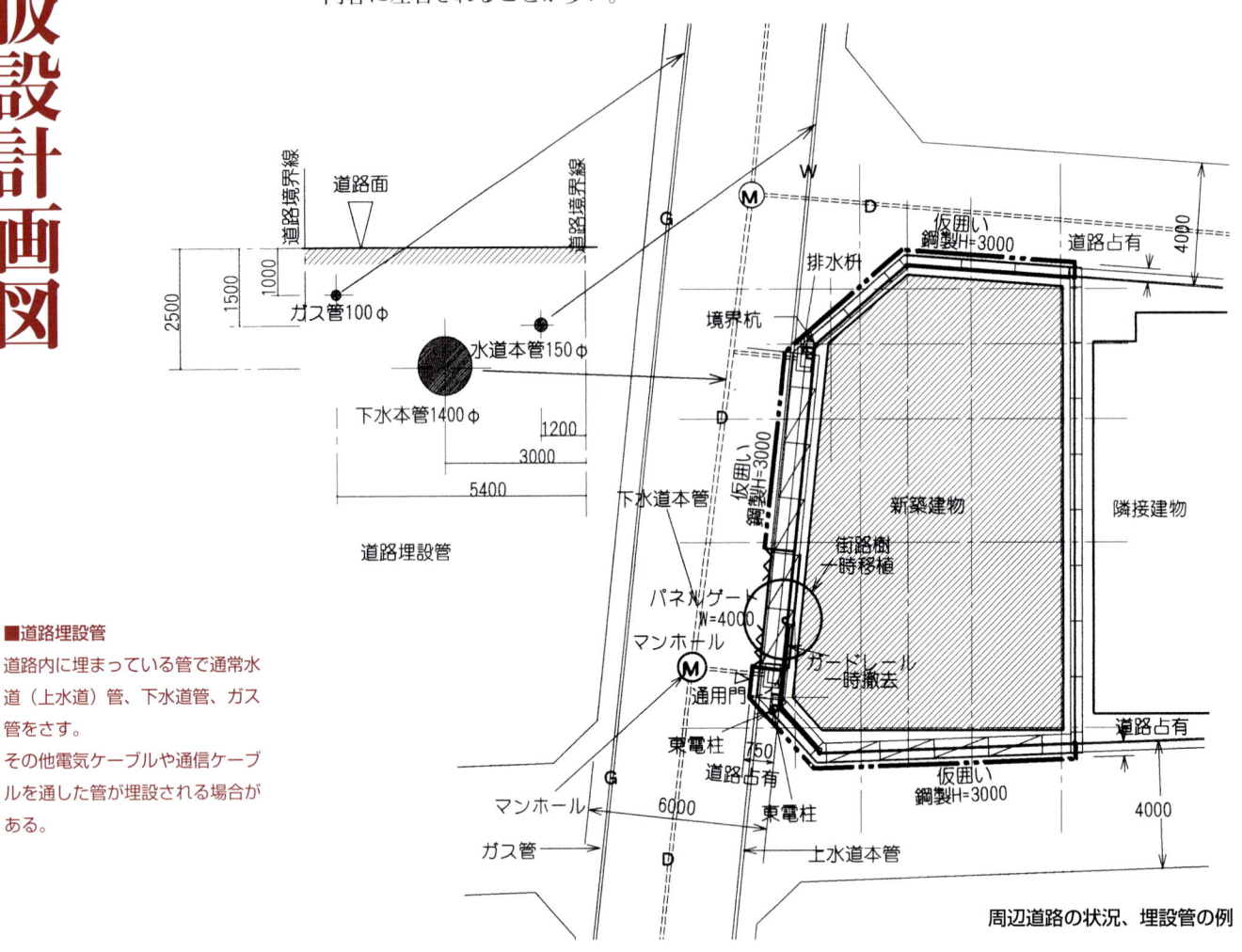

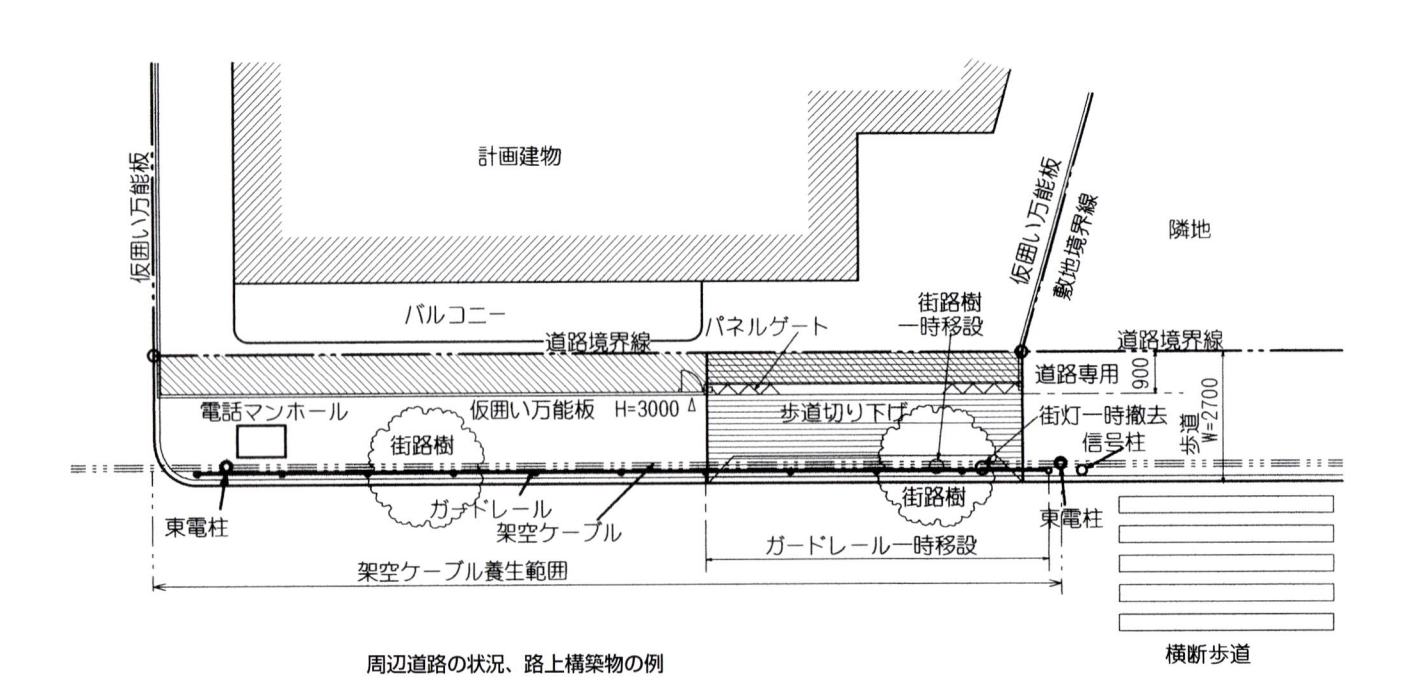

■道路埋設管
道路内に埋まっている管で通常水道（上水道）管、下水道管、ガス管をさす。
その他電気ケーブルや通信ケーブルを通した管が埋設される場合がある。

周辺道路の状況、埋設管の例

周辺道路の状況、路上構築物の例

2. 事前に検討・確認が必要な項目

総合仮設計画図を作成する場合は、建設現場の状況を必ず現地に行き確認する必要がある。工事の条件は作業所ごとに異なり、また計画を行う人によってもその内容は変わってくる。さまざまな条件の中で、最良の計画を見つけ出すことが大切である。(下表参照)

■ 事前に検討・確認が必要な項目のチェックシート

検討項目	確認事項	内　　容
敷地境界杭	□ 敷地境界杭が正しく設置されているか	設計図書との比較を行う
	□ 敷地境界杭が移動する可能性がないか	設置状況と工事の関係を確認する
	□ 移動した場合、復旧が可能か	引照点の特定や(国道、地方道)設置の必要性がないか
周辺道路	□ 道路の幅員・構造、種類はどうか	種類により道路管理者が異なる
	□ 歩道・ガードレール・街路樹等の有無は	仮囲いやゲートの設置位置を確認する
	□ 横断歩道の有無および位置は	車輌の通行に及ぼす影響を確認する
	□ 交通標識、電柱、公共枡等の位置は	外部足場組の影響を確認する
	□ 通行規制がないか（一方通行、重量規制等）	ゲートの幅、搬入車量の大きさに対する制限を確認する
	□ 横断歩道、信号機が敷地近くにないか	ゲートとの位置関係を確認する
	□ 敷地と道路面の高低差は	公道へ直接出ることが可能か、歩道切下げの必要性は
道路埋設配管	□ 埋設配管の種類と本数を確認したか	上下水道、ガス、電気・通信ケーブル
	□ 配管の径、深さ、道路境界からの離れは	沿道掘削願の必要性を確認する
電気・給排水	□ 東電架空ケーブルの位置が工事に影響しないか	クレーンによる荷取込みに影響しないか
	□ 仮設電気の容量および引き込み位置は	受電形態（高圧、低圧）と引き込み位置
	□ 給水管の接続（分岐）位置は	上水道のメーターが読みとり可能か
	□ 排水管の接続位置は	仮設排水管の敷設位置計画をする
近隣建物	□ 建物の規模、構造はどの様なものか	木造、ＲＣ造等を確認する
	□ 建物に地下階や杭があるか	掘削に対する影響を確認する
	□ 敷地境界との離れは十分か、庇等の出はどうか	外部足場計画での種類、養生方法を確認する
埋設物	□ 敷地内に埋設配管がないか確認したか	水道管やガス管が残っていないか
	□ 既存の躯体等がないか図面・試掘で確認したか	基礎、杭等の障害物が残っていないか
作業環境	□ 周辺道路の通行量は、時間帯による変化はないか	通勤、通学路になっていないか
	□ 近くに学校や病院等の公共施設がないか	不特定多数の人の通行がないか
	□ 環境の変化が職業に影響を及ぼす人がいないか	水質変化、振動等が商売に影響しないか
	□ 商店街や町内会の行事、習慣を確認したか	日、曜日等により通行の制限がないか
	□ 電波障害の有無を確認したか	工事の機械や足場が影響しないか
	□ 地域住民との工事協定を結んだか	作業時間等の制約を確認する
その他	□ 施工上の法律、条令、行政指導を確認したか	条令は建設場所により異なるので注意
	□ 道路占用の使用許可巾を確認したか	道路管理者に確認する
	□ 河川等が近くにある場合、水位を確認したか	掘削時の湧水の水位に影響する

3. 計画図に表現される内容と記載方法

1. 敷地形状と建築建物

1) 建設用の敷地を明示するため、境界杭の間を直線で結ぶ。
2) 使用する線種は中太の一点鎖線線か二点鎖線が一般的。
3) 地図は通常真北を上方向とするが、通り芯を水平・垂直に使用するため方位がずれる。必ず方位を記入すること。
4) 建築建物は外壁線を中太の実線で表示する。庇等で外壁より張り出している部分はその縁線を記入する。
5) 当初建物位置を決める場合に基準とした境界線あるいは境界杭が決められているので、基準通り芯との寸法を明確にしておく。

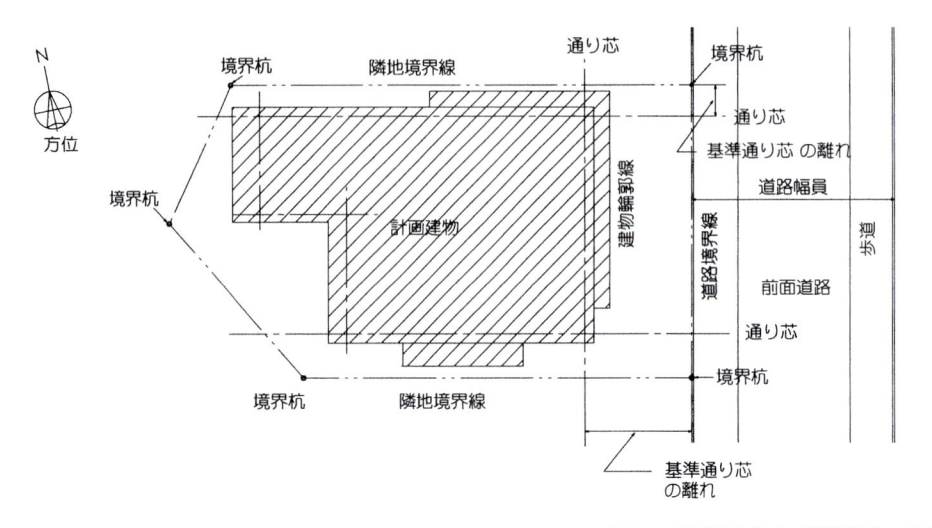

敷地、周辺道路および計画建物の記載例

2. 仮囲い

1) 種類は建設現場の立地条件にもよるが、バリケードやガイドフェンスの簡便な据え置き型のものからパイプで下地を組み生子鉄板や万能鋼製板を張ったものまであり、市街地では万能鋼製板を採用するケースが多い。
2) 種類は線種で表現する場合もあるが、通常仮囲いの材質・位置・高さおよび範囲を明示する。

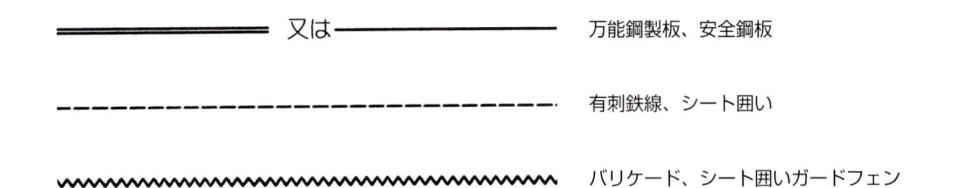

———— 又は ———— 万能鋼製板、安全鋼板

― ― ― ― ― ― ― ― ― ― 有刺鉄線、シート囲い

〜〜〜〜〜〜〜〜〜〜 バリケード、シート囲いガードフェン

仮囲いの描き方

3. 出入り口ゲート

1) 仮囲いに開口部を設け出入り口として使用するもので、種類はシートゲート、パネルゲート、内開き戸、シャッターゲートなどがある。
2) 工事規模や資材運搬車の大きさ、および搬入路の状況によりゲートの種類、開口寸法は異なる。
3) 出入り口ゲート部分に歩道の切り下げやガードレール・街灯等の移設・撤去が必要とされる場合は、その旨を標記する。この場合、関係諸官庁に届け出や申請が必要となる。

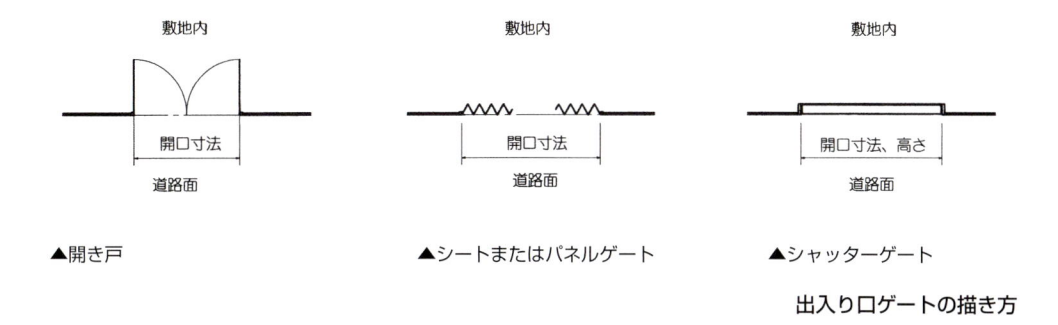

▲開き戸　　　　　　　　　　▲シートまたはパネルゲート　　　　　▲シャッターゲート

出入り口ゲートの描き方

4. 仮設道路

1) 建設車両や資材搬出入車両の動線計画に沿って計画され、一般的には鉄板敷きや砕石転圧等が用いられる。
2) 計画図には、位置・幅員・種類を記入する。場合によっては排水設備、散水設備をいれる。
3) 敷き鉄板のサイズには、1.5m×6.0m 厚22mm、1.2m×2.4m 厚19mm などがある。

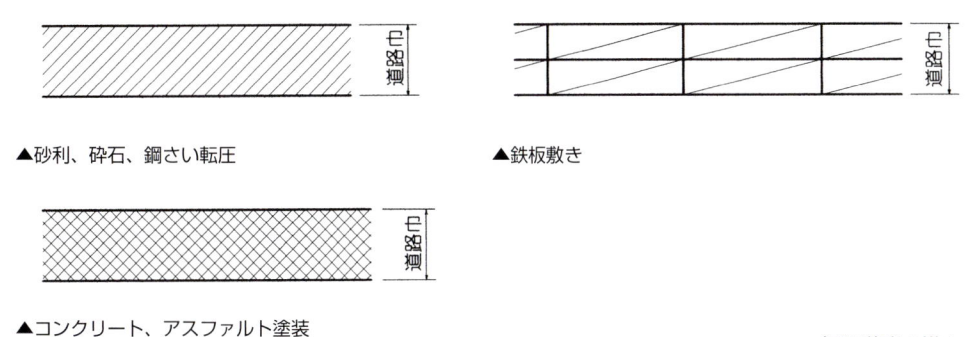

▲砂利、砕石、鋼さい転圧　　　　　　　▲鉄板敷き

▲コンクリート、アスファルト塗装

仮設道路の描き方

5. 仮設建物

1) 仮設建物は工事事務所を含め種類は多いが、敷地の関係もあり設置出来るものが限られる。
2) 工事事務所については、敷地外 (借地、借家) に設けるケースも多い。
3) 必要性が高いものは作業員詰所、便所、各種倉庫、受電・給排水衛生設備などがある。
4) 監理事務所、工事事務所および作業員詰所などは、通常、ユニットハウスや組立ハウスを専門業者からリースして使用している。
5) 仮設建物とはいえ現場の敷地外に建てる場合は、建築基準法・消防法あるいは労働基準法等の適用を受けるので注意が必要となる。

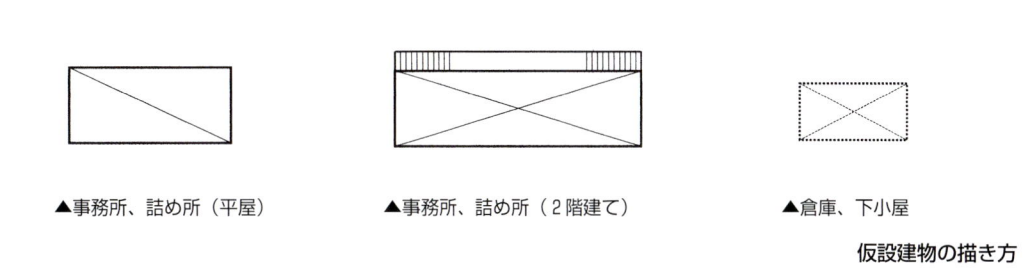

▲事務所、詰め所（平屋）　　　▲事務所、詰め所（2階建て）　　　▲倉庫、下小屋

仮設建物の描き方

6. 電気・給排水設備

1) 工事用の電力については取り扱いに一定の資格が必要となり、本線からの取り込みは電力会社に依頼する。
2) 計画図では引き込み位置、分電盤の位置、幹線の付設位置、敷地内外照明および場合により受電設備等の位置を記入する。
3) 敷地周囲に架空電線がある場合は、感電防止養生 (養生管) が必要となる。
4) 給水は引き込み位置および給水配管経路、排水は場外の排水位置、仮設建物・便所等か

らの排水経路を記入する。排水は勾配が必要となるので、あまり距離が長くならないように注意する。

5) 掘削工事の雨水や地下水の溜水は直接下水道に放水することが出来ない。沈砂槽設備により、土・砂を除去する。根切り計画図の排水計画に沈砂槽の位置を記入する。

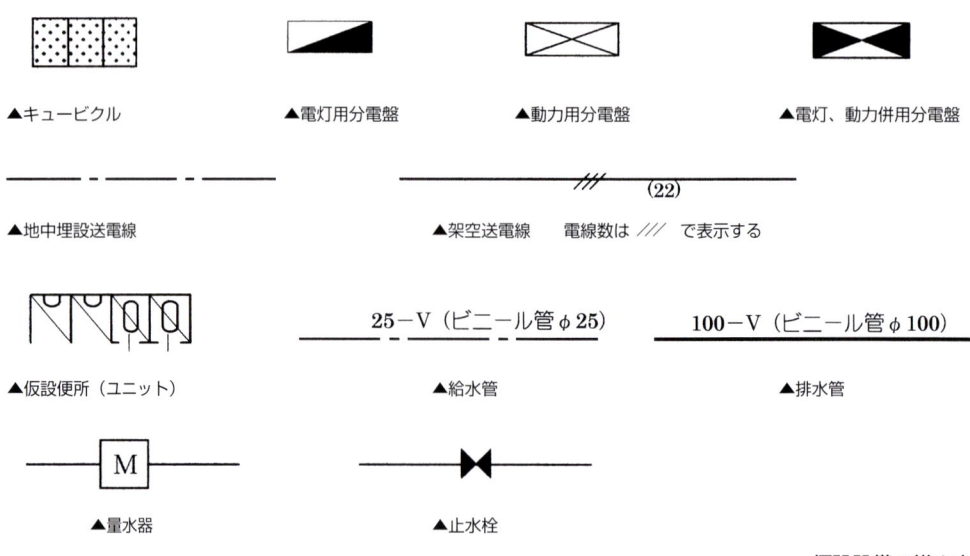

▲キュービクル　　▲電灯用分電盤　　▲動力用分電盤　　▲電灯、動力併用分電盤

▲地中埋設送電線　　▲架空送電線　電線数は /// で表示する

▲仮設便所（ユニット）　　25－V（ビニール管φ25）▲給水管　　100－V（ビニール管φ100）▲排水管

▲量水器　　▲止水栓

仮設設備の描き方

7. 外部足場

1) 足場は直接仮設工事に含まれるが、揚重機設備や安全防護設備と関連して総合仮設計画図に盛り込まれる。
2) 足場の設置位置・種類・昇降路等を記入する。
3) 特に敷地境界までの間隔が狭く道路占用や隣地借地を行う場合はその範囲を明示する。隣地の上空を借りる場合は、地上からの高さを記入する。

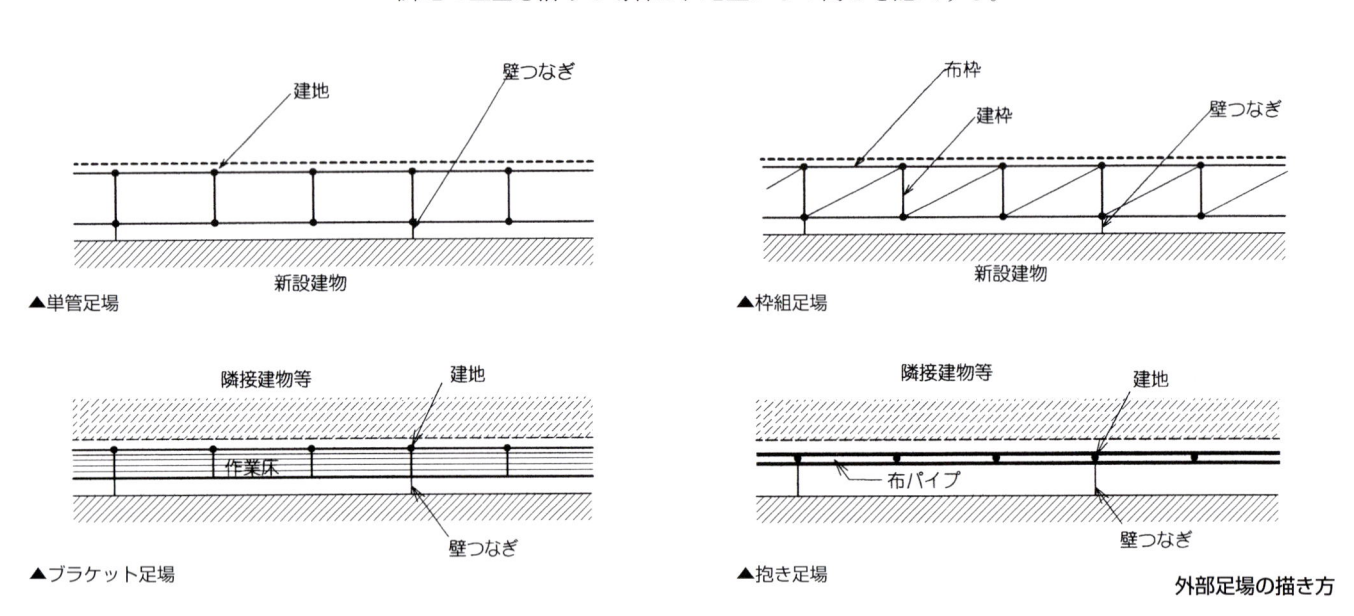

▲単管足場　　▲枠組足場
▲ブラケット足場　　▲抱き足場

外部足場の描き方

8. 揚重機械設備

1) 躯体工事期間中の鉄筋や型枠資材の揚重は移動式クレーン（レッカー、クローラークレーン）や定置式クレーンが用いられる。
2) 仕上げ工事期間中は建物内に資材を取込む必要があるため工事用リフト、工事用エレベーター（人荷兼用）が多く用いられる。
3) 計画図には揚重設備の種類・設置位置・能力および作業半径を記入する。定置式クレーンは旋回可能範囲（旋回リミット）を設定し表示する。

■ **通常使用される建設用荷揚げ機械の分類**

分類	機種	形式、名称	備考
定置式クレーン	タワークレーン		
	ジブクレーン		水平ジブ式（トンボクレーン）
			起伏ジブ式
	簡易ジブクレーン		
移動式クレーン	トラッククレーン		ブーム仕様
			タワー仕様
	クローラークレーン		ブーム仕様
			タワー仕様
	油圧レッカー		
建設用リフト	1本構リフト	ユニバーサルリフト	ロープ式
	2本構リフト	ロングリフト	ロープ式
建設用エレベーター	人荷エレベーター		ラック式
	ロングスパンエレベーター	PIAT	ラック式

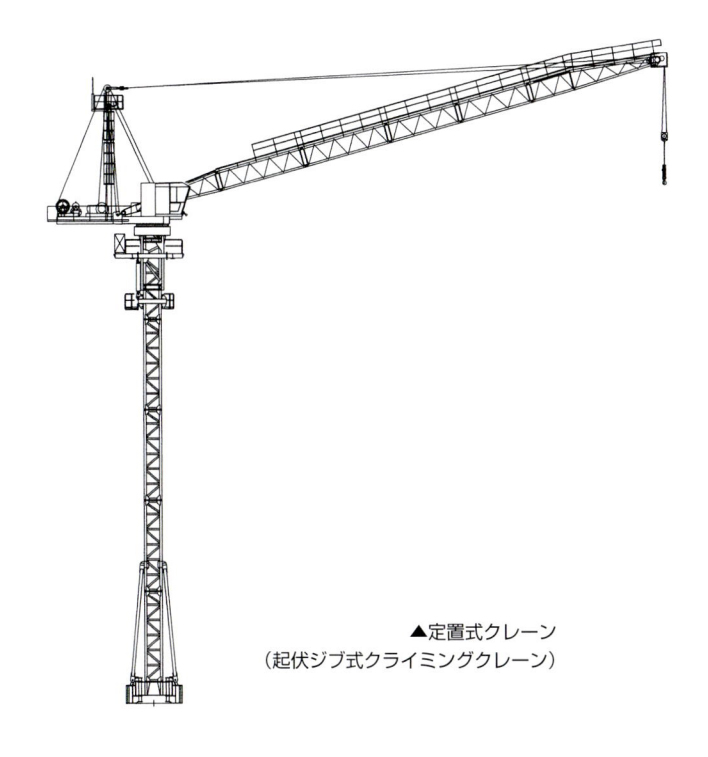

▲定置式クレーン
（起伏ジブ式クライミングクレーン）

▲移動式クレーン
（クローラークレーンタワーモード）

揚重設備／クレーン

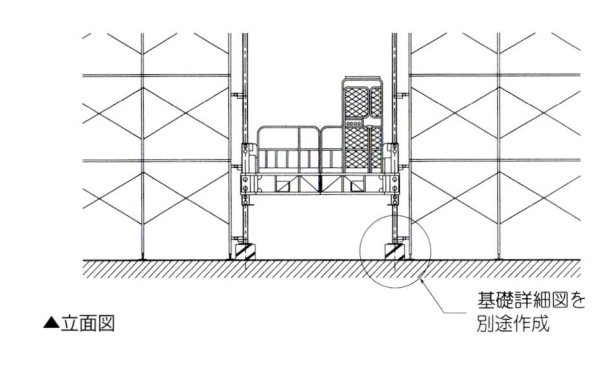

▲立面図 ― 基礎詳細図を別途作成

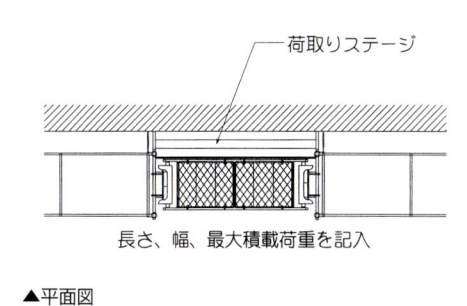

▲平面図 ― 荷取りステージ
長さ、幅、最大積載荷重を記入

揚重設備／エレベーター

9. その他

1) 防護構台については構造計算の裏付けが必要であり、最近は特に歩道上の構台が許可されない場合が多い。
2) 架空ケーブル（電線）が敷地側にある場合はクレーン等による荷取り作業に影響がある。感電防止のためケーブルを防護管で養生する。

4. 総合仮設計画図作成のポイント

総合仮設計画図のチェックは、設計図書や現地調査によって得られた情報が正しく反映されているかを確認する。計画の内容について最終的な各項目の整合性を確認する。

A 敷地に関するトラブルを防ぐために、敷地境界の確認を設計者、施主や隣地の所有者および道路監理者の立ち会いを求め確認する。
境界杭が無くなっている場合や位置がずれている場合もあるので境界杭の設置や逃げのポイントを設定しておく。
敷地の実測結果は総合仮設計画図か敷地実測図等に記録する。

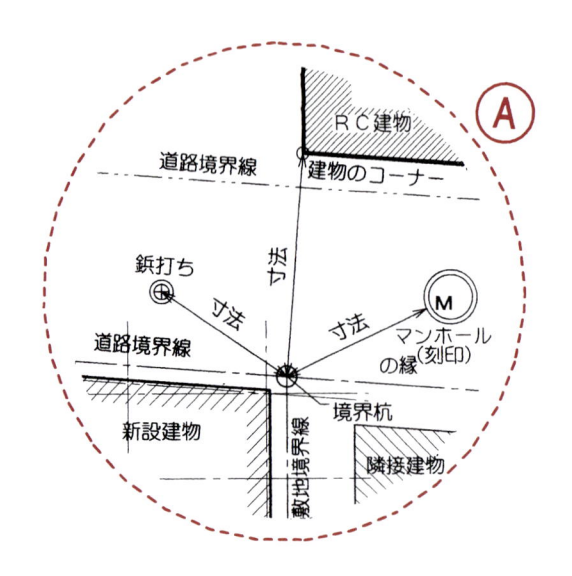

C 仮囲いの種類は、工事の規模や建設場所により検討が必要だが、高さは法律で1.8m以上が義務付けられている。自治体独自や設計図書に定めている場合もあるが、市街地においては、通常3.0mガード鋼板が使われるケースが多い。

D 近隣建物の位置、形状、状態を調査し、地下工事の影響による地盤の変位や工事用重機の接触、外部足場架設、飛来落下物養生等について検討する。

▲A部詳細図

E 出入り口の位置や幅員は工事動線、道路の状態により決まる。スムーズに出入りの出来ることが望ましい。
仮設道路は、通行する重機・車両の量や重量・大きさにより、構造や幅員を決める。
また、将来位置変更等が予定される場合は、簡単に撤去・移設が出来る構造とする。

F 敷地との間隔が少ない場合は、単管一側ブラケット足場や単管抱き足場とする。（45頁参照）

G 建物と道路境界までの間隔が不十分な場合、道路巾の1／6以下かつ1mまで（歩道がある場合には歩道巾の1／3以下かつ1m以内）の範囲を借りることが出来る。

H 荷揚げ用クレーンは、機種名および最大吊り上げ荷重と作業半径を記入し、旋回範囲を表示する。
路上に運搬車をおいて荷揚げ作業を行う場合は、道路使用の届け出が必要となり、歩行者や一般車両の誘導を行うための誘導員の設置や安全防護設備が義務付けられる。
コンクリート打設時のミキサーやポンプ車を配置する場合も同様と考えること。

仮設平面図

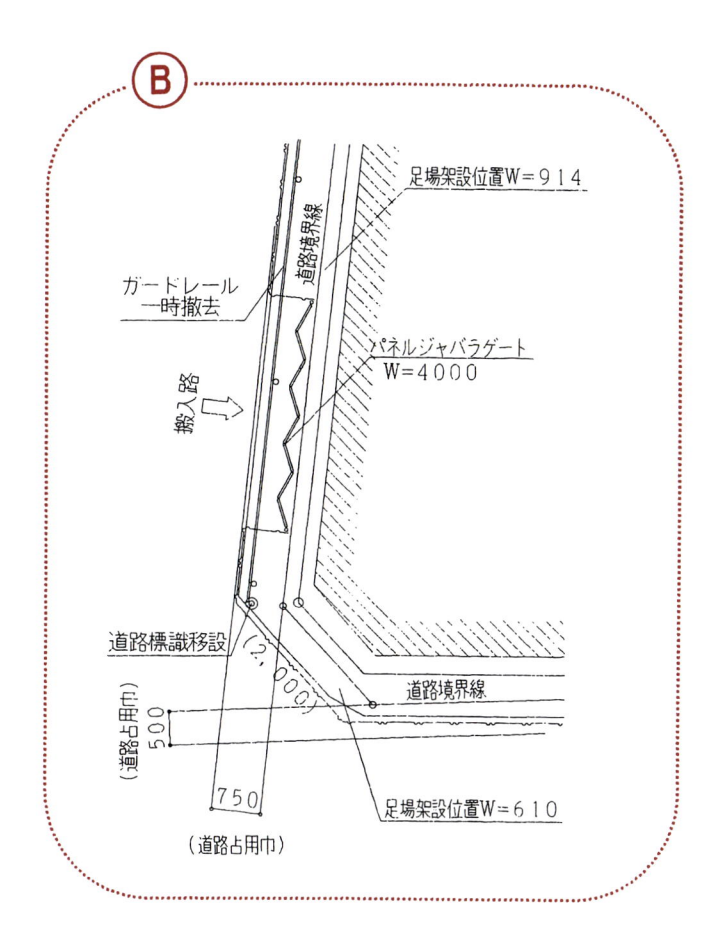

▲B部詳細図

B 敷地周囲の道路上にある架空ケーブル、電柱について位置や本数を調査する。
工事車両の通行や資材の搬出入に影響が出る恐れがある場合は迂回や養生方法を検討する。
さらに、信号機・街灯・交通標識・街路樹・ガードレールなどの調査を行う。
工事の出入り口計画に関連して、一時移設や防護・養生を必要とする場合がある。

■ 図中の解説以外の注意点

● 敷地内の既存の建物・工作物、樹木、埋設物等の、工事に障害となるものの位置・大きさを記録する。樹木等で当初の位置に復旧を要求される場合があるので、位置については敷地との関係が必要になる。

● 敷地周辺道路には上下水道管、ガス管、ケーブル等の埋設物が多い。これらが工事の影響を受ける恐れがある場合は迂回や養生方法の検討が必要になるため、埋設管の種類、敷地との離れ、埋設深さを調査し記録する。

● 仮囲い、出入り口、工事用足場や安全設備を計画する上で、周辺道路の幅員、歩道の有無、私・公道（国、県、地方道）、交通規制（重量制限、高さ制限、通行方向）などを調査する。
近くに学校等がある場合は、通行時間の制約を受ける場合がある。

● 工事事務所を初めとする仮設建物は敷地の余裕に左右される。外構工事部分等極力長く置ける場所や解体搬出も考慮して決める。工事事務所は場外に借用する場合も多い。

● 工事用電力は使用する機械や建物規模により異なる。高圧受電（50KW以上）を行う場合はキュービクルや引き込み電柱の設置が必要となる。また申し込み方法も異なる上、使用可能となるまでに時間がかかる。

● 工事用水は通常上水道水を使用するが、本管からの引き込み位置は掘削工事に影響が出ないように計画する。また、排水は下水本管に放流するのに勾配が必要となる。不純物の除去や水質の管理が要求される。

● 外部足場計画は建物と敷地境界の間隔を確認する。通常は枠組本足場や単管本足場が用いられ、枠内に昇降路を設ける場合はW=900以上が必要である。

1章　仮設計画図

仮設断面図

C 仮囲いの種類は、工事の規模や建設場所により検討が必要だが、高さは法律で1.8m以上が義務付けられている。
自治体独自や設計図書に定めている場合もあるが、市街地においては、通常3.0mガード鋼板が使われるケースが多い。

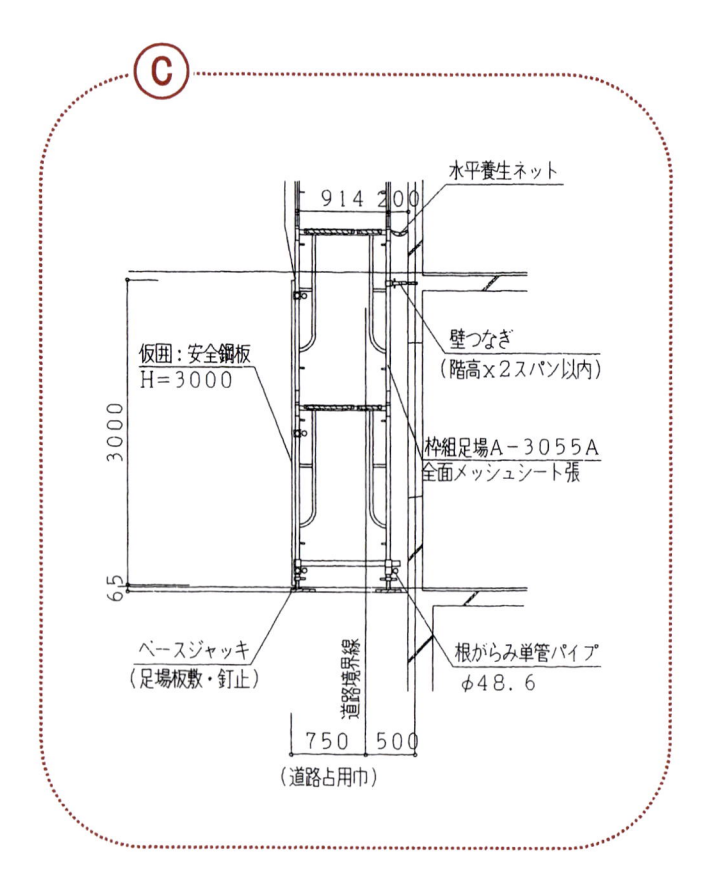

▲C部詳細図

■官庁提出用申請図について

工事着工にあたり、法規上関係官庁に届出や許可申請の提出を必要とする物がある。これに添付する図面を申請図と呼び、別途作成する場合と計画図をそのまま添付書類の一部として利用できる場合とがある。

申請図は、必要最低限の項目を余すところなく表現することが大切で、総合仮設計画図を作成する時点で内容別にレイヤ分けを行うと有効活用が可能となる。

申請先	内　容	備　考
国、都、県、区、市、町 (道路管理者)	沿道掘削願	沿道区域[※]内で安定角(45°)ライン以下に掘り下げる工事
	道路占用許可申請	
	自費工事施工許可申請	歩道切り下げ、ガードレール・街路樹の移設撤去
	同着手届、完了届	
警察署 (警視庁、公安委員会)	道路使用許可申請	生コン打設時の道路使用等
	道路制限解除申請	一方通行、重量、車幅、時間
	交通標識移設	
公共企業 (水道、下水、電気、ガス、電話)	敷地周辺埋設物調査	
	撤去、迂回、移設、防護願	
労働基準監督署	建築工事計画届(21号)	
	建設物、機械等設置届(20号)	
	クレーン設置届、設置報告書	

（※）沿道区域：道路に接続する地域で前面道路の幅員が　20m以上の場合　道路境界から5mの範囲
　　　　　　　　　　　　　　　　　　　　　　　　　　　6〜20m未満の場合　道路境界から3mの範囲
　　　　　　　　　　　　　　　　　　　　　　　　　　　6m未満の場合　道路境界から道路幅員の1/2mの範囲
（P37図参照）

■ 総合仮設計画図作成のための情報図

1. 配置図および求積図

　仮設計画図をはじめ施工計画図を作成するためには、敷地と建物の関係を把握する必要があり、敷地の形状を正確に表現することが大切となる。特に敷地境界との間隔が少ない場合は、施工の可能性が左右される事態にもなる。

　敷地境界図は、多くの施工計画図に共通に使用されるため、CADを使用する場合は専用のレイヤを設けるのがよい。

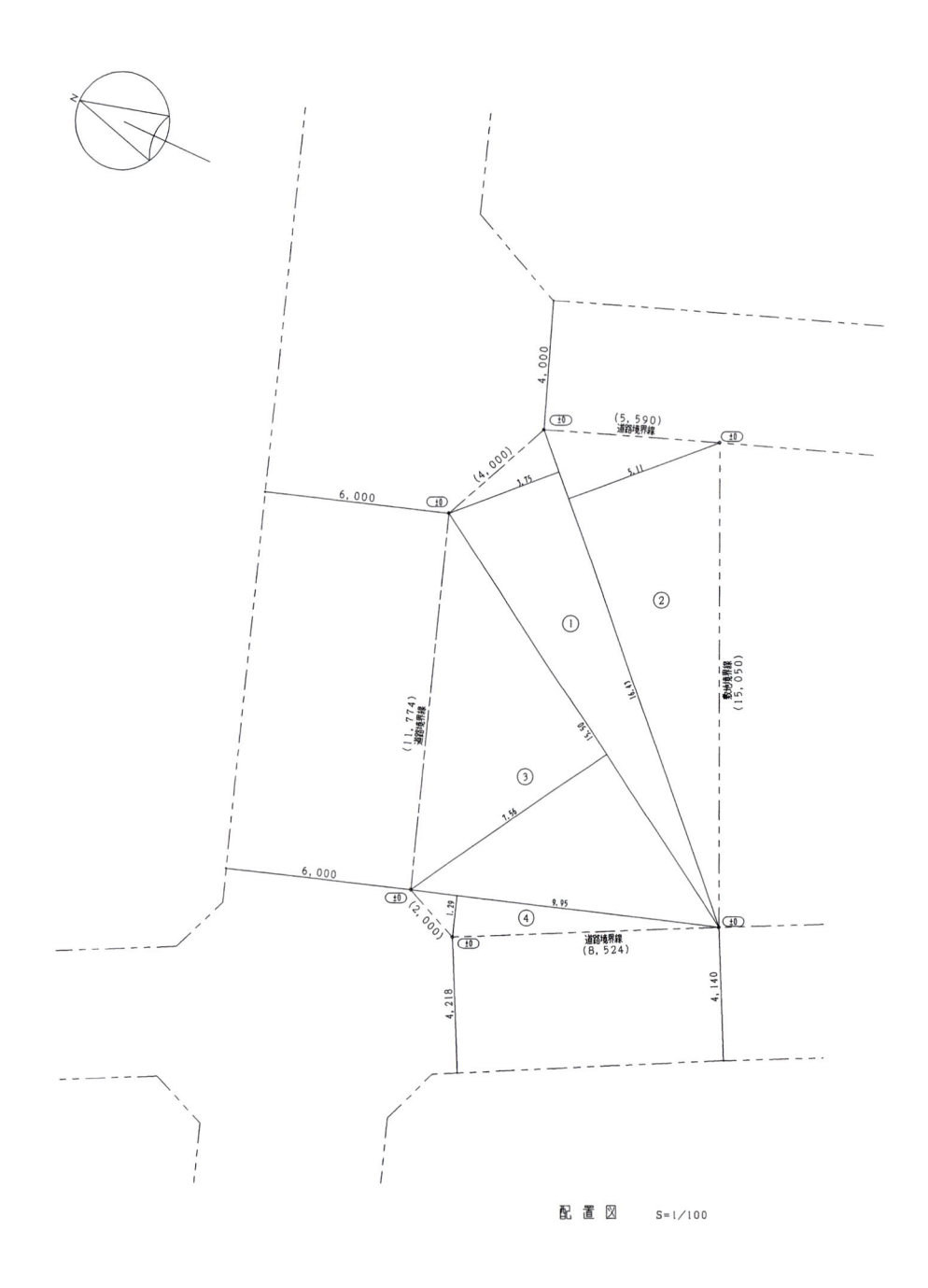

配置図　S=1/100

GL±0 = 1SL-50

番号	底　辺	高　さ	倍　面　積	面　積
1	16.43	3.75	61.6125	30.80625
2	16.43	5.11	83.9573	41.97865
3	15.50	7.56	117.1800	58.59000
4	9.95	1.29	12.8355	6.41775
合　計				137.79265
敷　地　面　積				137.79 m²

2. 各階平面図

外壁、内部間仕切り、階段、設備関係のシャフト、および壁開口部の位置や大きさを確認し、資材搬入路、作業導線、揚重機設置場所や作業足場の形状計画に使用する。

1階（資材等搬入階）は工事の関係上、仕上げが後回しになるので、仕上げ工程が多い場所は仮設用に使用することは極力避けたい。

また、周辺道路との関係で搬入路がある程度限定され、一部外壁を後打ちとする場合や、型枠資材転用のためスラブに荷揚げ用の開口部を設けることがある。これらの駄目穴の位置や大きさの計画にも平面図を用いる。

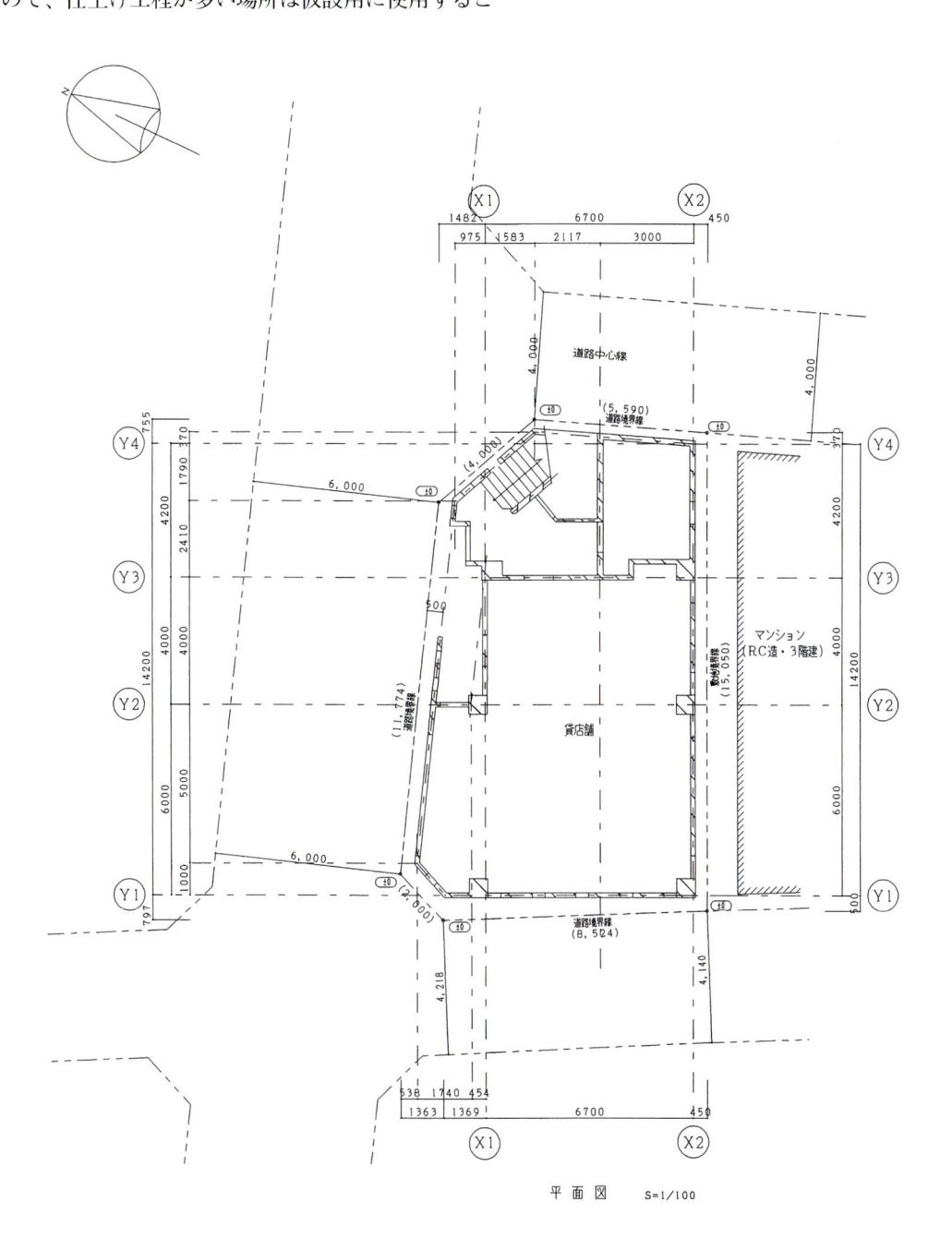

平 面 図　　S=1/100

GL±0 = 1SL-50

3. 立面図、断面図

足場計画や型枠計画では、各階平面図とともに立面図、断面図を参考にする。外部足場計画では敷地の傾斜、セットバック等の外壁位置の後退、庇・出窓等の外壁面の突出を考慮しなければならない。また、階高により型枠支保工や外部足場の壁つなぎ位置計画を行う。

5. 総合仮設図完成図

総合仮設計画図

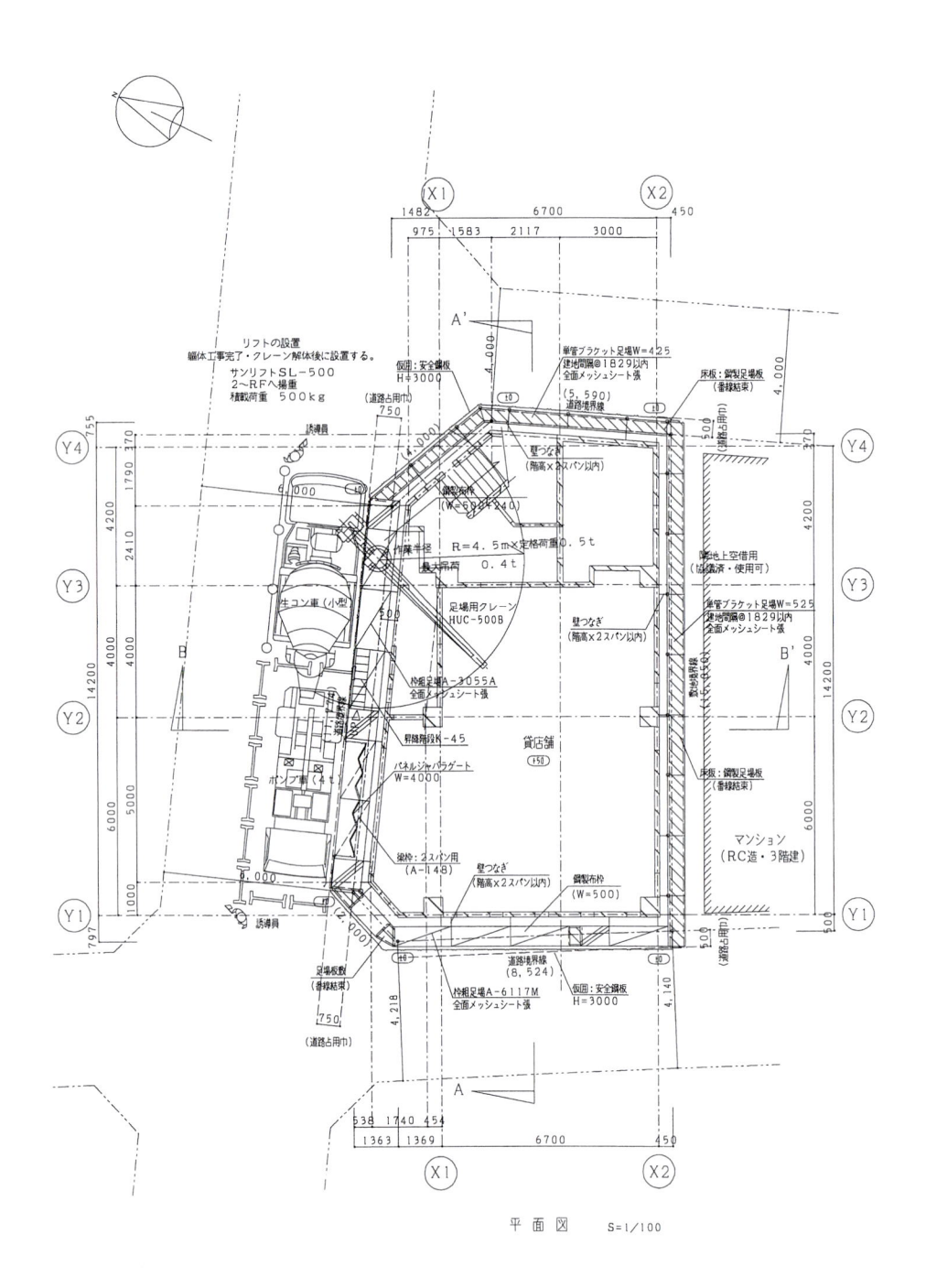

平面図　S=1/100

GL±0 = 1SL-50

1-1　総合仮設計画図

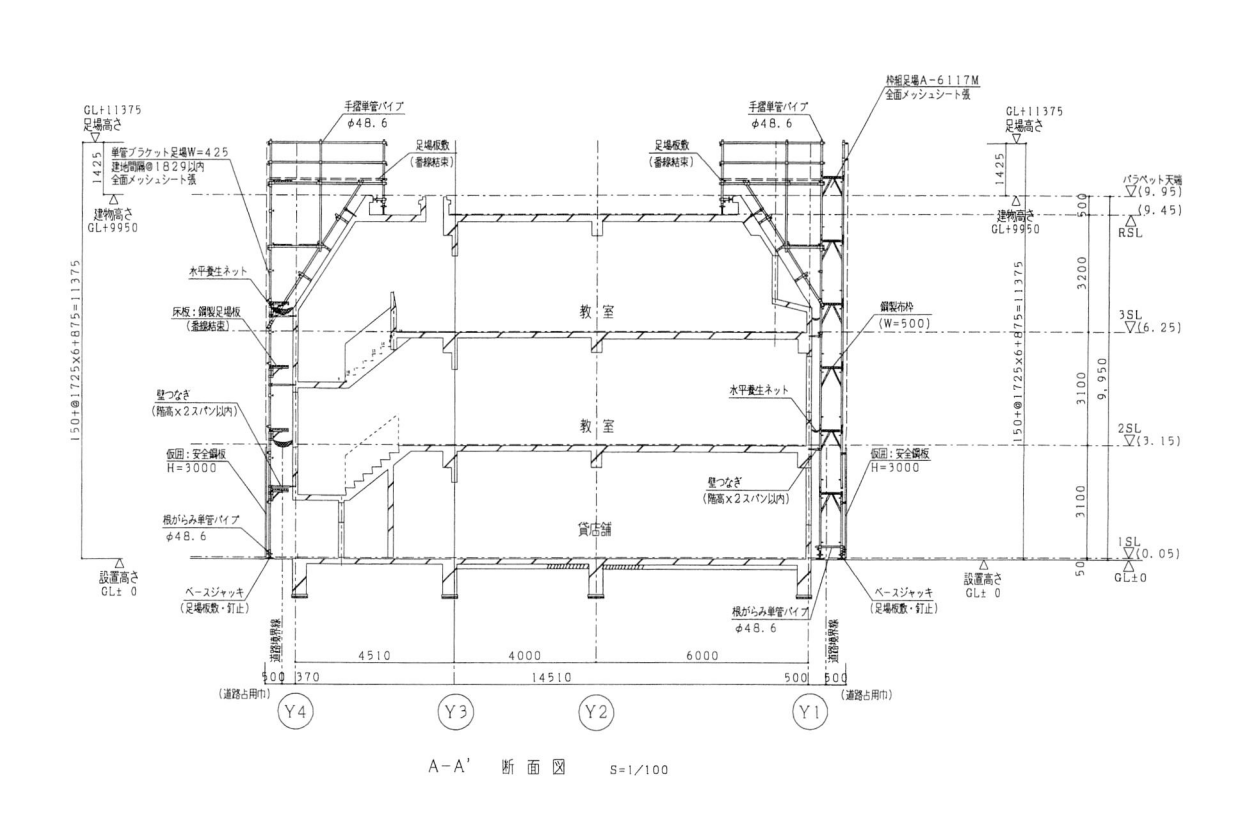

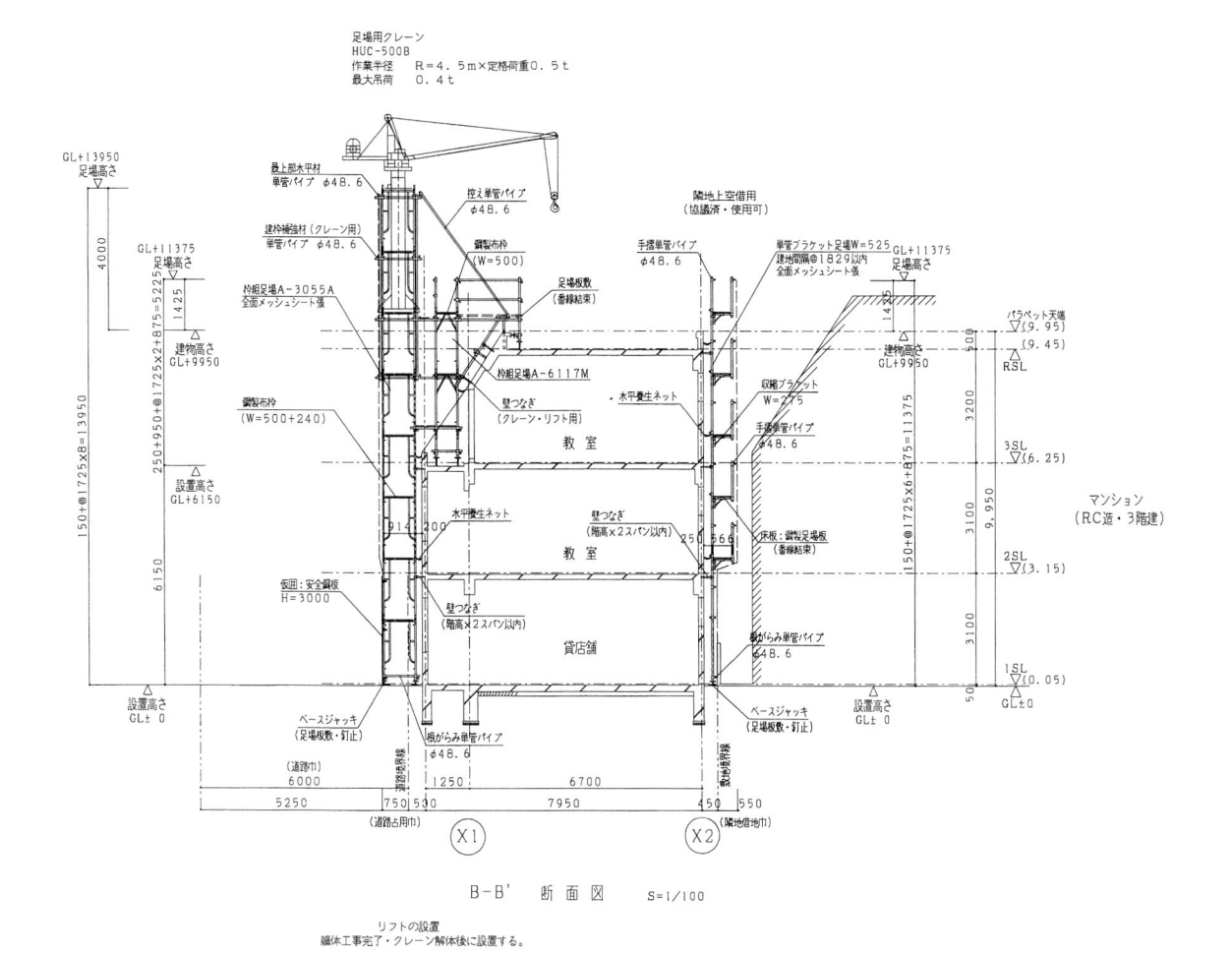

A-A' 断面図　S=1/100

B-B' 断面図　S=1/100

リフトの設置
躯体工事完了・クレーン解体後に設置する。

	受領印		DR 担当 作図	図面名称	総合仮設計画図（平面図・断面図）	Scale	図面番号
Jビル新築工事				訂正年月日	H16. 2.	1/100	—
				作成年月日	H15. 2.　ファイルコード N2A2S102		

2 根切・山留計画図

1. 根切・山留計画図とは

　地盤面より下にある構築物の施工では地盤の掘削作業が発生する。簡単な基礎だけのものから地下階を有する建物まで、また、敷地の傾斜等の度合いにより掘削する範囲や深さは工事ごとに異なる。掘削地盤の条件によっては掘削面は崩壊を伴い、根切り計画は崩壊防止（山留め）計画と一緒に検討されることが多い。

　掘削深度が大きい工事では切梁等の山留支保工が必要で、この場合は別途山留計画図を作成し、山留め計算の内容を詳細に表現する。逆にオープンカット工法などの場合は根切り計画図が通常山留め計画図を兼ねる。

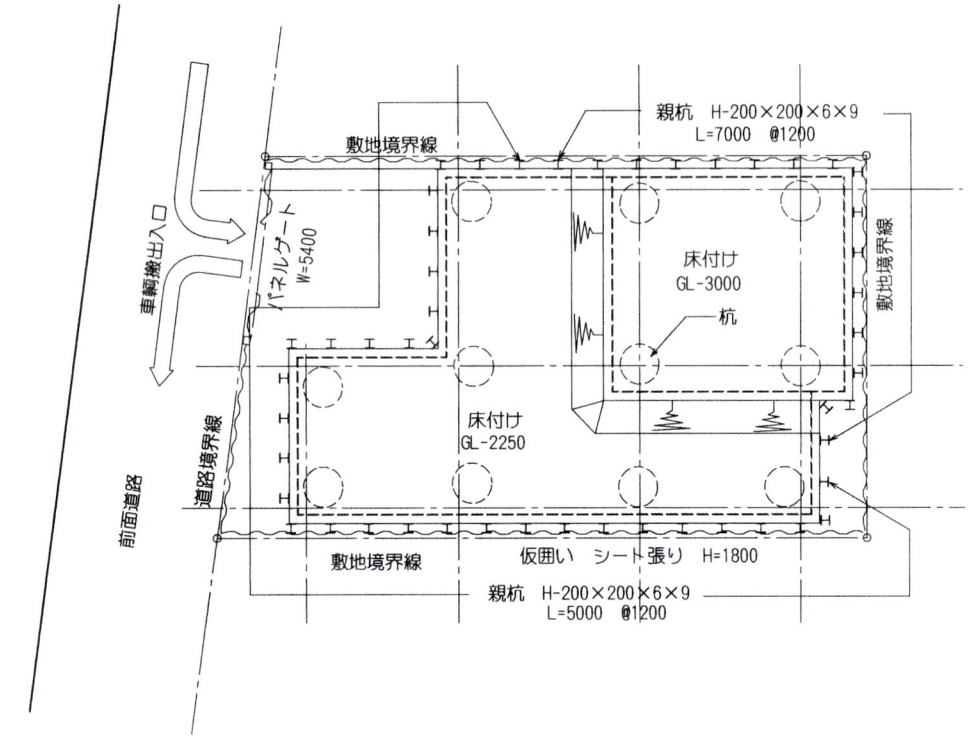

▲平面図

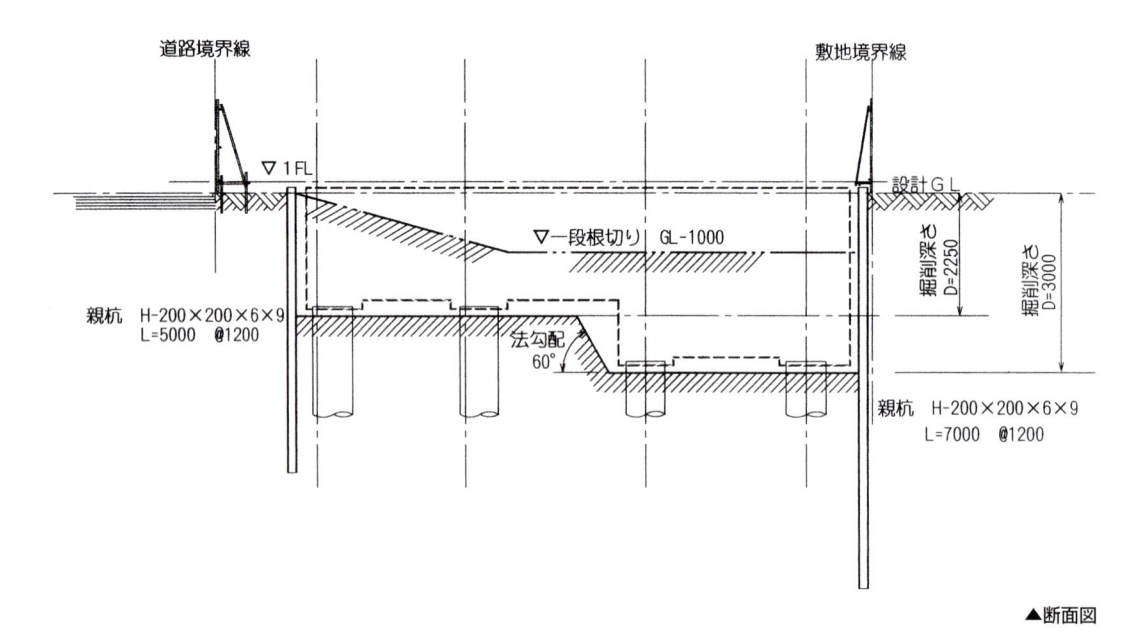

▲断面図

親杭横矢板工法による山留め計画図の例

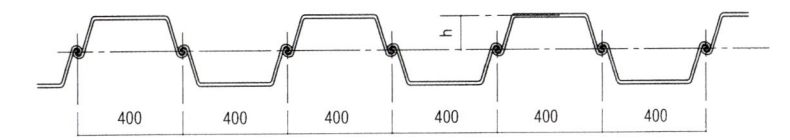

▲鋼矢板（シートパイル）
- 通常使用される鋼矢板のピッチ＝400mm
- hの寸法は 「 型：100mm 　」型：125mm 　、型：170mm
- コーナー部分は役物を使用して完全閉鎖とする

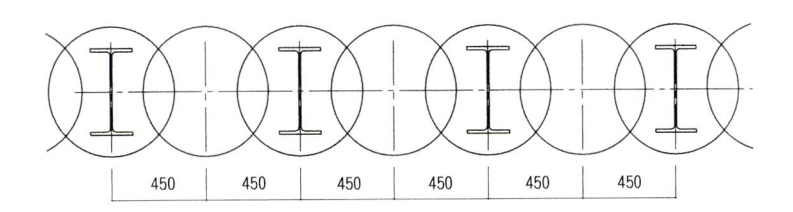

▲ソイル柱列壁（SMW工法）
- 工期、費用がかかるので、通常は大型工事に用いられる
- ソイル柱列の径は550mm〜650mmでピッチは450mmとする
- 芯材のH鋼は各ソイル柱に挿入する場合もある

山留め壁の種類（遮水性を求められる場合）

2. 事前に検討・確認が必要な項目

　根切・山留計画図の作成にあたっては、まず建設現場の状況を必ず現地に行き確認する。工事の条件は作業場の環境に大きく左右され、工期や原価に影響する。現地や設計図書から確認すべき情報を下表に示す。

■ 事前に検討・確認が必要な項目のチェックシート

検討項目	確認事項	内　　容
敷地および周辺の状況	□ 敷地に余裕はあるか	1日当たりの掘削等施工量を確認する
	□ 近隣建物の敷地境界からの離れは	重機の近接作業に対する安全性を確認する
	□ 周辺道路や敷地内の埋設配管類は	沿道掘削許可申請の必要がないか
山留工事計画	□ 掘削深さ、および掘削部分の土質は	山留め工法は何が適切か
	□ 地下水位の位置は	止水壁とする必要性がないか
	□ 地下躯体と敷地境界との離れは	山留め壁を構築するに十分な空きがあるか
	□ 躯体の施工順序	逆打ち工法、アイランド工法の選定がないか
	□ 山留め壁は施工後撤去となるか	撤去が必要かまた撤去工事が可能か
掘削工事計画	□ 基礎、基礎梁下面のレベルの標記は	設計GLまたは1FLからか、統一する
	□ 地業、捨てコンクリートの厚さは	基準線よりの掘削深さを確認する
	□ 外部に面する箇所に防水等の作業があるか	躯体と掘削面との間隔がどの位必要か
	□ 使用する機械類の種類、大きさは	作業量と作業性から機種を選定する
	□ 排水の工法は	地下水や雨水排水の方法を確認する
	□ 掘削の順序・方法は	床付け面までの掘削が1段掘削で可能か

■ 山留工法に関する関連事項

1. 山留工法の種類

1) オープンカット工法

比較的浅く、敷地にも余裕がある場合。法面の勾配は土質にもよるが45°〜75°の範囲が一般的に用いられる。計算により法面の安定性を確認する場合もある。

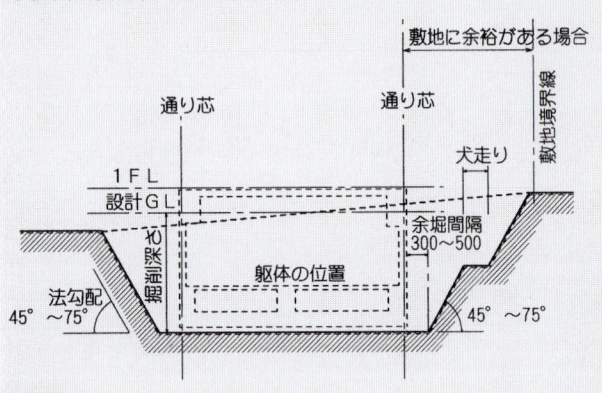

▲断面図

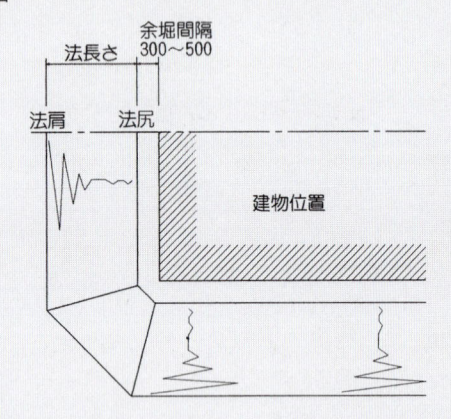

▲平面図

オープンカット工法

2) 山留壁構築工法

敷地に余裕がなく掘削深さもある比較的規模の大きな工事に用いられ、山留壁や支保工により壁面の崩落を防ぐ。山留壁の種類により親杭横矢板工法、鋼矢板（シートパイル）工法、地中連続壁（SMW、アースウォール）工法などがある。

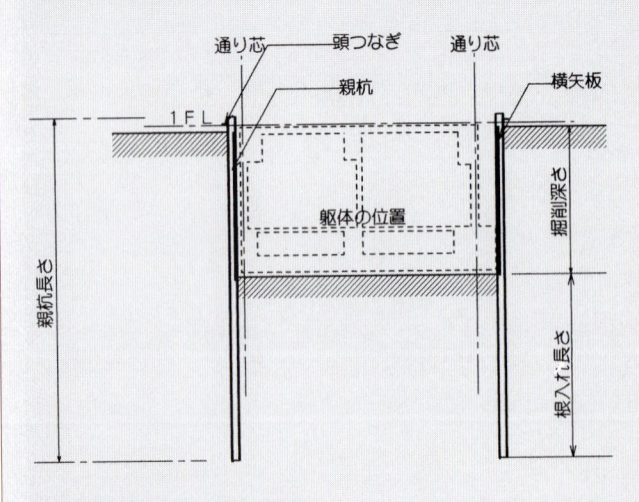

▲親杭横矢板（自立）工法／断面図

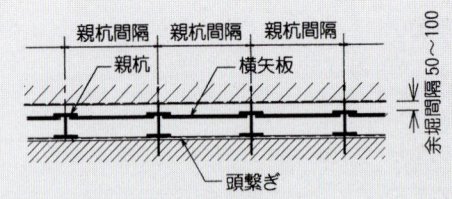

▲親杭横矢板（自立）工法／平面図

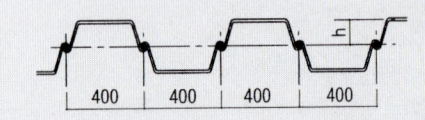

▲鋼矢板（シートパイル）

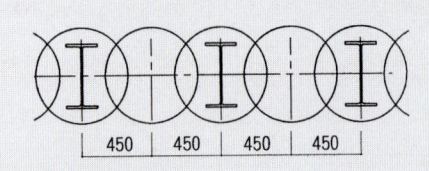

▲ソイル柱列壁（SMW）

山留壁構築工法

2. 地業の種類

通常は砕石地業で厚さ50〜100mmが一般的。構造設計図に記載があるので確認する。

3. 地下躯体の外面線と敷地境界線との関係

山留め工事が必要な場合は、地下躯体面と敷地境界線との間隔や隣地建物の位置関係を確認する。山留め壁構築のためには、機械の回転半径に相当する程度の空き寸法が必要である。使用する機械や山留め部材寸法により検討する。

4. 掘削機械、掘削土運搬車（ダンプ）の種類

1日の予定掘削土量および最終掘削深さにより、掘削機械を選定する。掘削機械として最近は油圧バックホーが一般的に用いられ、バケットの容量(m^3)で表現される（$0.4\ m^3$、$0.9\ m^3$等）。また狭い敷地では、運搬車や掘削機械の回転半径・作業半径による作業性を確認する。

5. 排水工法

地下工事において考慮しなければならない項目に水処理の問題があり、特に常水位面が床付け面より高い場合は湧水の排出が必要となる。通常は水中ポンプによる揚水工法となるが、直接下水道に放流することは出来ない。砂や泥分を除去するための沈砂槽を設置し、下水道局への届け出も必要である。

6. 掘削の順序

掘削は、出入り口ゲートから離れた場所から始めるのが通常の順序である。最終掘削時における掘削機と運搬車（ダンプ）の位置が問題となる。

場合により、道路使用を申請することになるが、一般車の通行等に支障がある場合、許可されない可能性も出てくる。また、敷地に大きな傾斜がある場合など特殊なケースについては、搬出ゲートの位置により掘削の工法・順序が異なってくる。

1-2 根切・山留計画図

■ 沿道掘削願いについて（道路法第44条）

● 建築工事に際し、道路に損傷を与える恐れがあると認められる道路沿いの敷地を掘り下げる場合は、届出が必要となる。

届出が必要な工事

一般的に沿道区域内で安定角（45°）ライン以下に掘り下げる工事（ただし、これ以外に承認を必要とする場合もある）。

＜沿道区域＞

道路に接続する地域で前面道路の幅員が

- 20m以上の場合　　　道路境界から5mの範囲
- 6〜20m未満の場合　道路境界から3mの範囲
- 6m未満の場合　　　道路境界から道路幅員の1/2mの範囲

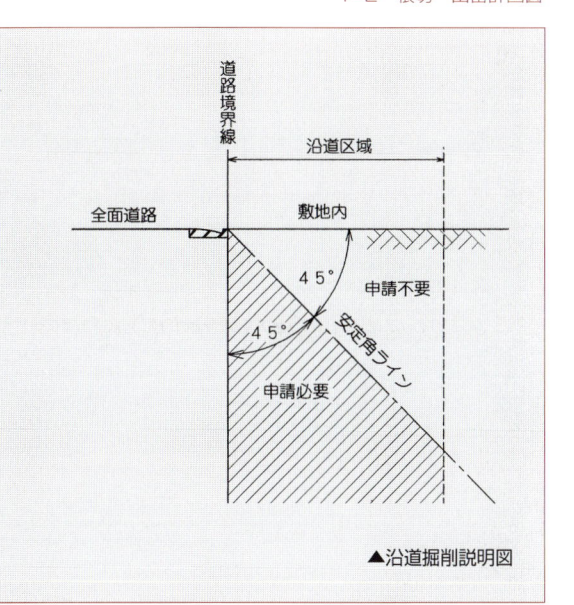

▲沿道掘削説明図

3. 計画図に表現される内容と記載方法

　掘削工事の計画にあたっては、敷地周辺の道路事情、隣接建物の構造、地下水の位置および建物と敷地との関係を考慮しなければならない。

　計画図はこれらの検討により決定された山留工法に基づき、掘削方法（掘削機器、残土搬出車両）、掘削の順序、および残土搬出車の導線計画について描かれる。図面は、平面図と断面図を併用するのが良い。

1. 敷地・道路境界線、周辺道路、仮囲い、工事車輌出入り口、設計GLライン

　敷地・道路境界線、周辺道路、仮囲い、工事車輌出入り口、設計GLラインが記載される。

2. 下部躯体の通り芯、柱、梁、外壁、基礎の位置および杭がある場合の位置

　平面図および断面図に躯体の輪郭を破線等で表現する。

3. 掘削の最終段階における敷地外に配置される掘削機およびダンプ

　この場合は道路使用等の許可申請が必要となり、使用する道路の面積および通行人や一般車両の誘導・安全確保の計画が重要で、十分検討の上正確に記載する。

4. 沿道掘削の場合

　沿道部分の長さ、道路境界線と建物との離れ、専用部分の幅・長さ、道路境界線との関係を記載する。

　また、沿道掘削や道路使用等の申請用図面として用いる場合、沿道部分の長さ、使用部分の長さ・幅・面積の記入が必要となる。

5. 掘削機械と根切り土運搬車の配置と施工順序

　根切りの最終形を想定し、重機の位置や運搬車の通路を考慮して掘削順序を決める。

6. 水替えの沈砂槽の位置・放流下水桝の位置

　雨水の溜まり水や湧水は、沈砂槽で土砂を除去して下水に放流するため、極力排水桝の近くに沈砂槽を設置する必要がある。

4. 根切・山留計画図作成のポイント

根切計画図では、掘削機械と土砂運搬車の相互位置関係やそれぞれの動線、および掘削形状の最終形（法肩、法尻、掘削深さ、余堀り寸法）確認する。

また、掘削機械の性能が掘削範囲や断面形状に対して適切であるか（作業が出来るのか）確認することも大切である。

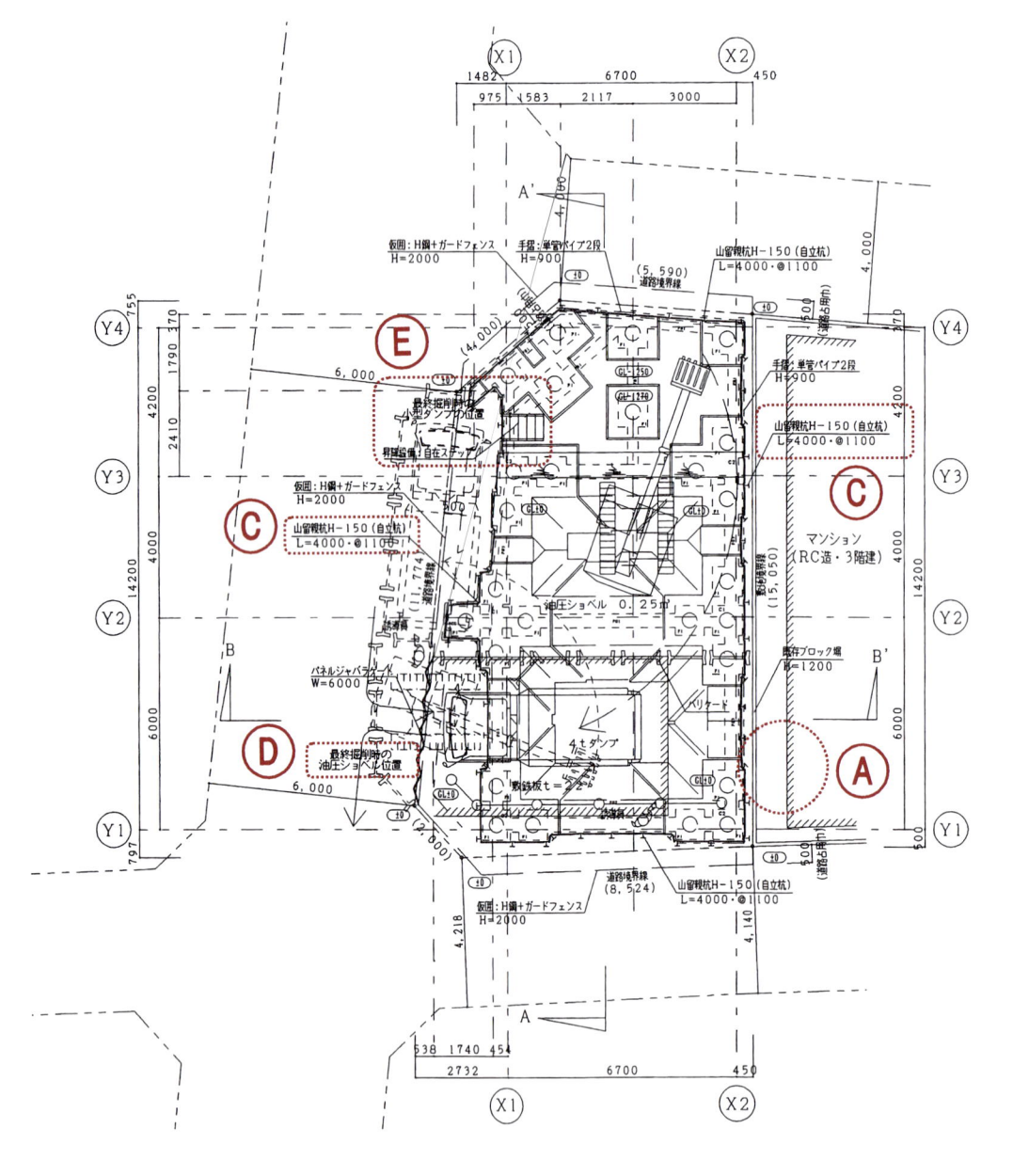

A 山留工事を隣接構造物に接近して施工する場合、山留工法や使用機械によっては制限が生じる。
・敷地の隣接構造物の関係を記入する。
・家屋等の場合は外壁以外に出窓、庇の位置・間隔を記入する。

C 山留壁の種類、親杭の仕様・打設ピッチ・根入れ長さ、および横矢板の厚み等を計算書を参考にして表示する。

D 掘削の最終段階では重機を道路において行うことになり、山留壁に側圧がかかる。
この部分は親杭のピッチを細かくし更に根入れを長くする。

E 根切り底への昇降階段は、必要となる。
鉄筋・型枠工事や作業動線を考慮して位置、形状を決める。

根切・山留平面図

1-2 根切・山留計画図

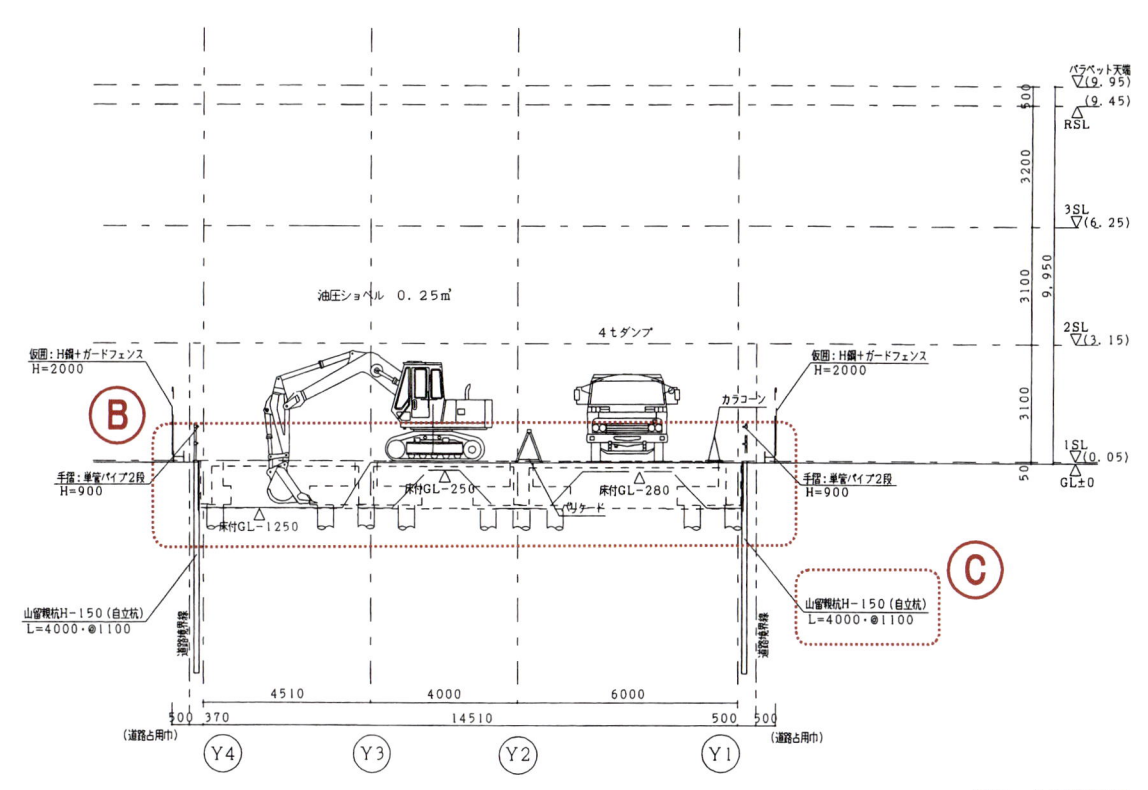

根切・山留断面図

B 掘削形状と躯体との関係を明示するため、躯体の輪郭を破線か二点鎖線で記入する。
寸法の基準線は各通り芯および設計GLとする。
山留壁は、施工誤差を考慮して躯体とのクリアランスを50〜100mm前後とる。

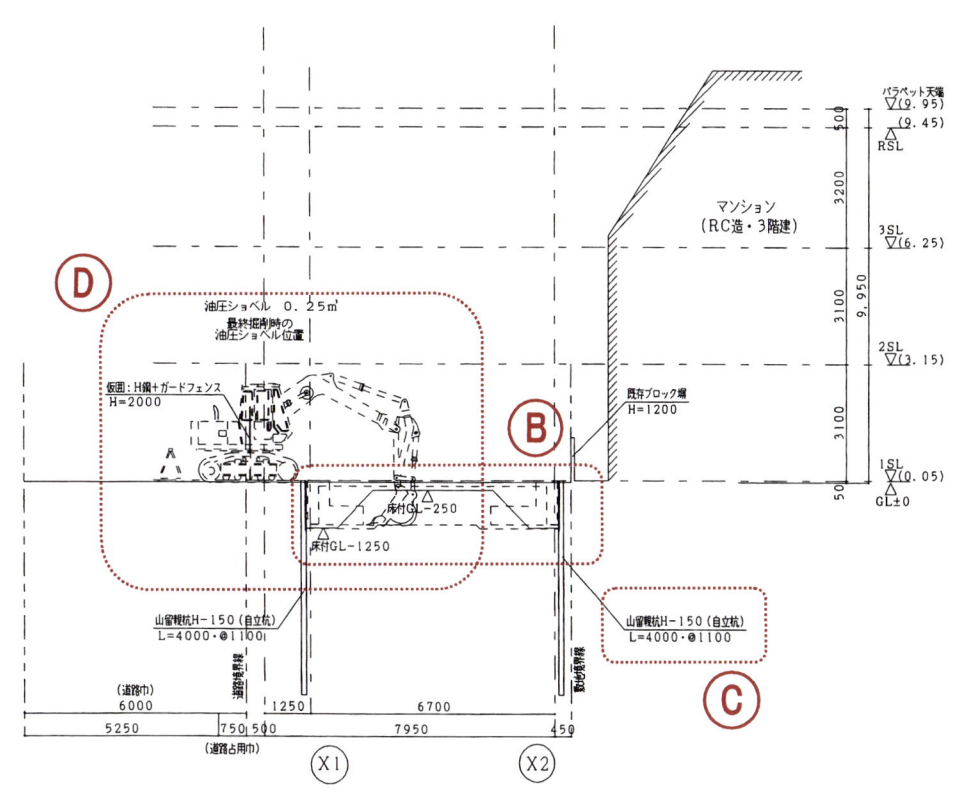

根切・山留断面図

39

5. 根切・山留計画図完成図

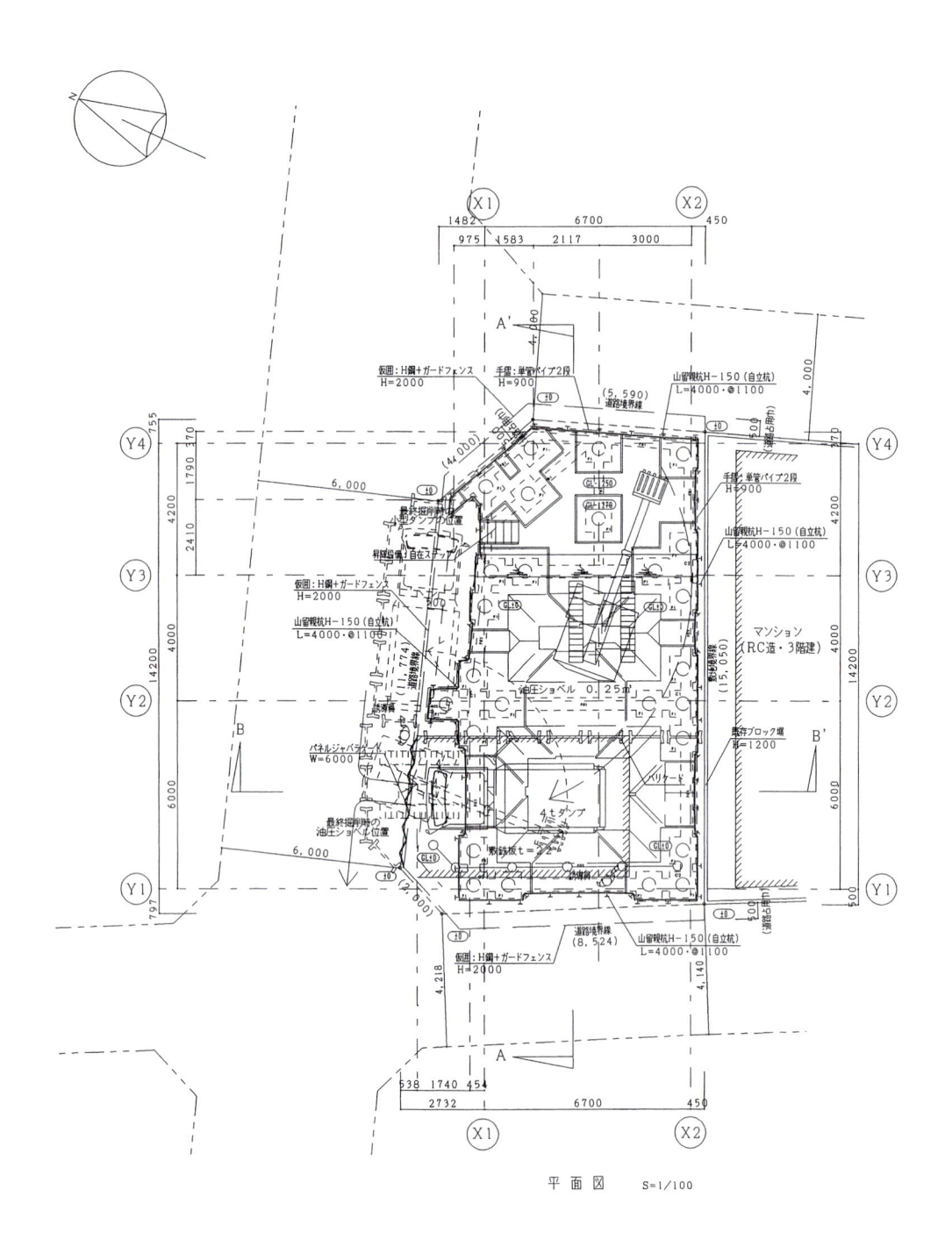

1-2 根切・山留計画図

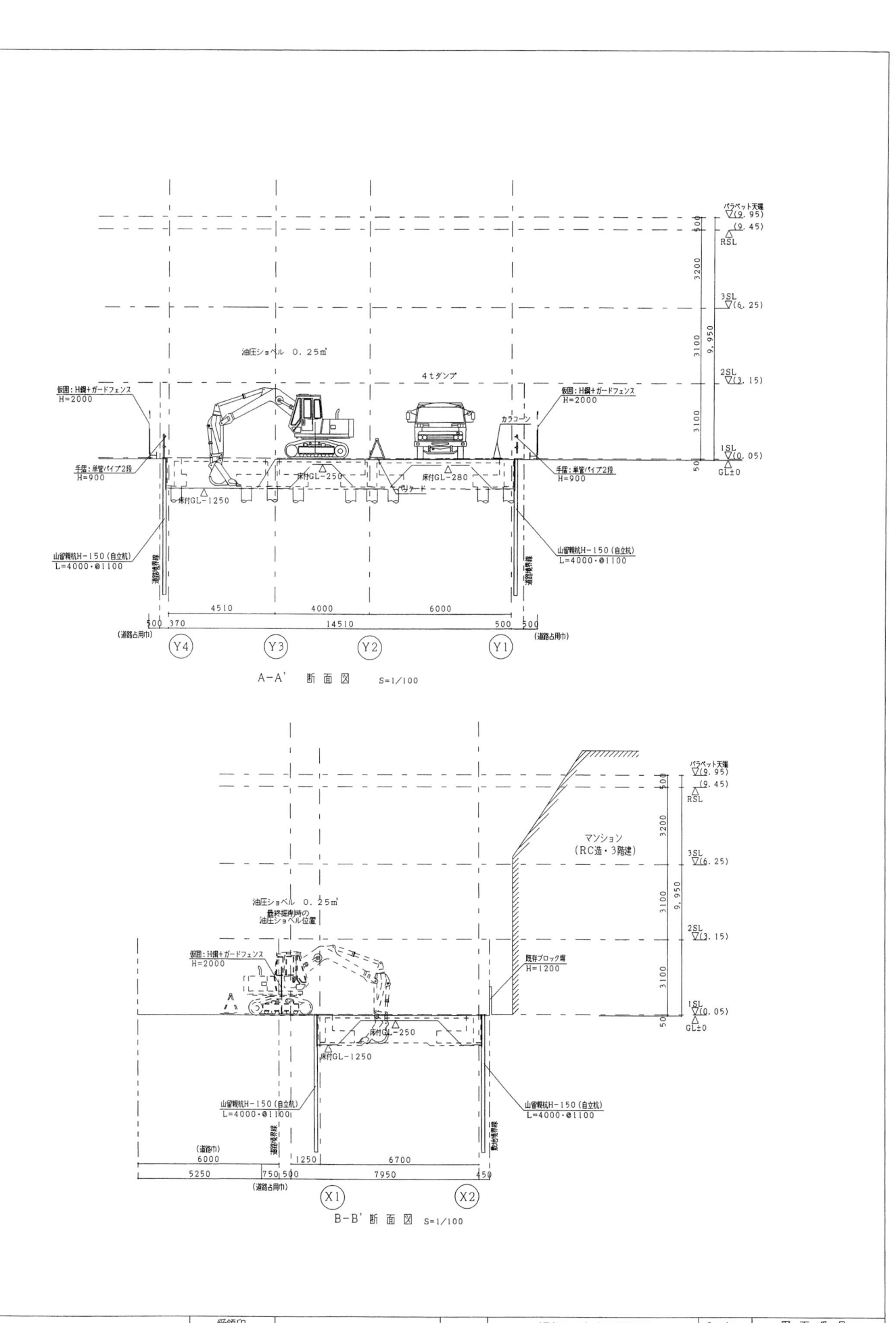

A-A' 断面図 S=1/100

- 油圧ショベル 0.25m³
- 4tダンプ
- 仮囲:H鋼+ガードフェンス H=2000
- 手摺:単管パイプ2段 H=900
- 床付GL-250
- 床付GL-280
- 床付GL-1250
- 山留親杭H-150(自立杭) L=4000・@1100
- カラコーン
- バリケード
- 道路境界線
- パラペット天端 ▽(9.95)
- ▽(9.45) RSL
- 3SL ▽(6.25)
- 2SL ▽(3.15)
- 1SL ▽(0.05) GL±0
- 500 / 3200 / 3100 / 3100 / 50 / 9,950
- 500 370 4510 4000 6000 500 500
- 14510
- (道路占用巾) Y4 Y3 Y2 Y1 (道路占用巾)

B-B' 断面図 S=1/100

- 油圧ショベル 0.25m³
- 最終掘削時の油圧ショベル位置
- 仮囲:H鋼+ガードフェンス H=2000
- マンション (RC造・3階建)
- 既存ブロック塀 H=1200
- 床付GL-250
- 床付GL-1250
- 山留親杭H-150(自立杭) L=4000・@1100
- 道路境界線
- パラペット天端 ▽(9.95)
- ▽(9.45) RSL
- 3SL ▽(6.25)
- 2SL ▽(3.15)
- 1SL ▽(0.05)
- 500 / 3200 / 3100 / 3100 / 50 / 9,950
- (道路巾) 6000 1250 6700 450
- 5250 750 500 7950
- (道路占用巾) X1 X2

	受領印		DR 担当 作図	図面名称	根切・山留計画図（平面図・断面図）	Scale	図面番号
Jビル新築工事				訂正年月日 H15.3. 作成年月日 H16.2. ファイルコード N2A2D102		1/100	—

3 外部足場計画図

1. 外部足場計画図とは

躯体工事期間中は、鉄筋・型枠の組立て作業およびコンクリートの打設に作業用足場が必要となる。近年は、超高層ビルなどのように無足場による施工方法が開発されているが、多くは足場を必要としており、足場計画の良否は作業性の効率や精度・品質に影響を及ぼす。

外部足場は、躯体工事以外にも左官、タイル、サッシ取付け等の仕上げ工事やクリーニングにも利用され長期間設置されているものであり、あらゆる場面を想定して計画する必要がある。また足場は昇降路と荷揚げ設備とを一緒にして計画する方が一般的である。

2. 事前に検討・確認が必要な項目

外部足場計画は、建物の構造・規模や建設する敷地の状況により大きく異なる。足場上での作業性が第一であるが色々な制約が発生するため、与えられた条件の中で最良の計画をすることが大切となる。(下表参照)

■ 事前に検討・確認が必要な項目のチェックシート

検討項目	確認事項	内　　容
建物の概要	□ 建物の構造の種類、および規模は	RC造、S造、SRC造、PC造 他
	□ セットバック、庇、出窓等の状況は	部分詳細図が必要
	□ 足場の高さが31mを超える部分がないか	単管足場で31mを超える場合は補強が必要
外部仕上げ	□ 外装仕上げの種類は	タイル、石、吹付け、打放し、塗装 他
	□ 足場を使用する作業員の種類、数は	作業の錯綜を考慮する
	□ 足場上に乗せる資材の量、重量は	タイル、石貼り等は注意が必要
昇降路(ステップ)	□ 昇降路の設置場所はどこが適切か	建物内で横移動可能な場所とする
	□ 昇降路を設ける場所に作業床が確保出来るか	W=900mm以上が望ましい
揚重設備	□ リフト位置と積込み、荷卸しの作業性は	直接運搬車から積み込み可能としたい
	□ 資材搬入や積み込みの動線を検討したか	荷卸し車が作業・移動の障害とならないこと
	□ クレーン位置が足場組立に影響しないか	クレーンが足場と独立している
材料置場 下小屋 詰所	□ 材料置場は外部の搬入車が直接横付け可能か	仮置きと直接搬入が可能とする
	□ 左官下小屋はリフトおよび資材搬入の両方を検討したか	砂・セメント置場とリフトの位置を考慮
	□ 給排水や電気設備が確保されているか	左官下小屋は給排水と動力・照明電源が必要
敷地 近隣の状況	□ 敷地境界との間隔で足場組立が可能か	500mm程度の明きが必要
	□ 道路占用が必要な場合、占用可能範囲は	歩道の有無および道路幅員による
	□ 隣地の借用が可能か	隣地の上空借用でも許可が必要
	□ 敷地内に障害となる電柱・盤・公共枡等がないか	足場の割付計画で考慮

3. 計画図に表現される内容と記載方法

1. 全体計画図

　足場計画の全体が分かるように作成することが大切で、建物がすべて入る縮尺を用い、以下の項目を記載する。

- 敷地境界線、周辺道路、近隣建物、搬入路等
- 構造体(外壁線)、通り芯の符号、スパン、階高
- 足場の材料の種類(丸太、単管、枠組)および規格(枠組み足場の巾)
- 新築建物の外壁線と足場の離れ
- 壁繋ぎの位置、間隔
- 昇降設備の位置、構造
- 防護、養生設備(シート、ネット、朝顔等)
- 足場と敷地境界線、または隣接構造物との離れ

2. 部分詳細図

- 足元の詳細(1段目の布の高さ、建地の基礎廻り)
- 揚重設備との取り合いや納まりの詳細
- 壁つなぎ詳細図(対応長さ、アンカー部分の径)

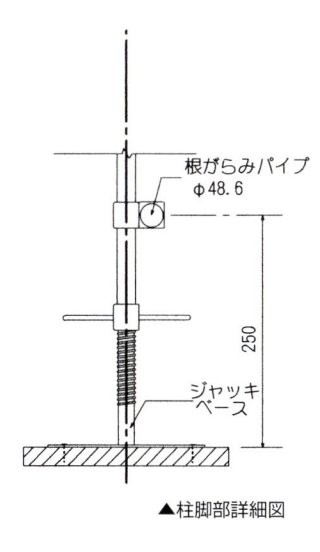

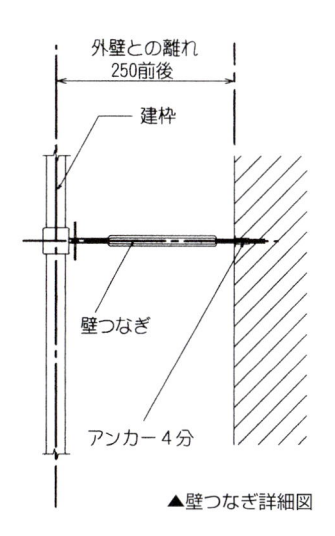

▲柱脚部詳細図　　　　▲壁つなぎ詳細図

部分詳細図の例

3. 足場の種類と形状

1) 足場の種類(単管本足場・枠組本足場、一側足場等)が分るように標記する。
2) 建地間隔は@1800mmを基準とする。幅は(450)、600(750)、900、1200mmの中から必要に応じて選択する。( )の寸法はあまり使用されない。
3) 壁つなぎの位置を記入する。縦、横とも3～4スパンごとに入れるが、揚重設備を設ける場所や解体時を想定して計画することが望ましい。

4. 柱脚部の注意事項

1) 沈下が起こらぬように整地、砂利敷きをした上に足場板等を敷き、ベースを固定する。
2) 枠組足場では、地盤の不陸に対応させるためにジャッキベースを用いる。
3) 根がらみパイプを設け、変形に対応させる。

1章　仮設計画図

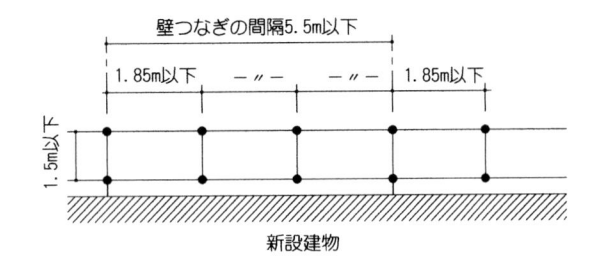

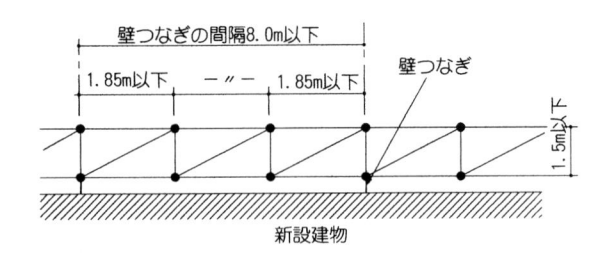

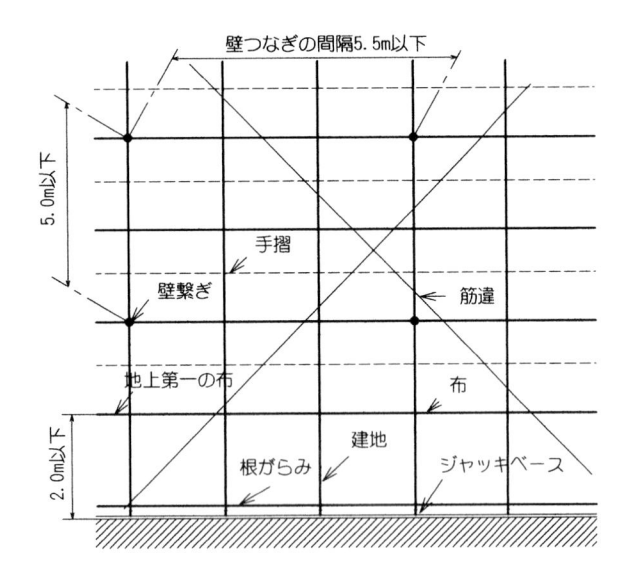

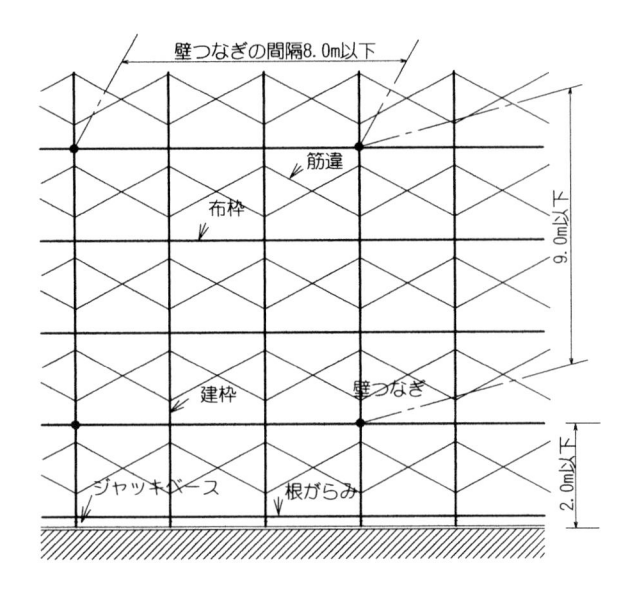

▲単管本足場

▲枠組本足場

足場の描き方

■ 足場の種類と規制事項

1. 外部足場の種類

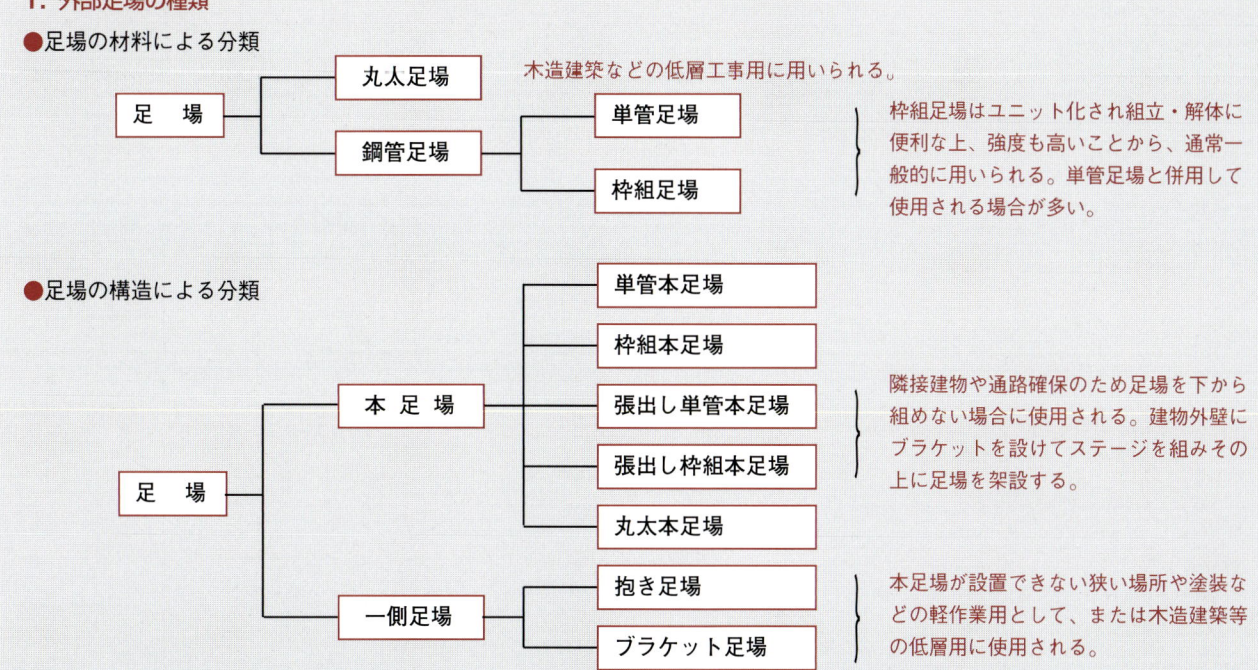

●足場の材料による分類

```
           ┌─ 丸太足場    木造建築などの低層工事用に用いられる。
足 場 ─────┤
           └─ 鋼管足場 ──┬─ 単管足場 ┐ 枠組足場はユニット化され組立・解体に
                         │           │ 便利な上、強度も高いことから、通常一
                         └─ 枠組足場 ┘ 般的に用いられる。単管足場と併用して
                                       使用される場合が多い。
```

●足場の構造による分類

```
           ┌─ 本足場 ──┬─ 単管本足場
           │           ├─ 枠組本足場
           │           ├─ 張出し単管本足場 ┐ 隣接建物や通路確保のため足場を下から
足 場 ─────┤           ├─ 張出し枠組本足場 │ 組めない場合に使用される。建物外壁に
           │           │                    │ ブラケットを設けてステージを組みその
           │           └─ 丸太本足場        ┘ 上に足場を架設する。
           │
           └─ 一側足場 ┬─ 抱き足場    ┐ 本足場が設置できない狭い場所や塗装な
                       └─ ブラケット足場 ┘ どの軽作業用として、または木造建築等
                                           の低層用に使用される。
```

※ 外部足場の機能は作業床・通路、外部への落下・墜落防止、第三者への安全・養生などがある。
※ どの足場を選択するかは作業の種類・量、横移動の容易さ、架設場所の条件などで決まるが、労働安全衛生規則その他の規則により架設方法に規制を受ける。

2. 足場に関する規制事項

足場の種類	建地の間隔 けた方向	建地の間隔 張間方向	地上第一の布の高さ	壁つなぎ間隔 垂直方向	壁つなぎ間隔 水平方向	備考
丸太足場	2.5m以下		3.0m以下	5.5m以下	7.5m以下	原則6m以下の低層用
単管本足場	1.85m以下	1.5m以下	2.0m以下	5.0m以下	5.5m以下	超31mは下部建地補強
枠組足場	1.85m以下(高さ20m超)		2.0m以下	9.0m以下	8.0m以下	高さは45mを超えない
一側足場	1.8m以下		2.0m以下	3.6m以下	3.6m以下	積載荷重150kg以下

3. 作業床に関する規制事項

1) 高さ2m以上の作業場所には、作業床を設置する必要がある。
2) 作業床の幅は40cm以上とし、2枚敷きとする場合の隙間は3cm以下とする。
3) 墜落の危険性がある場所には、高さ75cm以上の手摺りを設ける。(JASS 2では90cm以上)
4) 長手方向に足場板を重ねる場合の重ね代は、20cm以上とする。

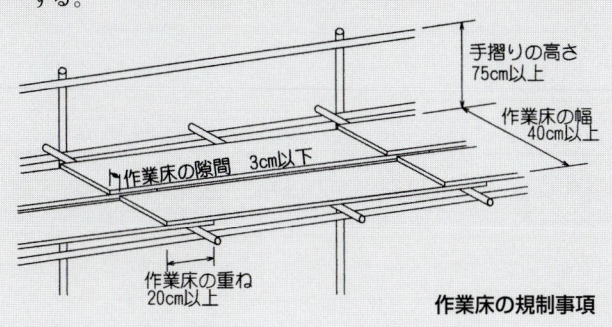

4. 仮設通路(登り桟橋、階段)に関する規制事項

1) 勾配は30度以下とする(階段は除く)。
2) 勾配が15度を超えるものは、踏み桟その他の滑り止めを設ける。
3) 墜落の危険性がある場所には、高さ75cm以上の手摺りを設ける。(JASS 2では90cm以上)
4) 高さ8m以上の登り桟橋(階段も準ずる)は7m以内ごとに踊り場を設ける。

作業床の規制事項
- 手摺りの高さ 75cm以上
- 作業床の幅 40cm以上
- 作業床の隙間 3cm以下
- 作業床の重ね 20cm以上

4. 外部足場計画図作成のポイント

B 足場柱脚部は、沈下が起こらぬように整地をした上に足場板等を敷きベースを固定する。
枠組足場では、地盤の不陸に対応させるためにジャッキベースを用いる。
また、根がらみパイプを設け、変形に対応させる。

C 昇降階段を枠組足場内に設けるには幅900以上が必要。
2～3段以内に踊場か水平部分を設ける。
また、階段枠部分にも布枠を建物側に入れ作業床とする。

D 資材搬出入用の開口部を設けるには梁枠を使用する。
モデルでは3スパン×2段分の開口とする。
また、搬入開口部が有効に利用できる位置を基準として足場を割り付ける。

E 道路側は幅900mm及び600mmの枠組み足場を設置するため、道路占用を申請する。

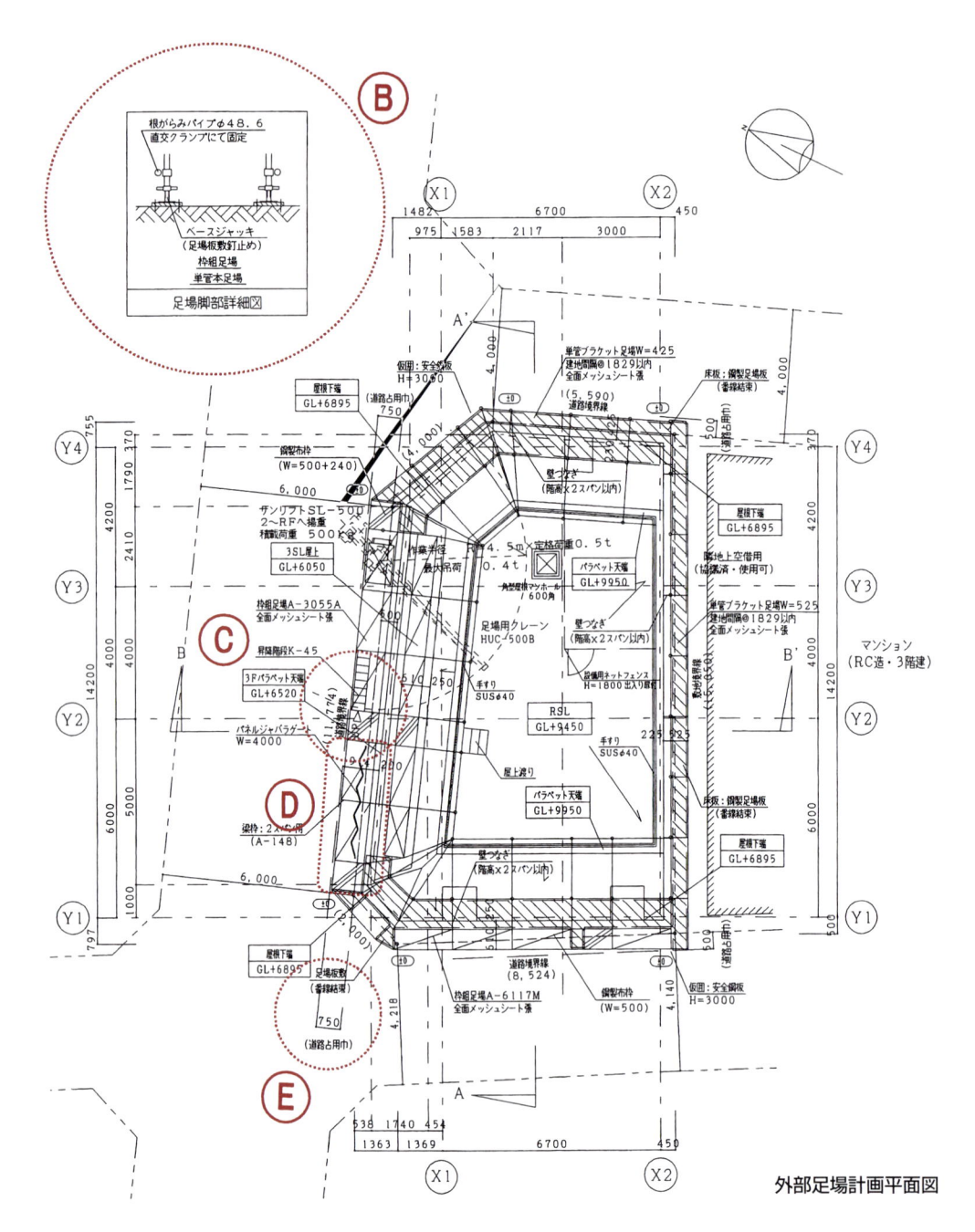

外部足場計画平面図

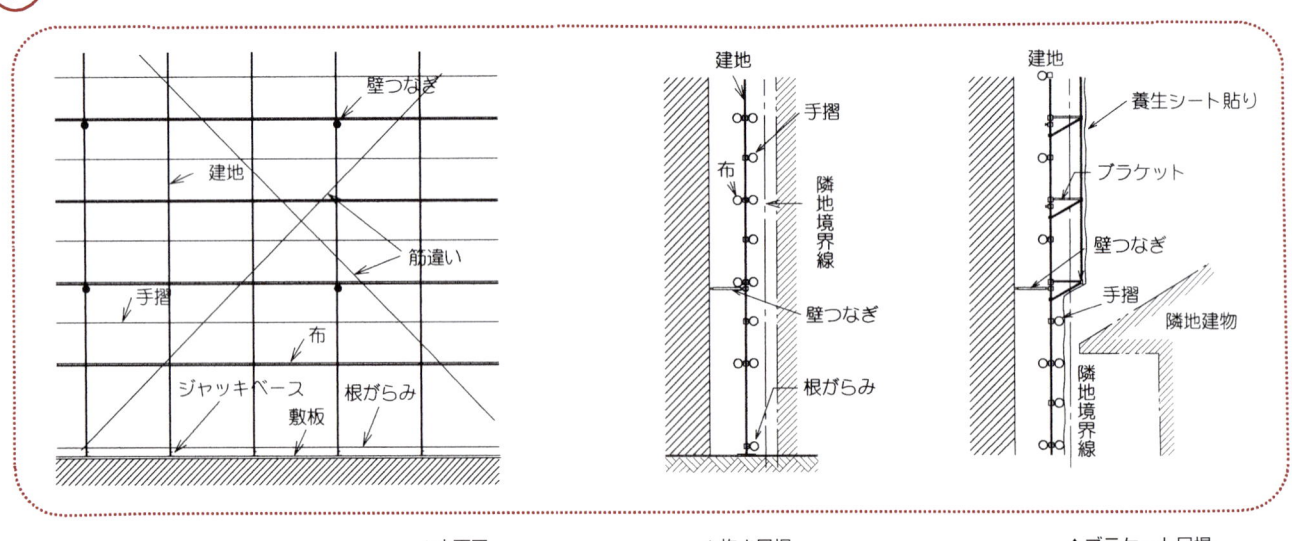

▲立面図　　▲抱き足場　　▲ブラケット足場

1-3 外部足場計画図

A 建物外壁線と足場との離れは足場上での作業を考慮した間隔が必要となる。
30cmを超える場合は、落下防止養生が必要。

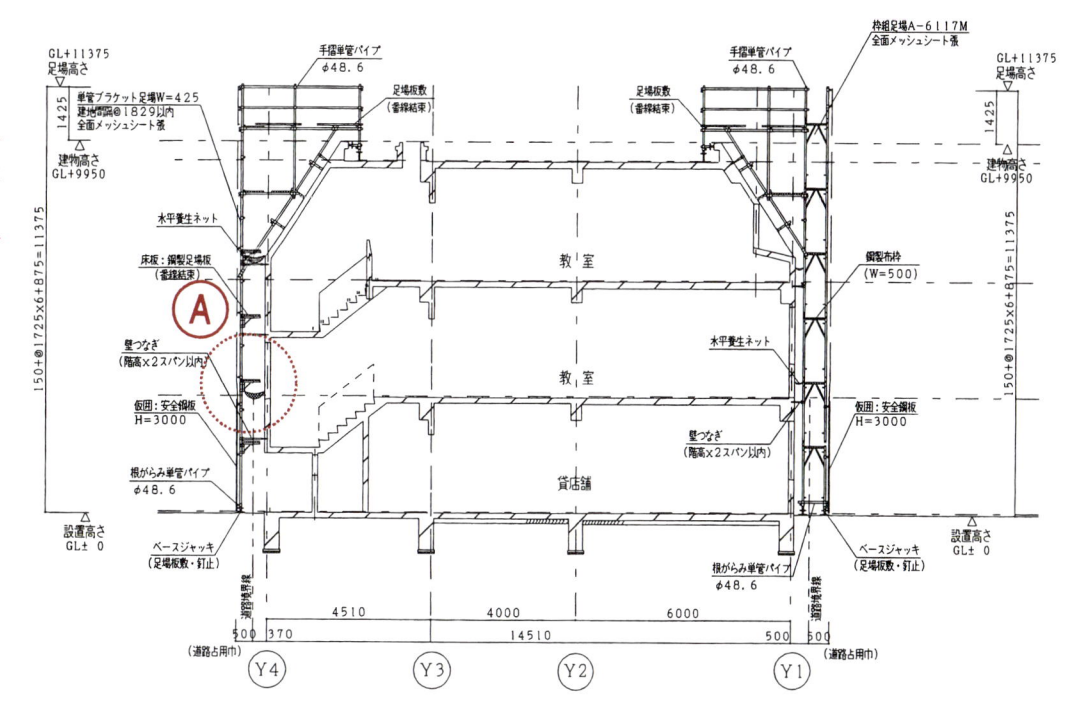

外部足場計画断面図

F 隣地側は敷地の関係上抱き足場とし、隣地家屋上部はブラケット足場とする。
敷地境界線を超えて架設するためには、敷地上部借用の許可が必要となる。

G 斜線制限等により構造体が斜めに構築される場合の足場計画は、単管または枠組足場と併用で架設する。
足場を先行させる場合には、強度や安定を保つための補強が必要となる。

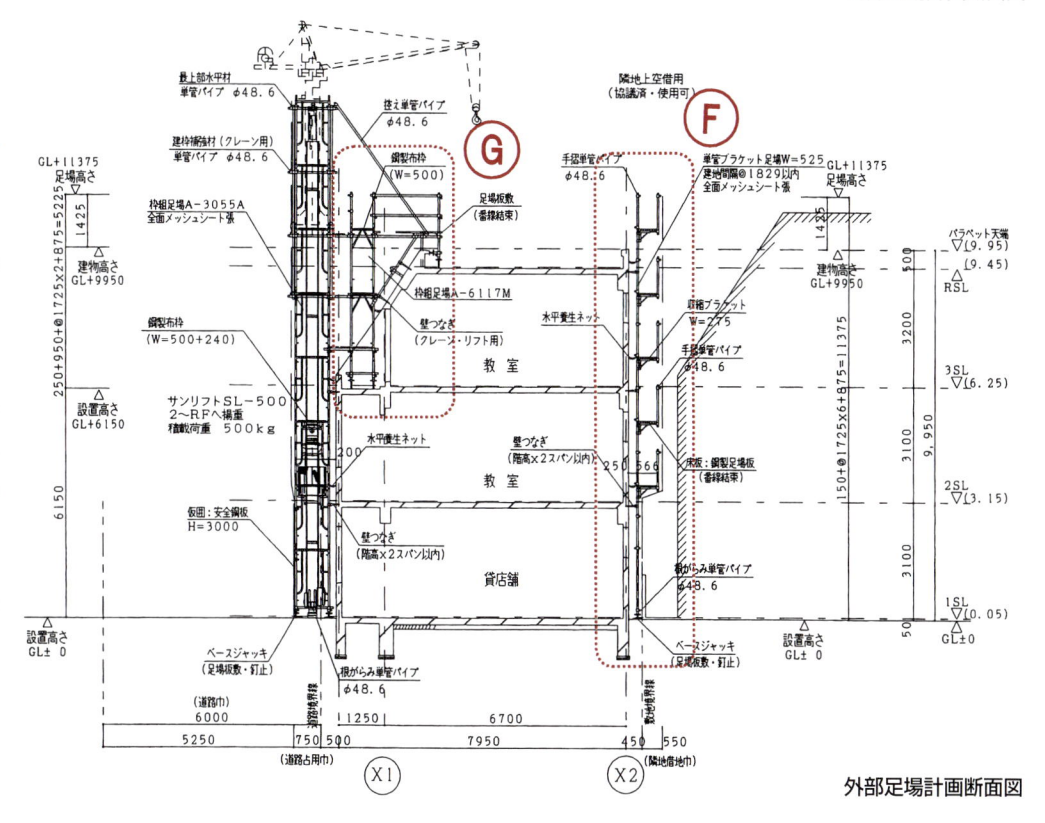

外部足場計画断面図

右図 枠組足場は単管足場と比べ、組立・解体が容易なうえ強度的にも有利なことから採用するケースが多い。
逆に規格化されているために割付が重要で、外壁面に出入りの多い建物や塔屋、ルーフバルコニー等との取合いは検討を要する。

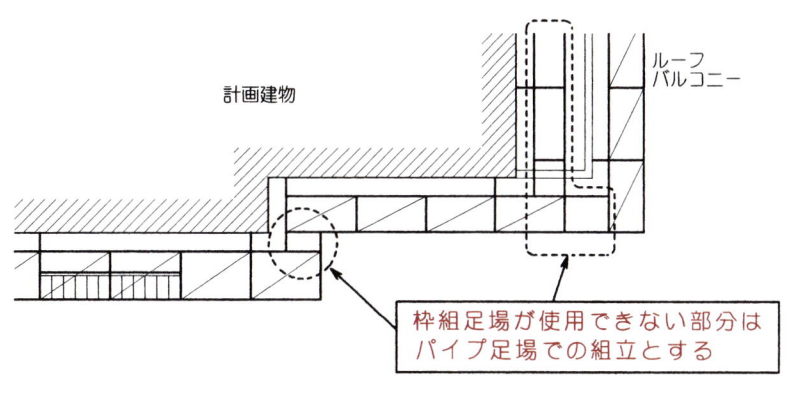

枠組足場が使用できない部分はパイプ足場での組立とする

パイプ足場を必要とする部分の平面図

1章　仮設計画図

H 足場壁つなぎは法律（労働安全規則第570条）により設置間隔が決められており、足場解体後に壁つなぎ跡の補修を行う。このため足場解体と平行して補修作業を行うことも多い。
壁つなぎのインサートは足場の割付に基づき建地3〜4スパンごとの各階スラブ位置に設けるのが一般的である。

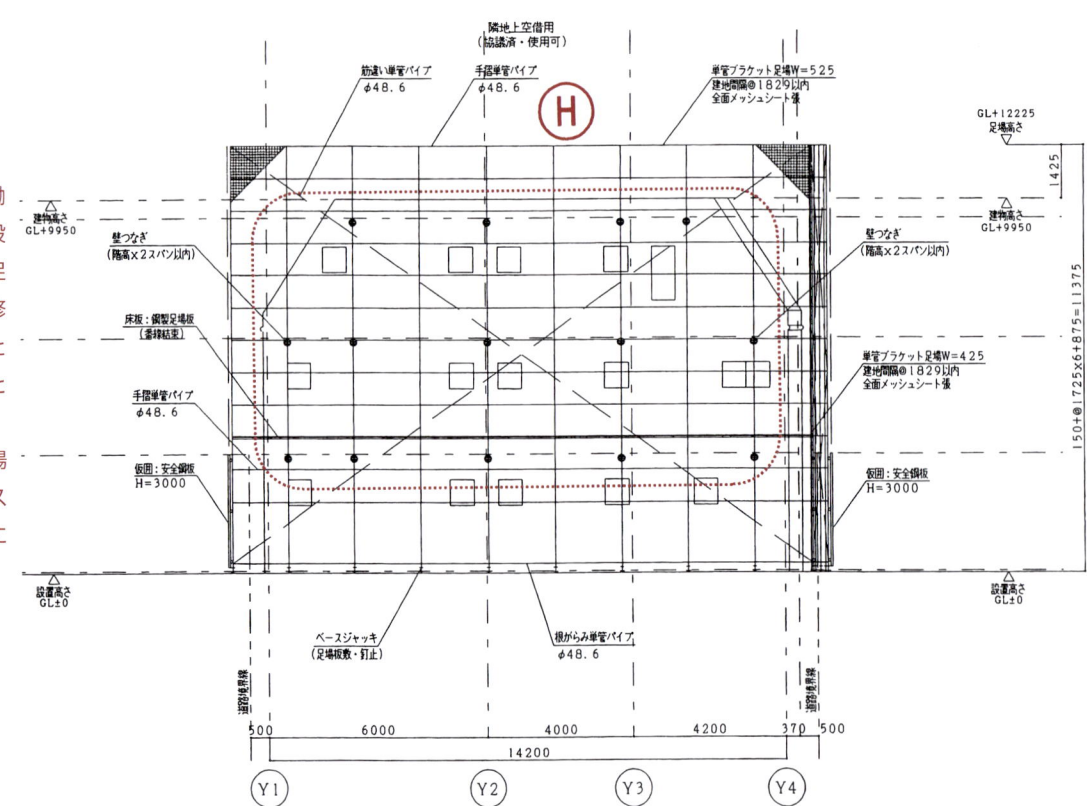

外部足場計画南側立面図

I 資材搬出入用の開口部を設けるには梁枠を使用する。
モデルでは3スパン×2段分の開口とする。
また、搬入開口部が有効に利用できる位置を基準として足場を割り付ける。

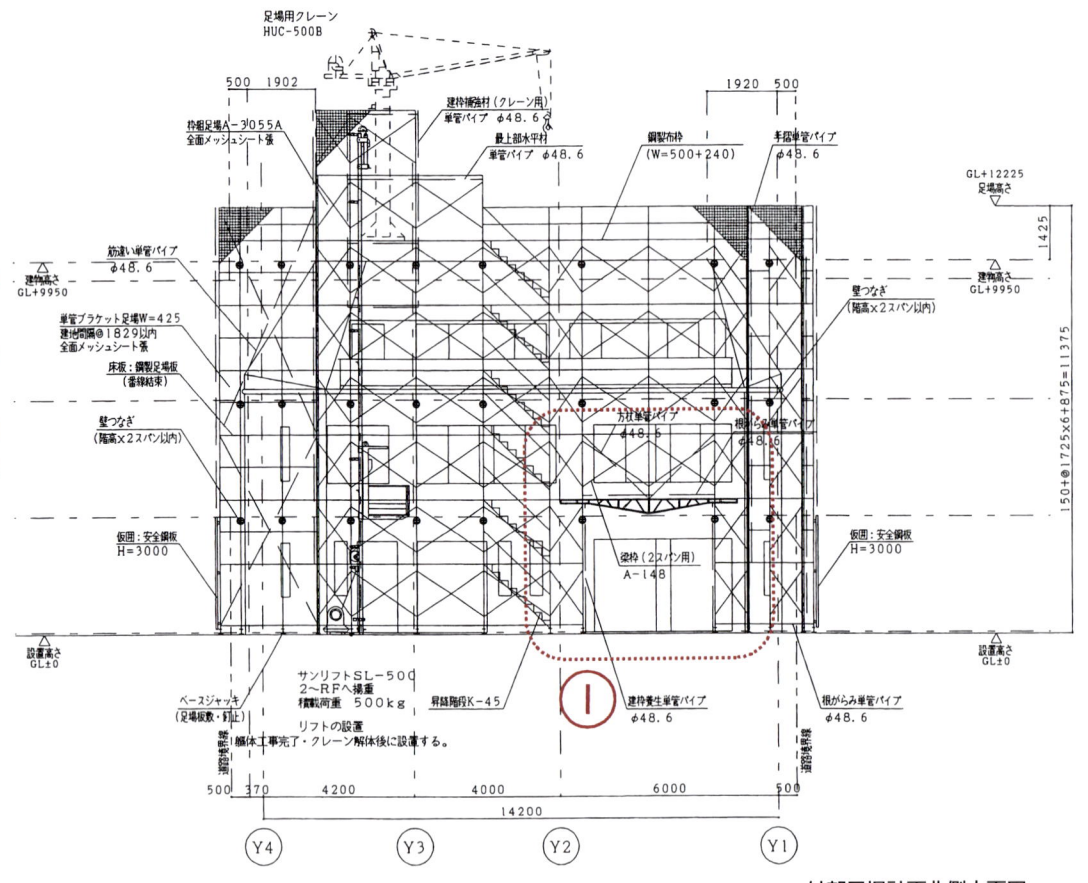

外部足場計画北側立面図

■ 道路・歩道の借用について

必要な足場や仮囲い等を設置するために、道路や歩道を一定条件の下で借用することが出来る。

《東京都道路占用規則　道路占用許可基準　三十三条　足場、仮囲い等の占用》

(一)歩道を有する道路では、歩道上とし、その出幅は路端から一メートル以下で有効幅員の三分の一以下とすること。歩道を有しない道路では、路端から一メートル以下で、道路幅員の八分の一以下とすること。ただし、落下物防護用施設物については、必要な出幅とすることができる。

(二)掛け出足場を設ける場合は、歩道上では路面から三メートル以上、歩道を有しない道路では、路面から四・五メートル以上とすること。

(三)落下物防止用施設については、その高さは、歩道上では四メートル以上、歩道を有しない道路では五メートル以上とすること。

(四)仮囲いに取り付ける出入口の扉は、道路に面して外開きとしないこと。

(五)仮囲いには、法令の定め又は監督官公署の指示による表示及び施行主、請負業者名の表示(必要最小限に限る。)以外のものを掲出しないこと。

(六)仮囲いには、消火栓、マンホール等の操作、開閉に支障のないようにし、その位置を明示しておくこと。

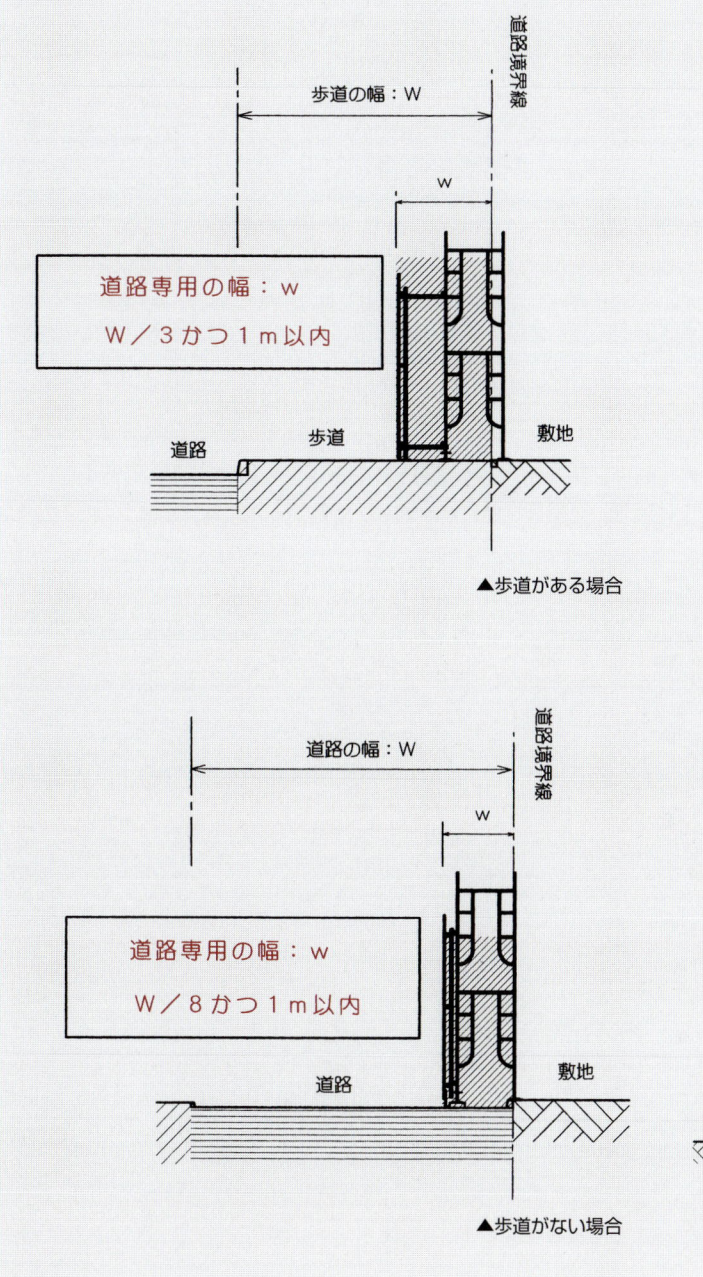

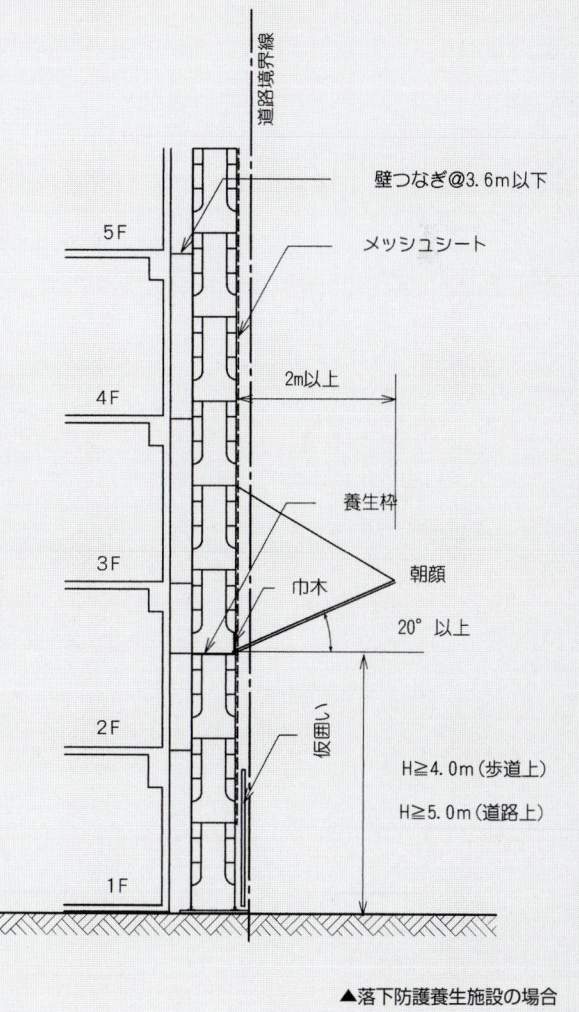

▲歩道がある場合

道路専用の幅：w
W／3かつ1m以内

▲歩道がない場合

道路専用の幅：w
W／8かつ1m以内

▲落下防護養生施設の場合

壁つなぎ@3.6m以下
メッシュシート
2m以上
養生枠
朝顔
巾木
20°以上
仮囲い
H≧4.0m(歩道上)
H≧5.0m(道路上)

5. 外部足場計画図完成図

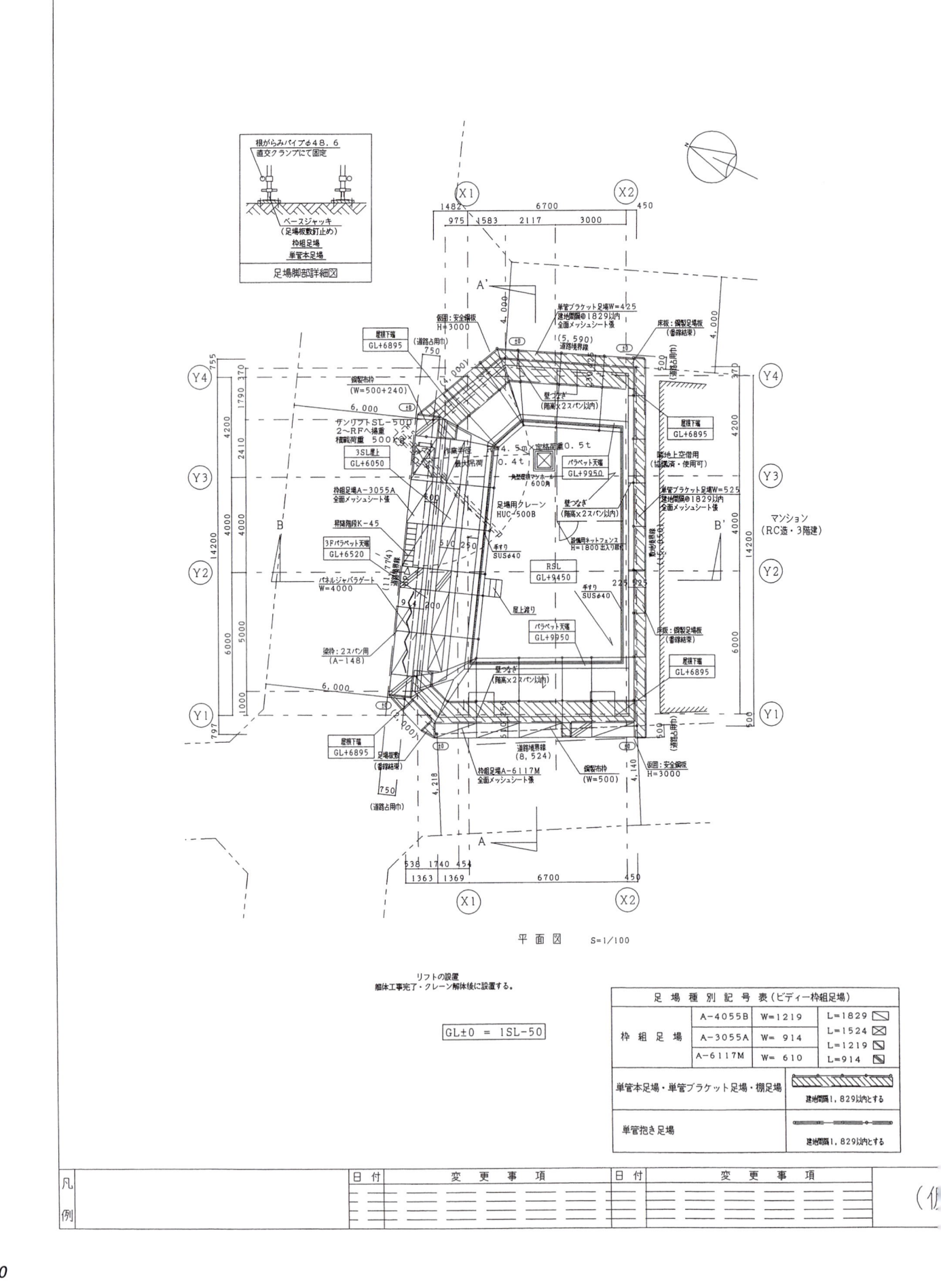

1-3 外部足場計画図

A-A' 断面図　S=1/100

B-B' 断面図　S=1/100

リフトの設置
躯体工事完了・クレーン解体後に設置する。

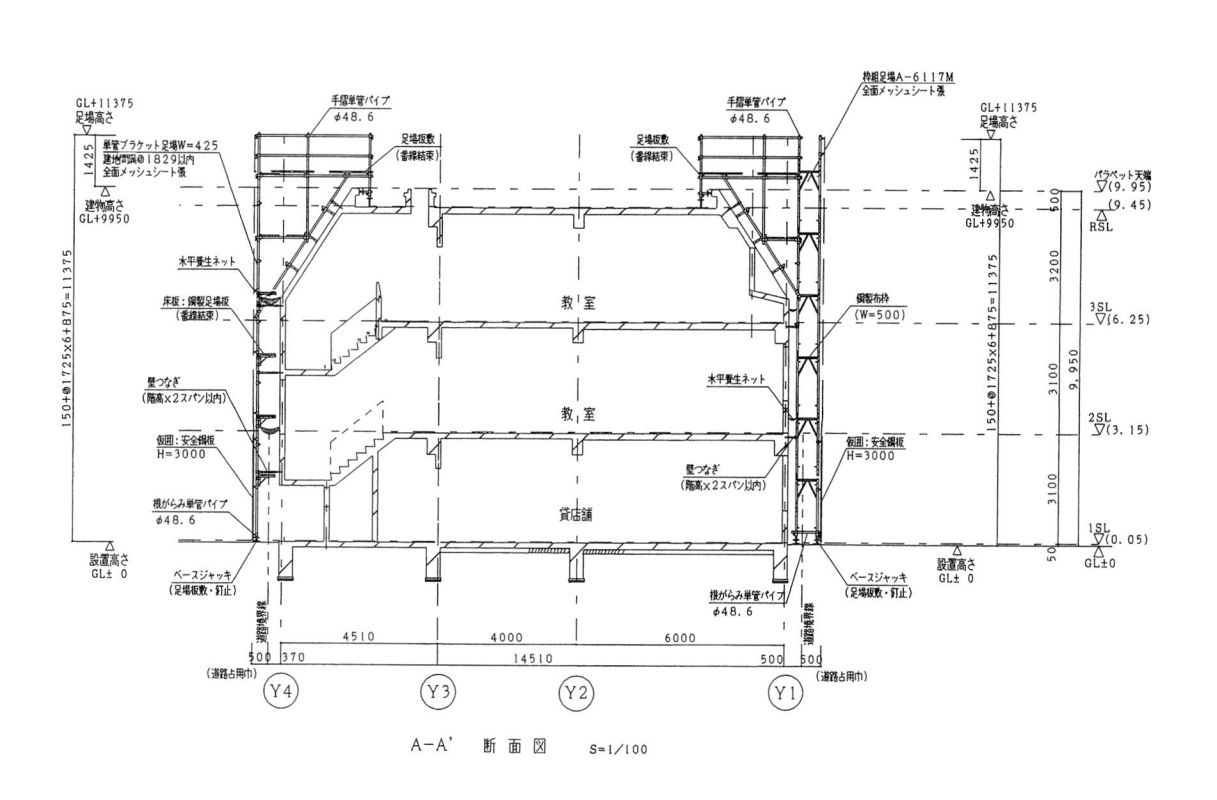

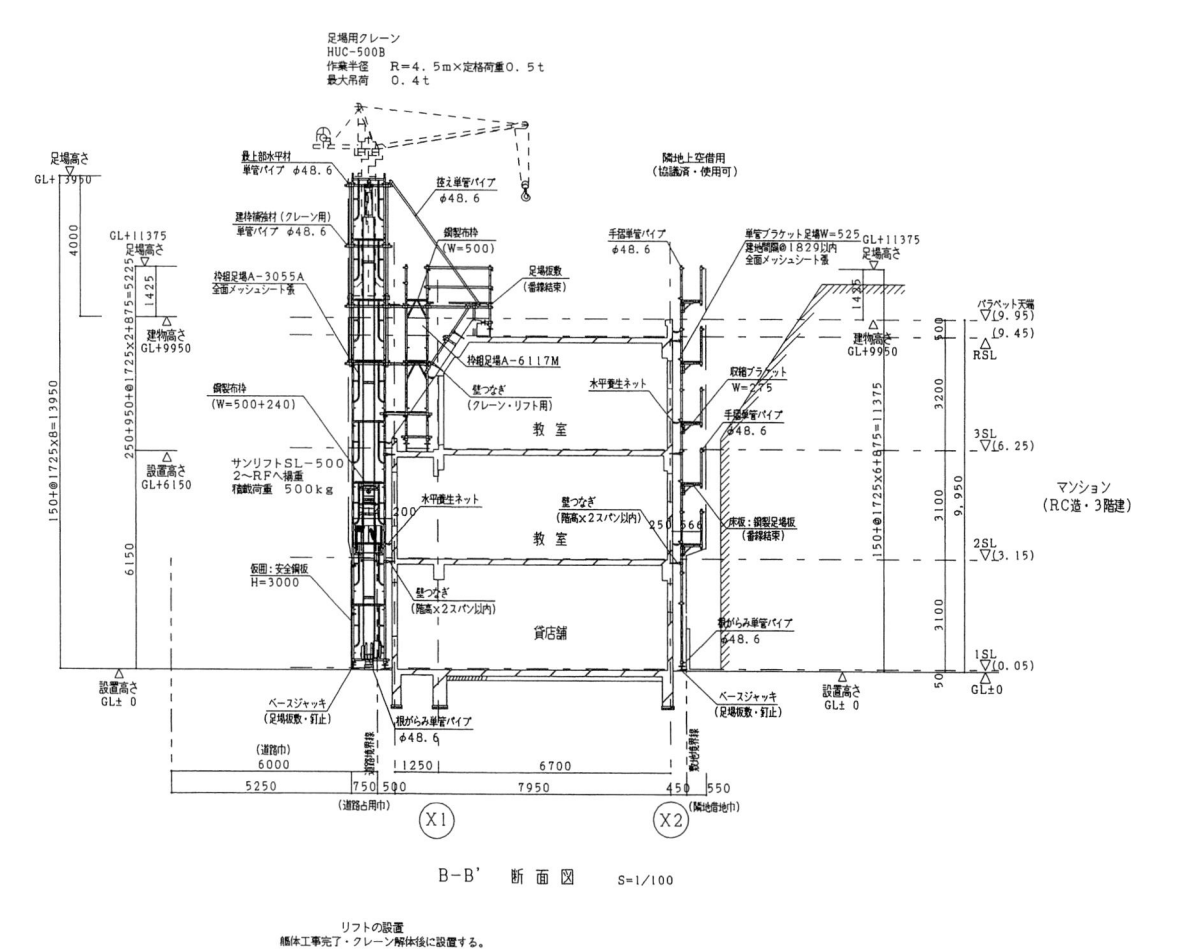

K．Jビル新築工事　図面名称：足場架設通路計画図（平面図・断面図）　Scale 1/100
訂正年月日 H16．2．　作成年月日 H15．2．　ファイルコード N2A2A102

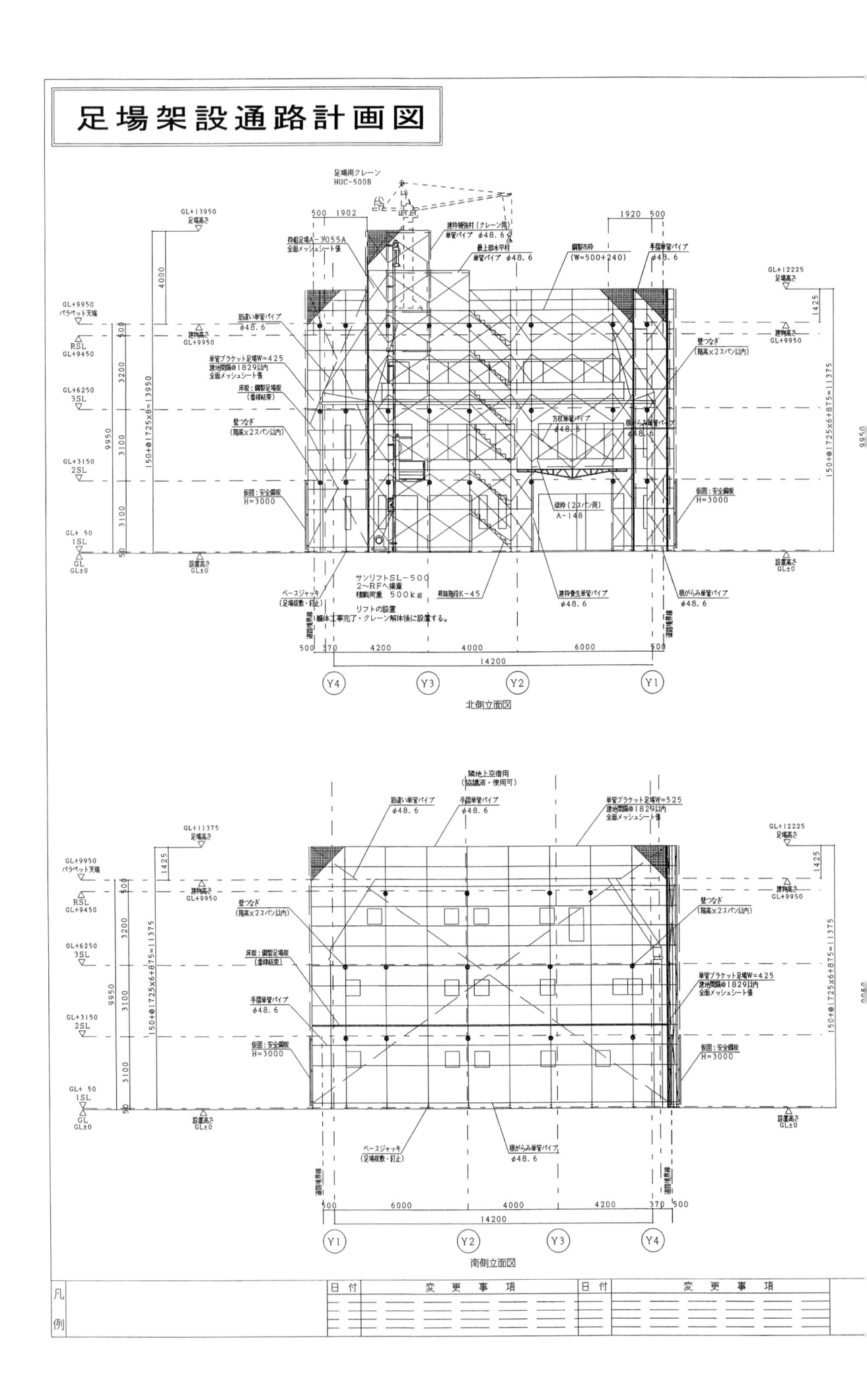

足場架設通路計画図

北側立面図

南側立面図

1-3 外部足場計画図

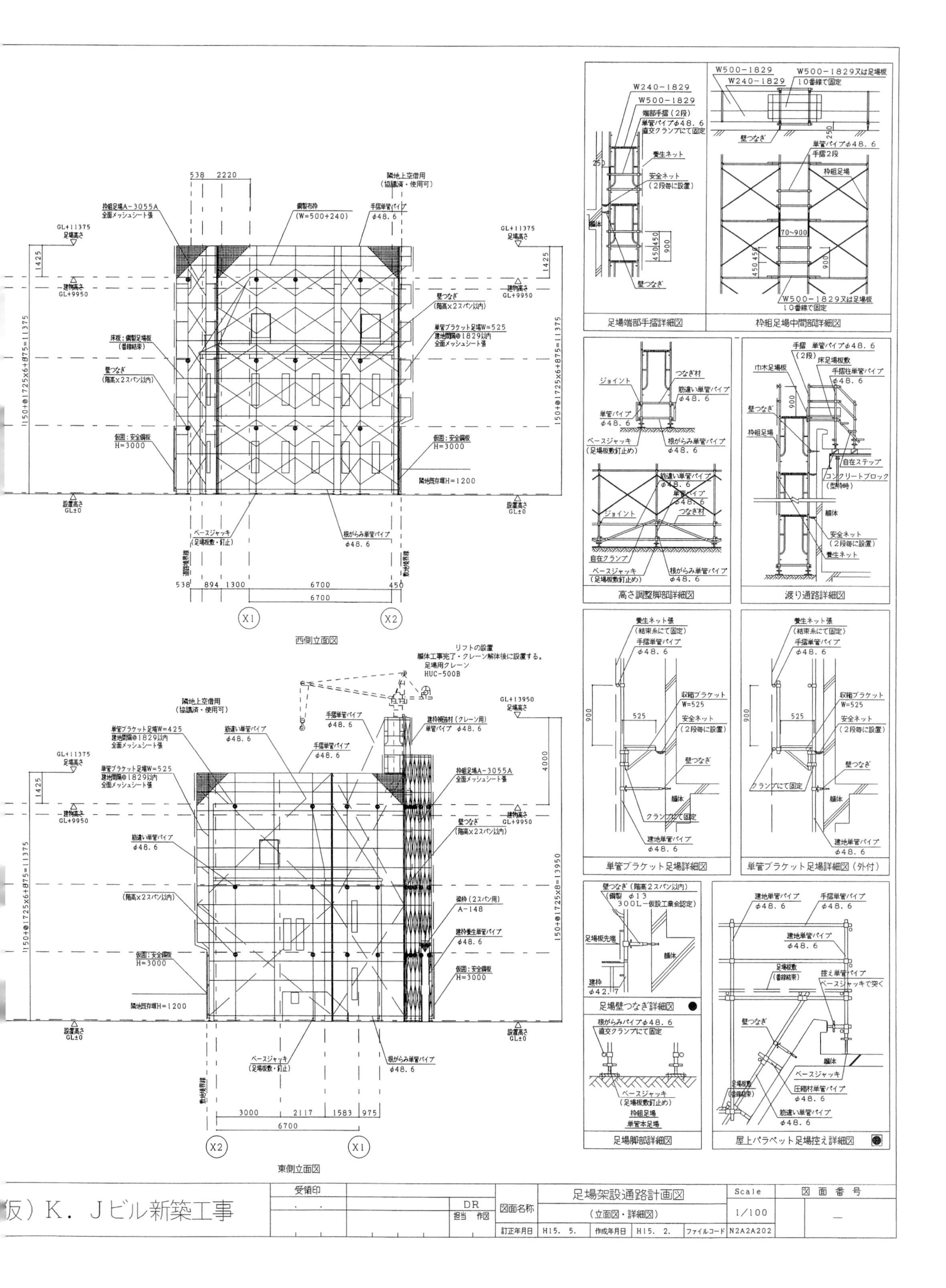

4 型枠支保工計画図

1. 型枠支保工計画図とは

　型枠は、コンクリート打設後固化するまでの間一定の形状を確保するための鋳型のようなもので、固化後には解体され撤去される。

　型枠にはコンクリートの自重や打設時の衝撃を始め、さまざまな荷重が加わってくる。さらに、コンクリートポンプによる打設の効率化に伴い、型枠にかかる荷重も一時より増大してきている。

　また、ハーフＰＣやデッキプレートなどの省力化を狙いとした工法面での変化も近年進んで来ており、従来の通念からでは十分に対応出来ない。

　最近の型枠工事は材工一式請負が主流となり、標準的な型枠は過去の経験から特に計画図を作成せずに施工される場合も多い。マンション建築などの比較的階高が低い建築物でも階段室の最上部やエントランスホールに吹き抜け部を設けるなど、型枠計画の作成が必要な箇所も多く見られる。

　型枠工事の計画図には、型枠支保工計画図、型枠ステージ計画図、特殊型枠計画図、型枠転用計画図、コンクリート打継用止め型枠計画図などがあるが、型枠支保工の占める割合が大きい。

2. 事前に検討・確認が必要な項目

　型枠支保工計画図は、一般的なビルや住宅では経験的にその仕様がほぼ定まっており、主として計画届用に作成される。

　したがって特殊な場合を除き、法的な要求事項が満足されているかを確認する。(下表参照)

■ 事前に検討・確認が必要な項目のチェックシート

検討項目	確認事項	内　　容
型枠工法	□ せき板は一般ベニヤを使用するのか	スラブ型枠にデッキプレートの使用例が多い
	□ 組立ては一般工法か大型パネル工法か	ユニット化に転用のメリットは
	□ コンクリート仕上げの仕様は	打放しの場合は打放し仕様の型枠計画が必要
	□ 仕上がりに要求される精度は	仕上げ下地や法的有効寸法の要求精度は
	□ 型枠の強度計算結果は	端太(セパレータ)ピッチの確認をする
打設計画	□ 1回の打設可能量は	工区分け及び止め型枠を確認する
	□ コンクリートポンプ車、ミキサー車の配置は	打設順序、配管の位置を確認する
	□ 打設コンクリートの部位別強度範囲は	打設部位により強度の違いがないか

■ 型枠支保工計画図の必要性

　労働安全衛生法第88条の第2項では、支柱の高さが3.5m以上の型枠支保工の設置、移転またはその主要構造部の変更については所轄の労働基準監督署へ所定の書類の提出が義務づけられている。

　コンクリートはセメントと水との水和反応により硬化が始まるが、所定の強度に達するまでの間コンクリートを衝撃や変形から守りまた湿潤状態に保つ必要がある。さらに、たわみによる変形を最小にとどめ、転用を図るため解体の順序を考慮した組立方法を検討する必要が出てくる。

　これらの施工要求内容を、発注者や工事監理者に説明したり協力業者に使用資機材の発注や作業指示を行う資料として用いられるが、最近は計画届用に作成される場合が多いようである。

3. 計画図に表現される内容と記載方法

　労働安全衛生法第88条の規定に基づく、計画届用の図面に使用される場合も考慮して作成する。

1. 通常使用される部材の材質と寸法

1）せき板

　型枠用ベニヤ合板　厚12　JAS規格品（900×1800）

2）根太、端太、中間繋ぎ材他

　単管　JIS G3444 3種　STK51 φ48.6×厚2.4

3）大引き

　端太角 90×90　木材「種

4）パイプサポート

　差込管　JIS G 3444　3種 STK51 φ48.6×厚2.4

　腰　管　JIS G 3444　2種 STK51 φ60.5×厚2.3

5）セパレータ

　普通丸鋼セパレータ　φ7

6）フォームタイ

　ねじ式フォームタイ、3型リブ座金

7）桟木

　木材「種　24×48

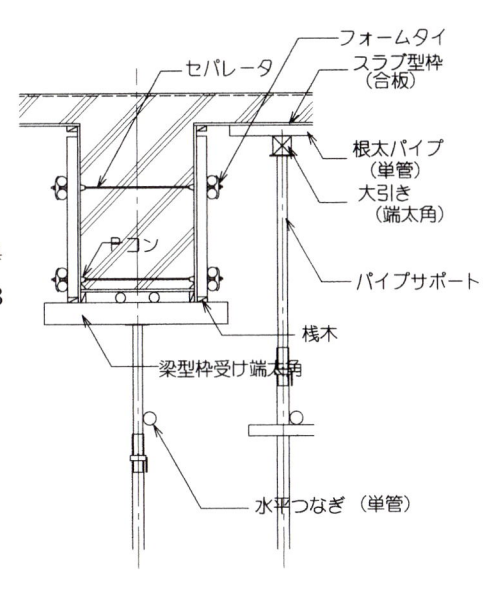

▲型枠支保工に使用される材料

2. 根太、大引き、サポート、および端太パイプのピッチ

3. 水平繋ぎ、根がらみの位置

4. 型枠にセットされる打ちみ金物等の種類

　型枠にはコンクリート内打込みを必要とする物があり、前もってその種類と位置を確認し計画図に記載する。

　一部は躯体図に表記される場合もあるが、割付け、固定方法等の詳細は型枠計画図に記入される。

1) インサート類：天井インサート、クーラーインサート、足場つなぎインサート
2) アンカー類：サッシアンカー、手摺りアンカー、仮設アンカー（足場用ブラケット等）
3) 埋め込み金物：フードドレーン、吊環、タラップ、避難口ハッチ
4) スリーブ関係：貫通スリーブ（壁、梁、スラブ）
5) 構造関係：構造スリット、亀裂誘発目地
6) その他：盗み材（サッシ関係、設備器具取付け関係、側溝、防水、面木）、仮設物取付け用アンカー類

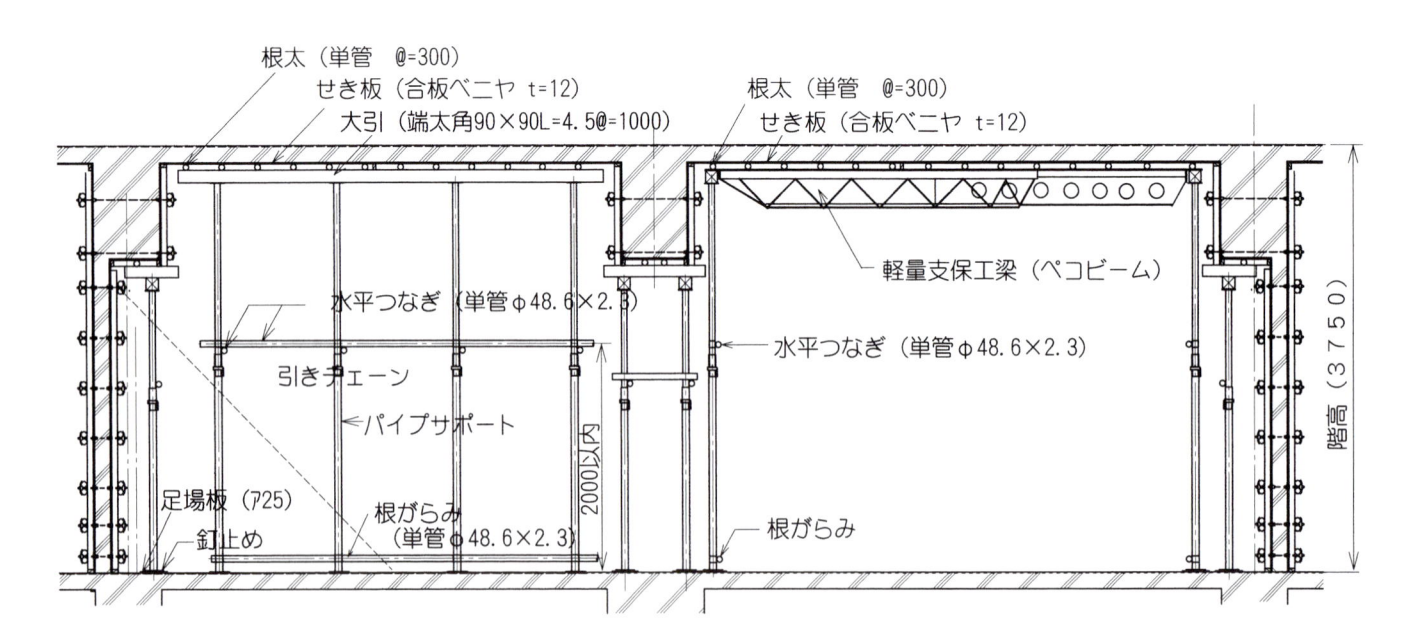

スラブ支保工計画図の記入内容（参考図）

5. 工区分け打継ぎ部

コンクリート打設量や強度区分、あるいは型枠組立の関係から、工区分けを行い分割してコンクリート打設を行う場合がある。打継ぎ部分はコンクリートの縁が切れる（不連続面となる）ため、特に打設量により分割する場合は、打設工区分け位置を影響の少ない場所に設定する。

地下躯体の打継ぎは漏水の原因となるため、受水槽室や電気室など必要に応じて止水処理を施す。

1) 位置と止め型枠の種類
2) 止水処理方の方法およびその範囲

6. 型枠転用計画

通常型枠材料は2〜3階分を搬入し順次転用する。転用計画ではせき板、支保工取外し時期（存置期間）の規定を考慮しなければならない。また、材料の荷揚げ設備や荷揚げ用開口部位置の検討も必要となる。

型枠の存置期間についてはJASSと告示で一部異なるところがあり、どちらの規定を採用するかは作業所の判断による。通常、JASSの規定の方が厳しいのでこの方によることが多い。

■ 型枠工法関連事項

1. 型枠工法の種類

型枠は、コンクリートと直に接するせき板、せき板を支持する支保工、支保工を保持しコンクリートの側圧に抵抗する緊張材から構成される。

コンクリート打設後、強度の発現を待って解体し転用する手順を繰り返すのが一般的な型枠工法であるが、床や壁の一部をＰＣとして工場で作成し型枠の代わりに使用する方法や、鋼板プレートに曲げ強度を持たせ支保工の一部を負担させるデッキプレート工法などが省力化を目的として近年採用されている。

2. 品質管理から要求される精度

コンクリート打設面の品質は、仕上げ等の種類や躯体部位によりその要求精度が異なる。打放し仕上げや有効寸法の確保等が要求される部位（階段、廊下、開口部他）については、表面の不陸や建入れ精度が問題となり、セパレータやサポートピッチの検討が要求される。

3. コンクリート打設方法や打設順序

コンクリートポンプ車による打設と流し込み、またはホッパーなどによる打設はそれぞれ打設速度が異なり、型枠にかかる側圧も異なってくる。

コールドジョイントの発生を押さえるため打ち回しを頻繁に行うと、片押しによる偏荷重が発生することもある。またスラブや梁の支保工は2〜3層分の荷重を負担する場合もあり、筋交いや振れ止め計画の必要性が出でくる。

4. 型枠転用計画

型枠は転用を基本とする。せき板と支保工を一体化し大型のパネル状として転用する方法や、すべてを小ばらしにして転用する場合とがあるが、いずれにしても、効率よく転用させるために荷揚げ用の設備や仕上げ開口部の計画、および型枠材料転用計画が必要となる。

5. 型枠強度計算

通り芯間隔や階高、躯体の断面寸法が標準的な建物は、今までの経験や実績で施工しても極端に間違うことはない。

しかし、打ち込み高さが大きな独立の柱や壁等はコンクリートの側圧が大きくなり、また、階段室や吹き抜け部分のスラブは支保工の挫屈防止強度計算が必要となる。計算結果に基づき必要な支保工や振れ止め間隔を確保しなければならない。（一般的な支保工間隔を58頁に示す）

4. 型枠支保工計画図作成のポイント

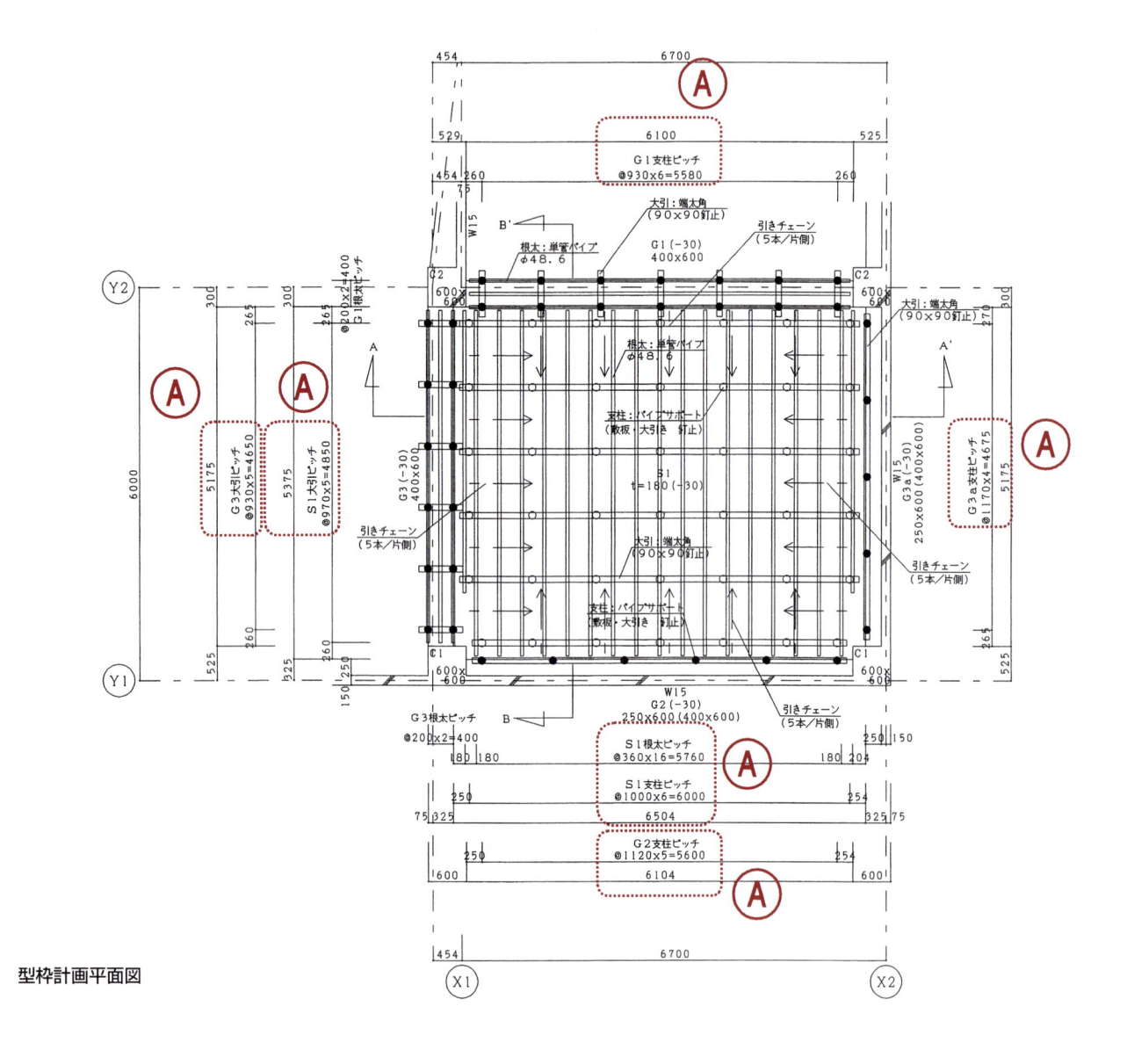

型枠計画平面図

A 一般的な鋼管支保工の設置間隔

種類		支柱間隔	備考
スラブ厚	15 cm 以下	120 ～ 140 cm	大引間隔　90 cm
	15 ～ 20 cm	100 ～ 120 cm	
梁成	80 cm 以下	100 ～ 120 cm	梁幅　30 ～ 40 cm
	80 ～ 100 cm	80 ～ 100 cm	

■ 図中の解説以外の注意点

● 一般的な事務所ビルのスラブ支保工計画図でスラブ厚18cm、階高3.1mと支柱にかかる荷重は通常の値となるため支保工はサポート、大引きは端角、根太は単管パイプを使用する。
足元は平坦で滑る恐れが無いので、根がらみは省略している。また、筋交いも必要ないと思われる。

● パイプサポートを支柱として用いる場合は、高さが3.5mを超えるときは2m以内ごとに水平つなぎを2方向に設けること（労働安全衛生規則）。
● 斜めスラブの支保工については、大引きをスラブ角度に合わせて加工し、滑動防止を計る。
● 打放し直仕上げは、せき板やPコンの割付けがそのままコンクリート面に残る。割付け計画を行うのがよい。

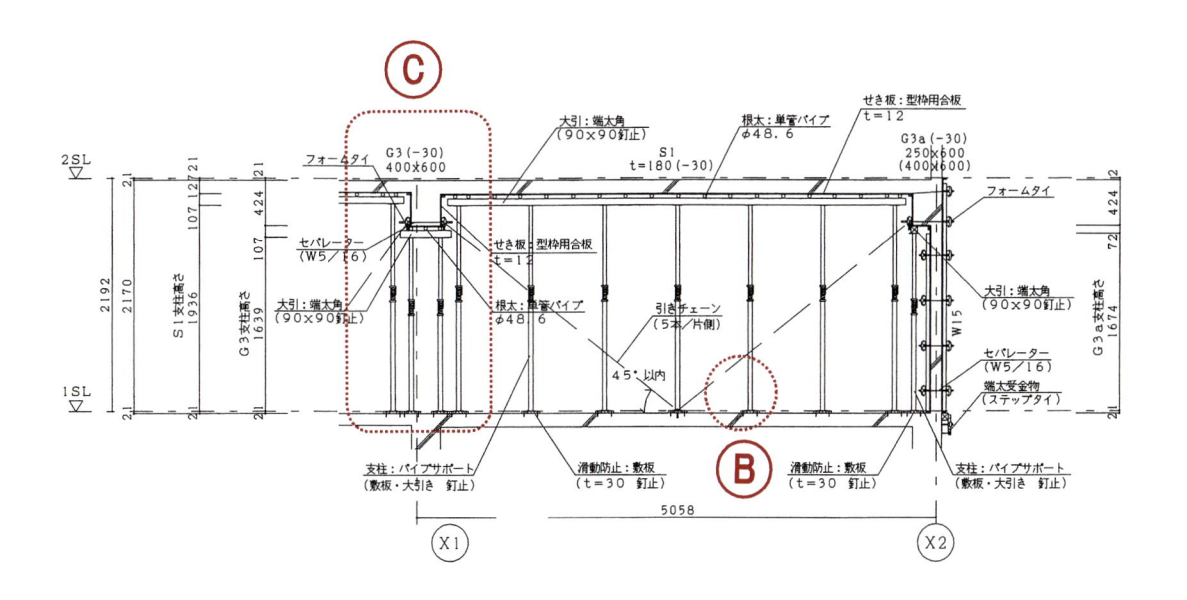

▲A-A断面図

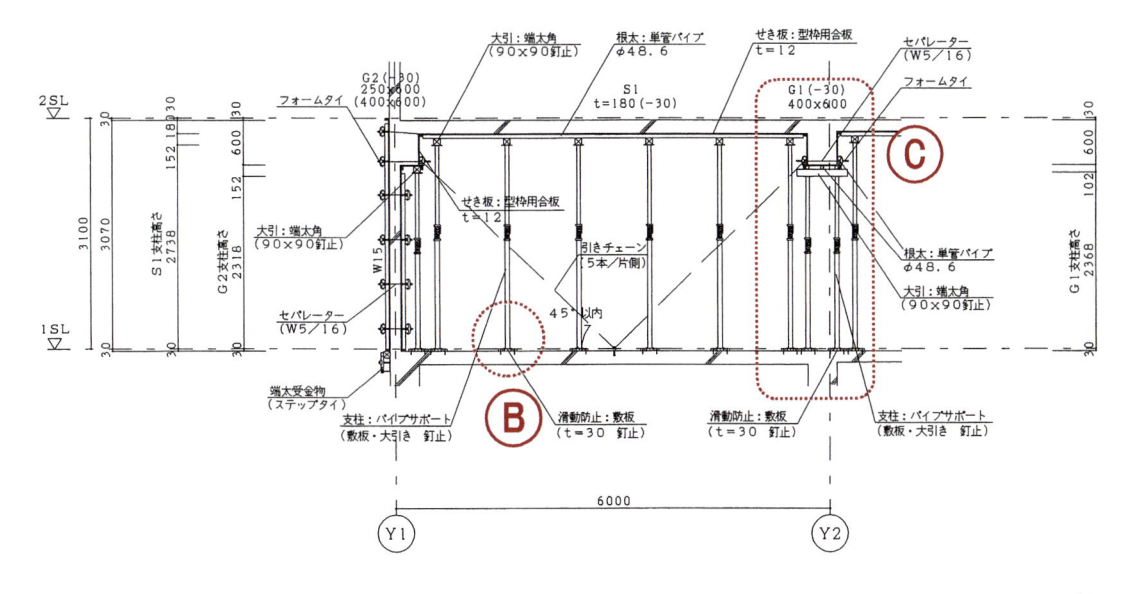

▲B-B断面図

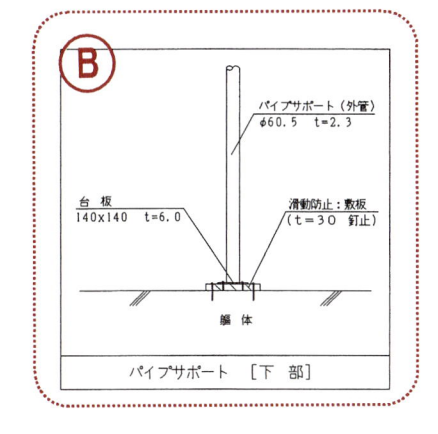

B 支柱の沈下防止、または脚部が滑動しない措置を講じること。

C 梁のサポートは通常ダブルで用いるが、小梁の場合はシングル、ダブル交互とする場合がある。

■ 目地・セパレーター等

1）外壁面には亀裂誘発目地を3m内外のピッチで、さらに水平打継ぎ部ごとに止水用としてシール目地を設ける。鉄筋のかぶり寸法は目地底からとなるので、目地の深さ分をマシコンとする。（躯体図に反映させる）

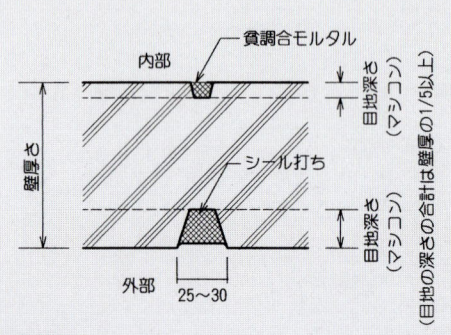

▲亀裂誘発目地

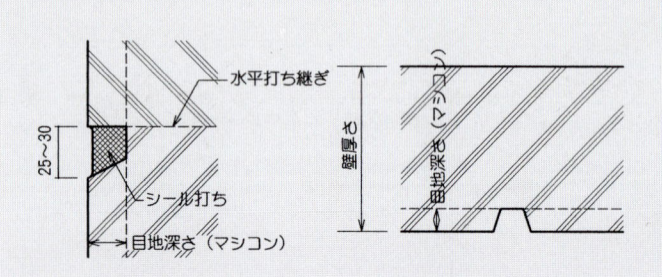

▲打ち継ぎ目地　　▲化粧目地

2）壁型枠や床型枠のせき板は、定尺（1800×900）のまま使用出来るように割付けを工夫する。補助材は極力小さくするのが良い。

3）セパレーターにはC型（一般型枠用）とB型（打放し型枠用）があり、目的により使い分ける。

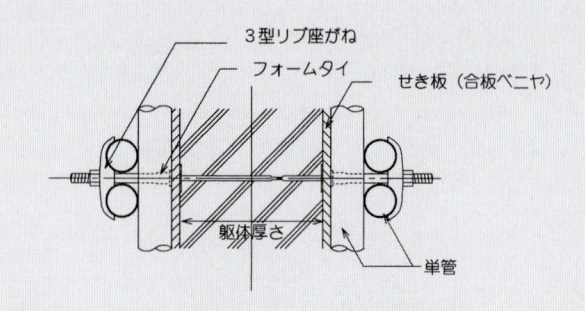

▲セパレーターC型（一般型枠用）

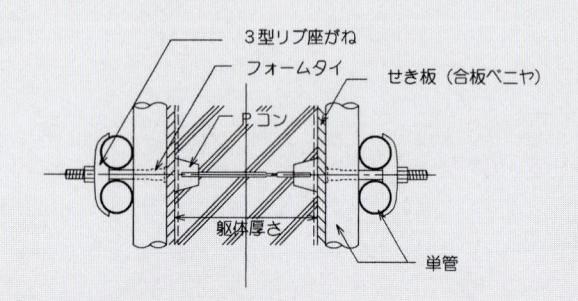

▲セパレーターB型（打放し型枠用）

4）型枠の組立と配筋の順序を考慮して資材の搬入を行うこと。また作業が錯綜しないよう、施工の順番を検討する。（下図参照）

■ 型枠の施工順序

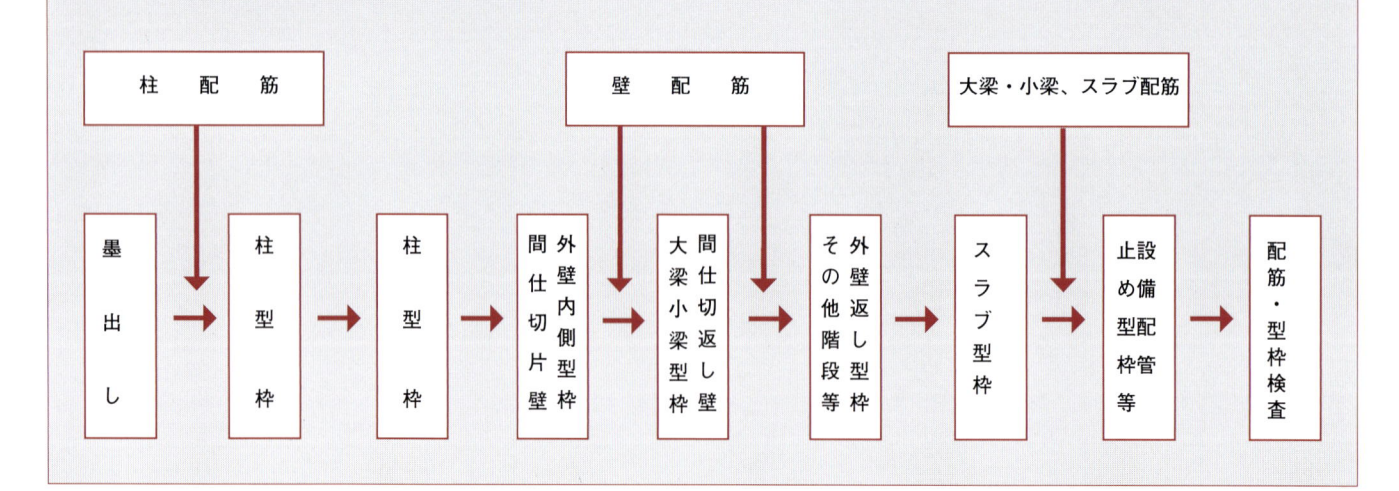

柱配筋 → 壁配筋 → 大梁・小梁、スラブ配筋

墨出し → 柱型枠 → 柱型枠 → 間仕切片壁・外壁内側型枠 → 大梁小梁型枠・間仕切壁 → その他階段等・外壁返し型枠 → スラブ型枠 → 設備配管等・止め型枠 → 配筋・型枠検査

■ 型枠の組立、解体に関する法的規制事項

1. 組立における安全基準（労働安全衛生規則）

1) パイプサポートを支柱として用いる場合、高さが3.5mを超える場合は高さ2m以内ごとに水平つなぎを2方向に設け、かつ水平つなぎの変位を防止すること。
2) パイプサポートを支柱として用いる場合、3本以上をつないで使用しないこと。2本つないで使用する場合は4本以上のボルト、または専用の金具を用いてつなぐこと。
3) 単管を支柱として用いる場合、高さ2m以内ごとに水平つなぎを2方向に設け、かつ水平つなぎの変位を防止すること。

2. 解体における安全基準（告示1655号、JASS 5）《告示とJASS 5の存置期間の比較》

1) せき板の取外し
   - 基礎、梁側、柱、壁 ──────── 5N／mm2以上（告示およびJASS）
   - 梁下、スラブ下 ──────── 設計基準強度の50％以上（告示）
                    設計基準強度の100％（JASS）

2) 支柱の取外し
   - 梁下 ──────── 設計基準強度の100％（告示およびJASS）
   （ただし支柱の除去直後、その構造部材に加わる荷重が設計荷重を上回ることが予想される場合、支柱の存置期間は特別に考慮される）
   - スラブ下 ──────── 設計基準強度の85％以上（告示）
                  設計基準強度の100％（JASS）

3) 支柱の盛替え　はり、スラブ下とも、せき板の取外しは支保工解体後となっており、原則として支柱の盛替えはしてはならない。

5. 型枠支保工計画図完成図

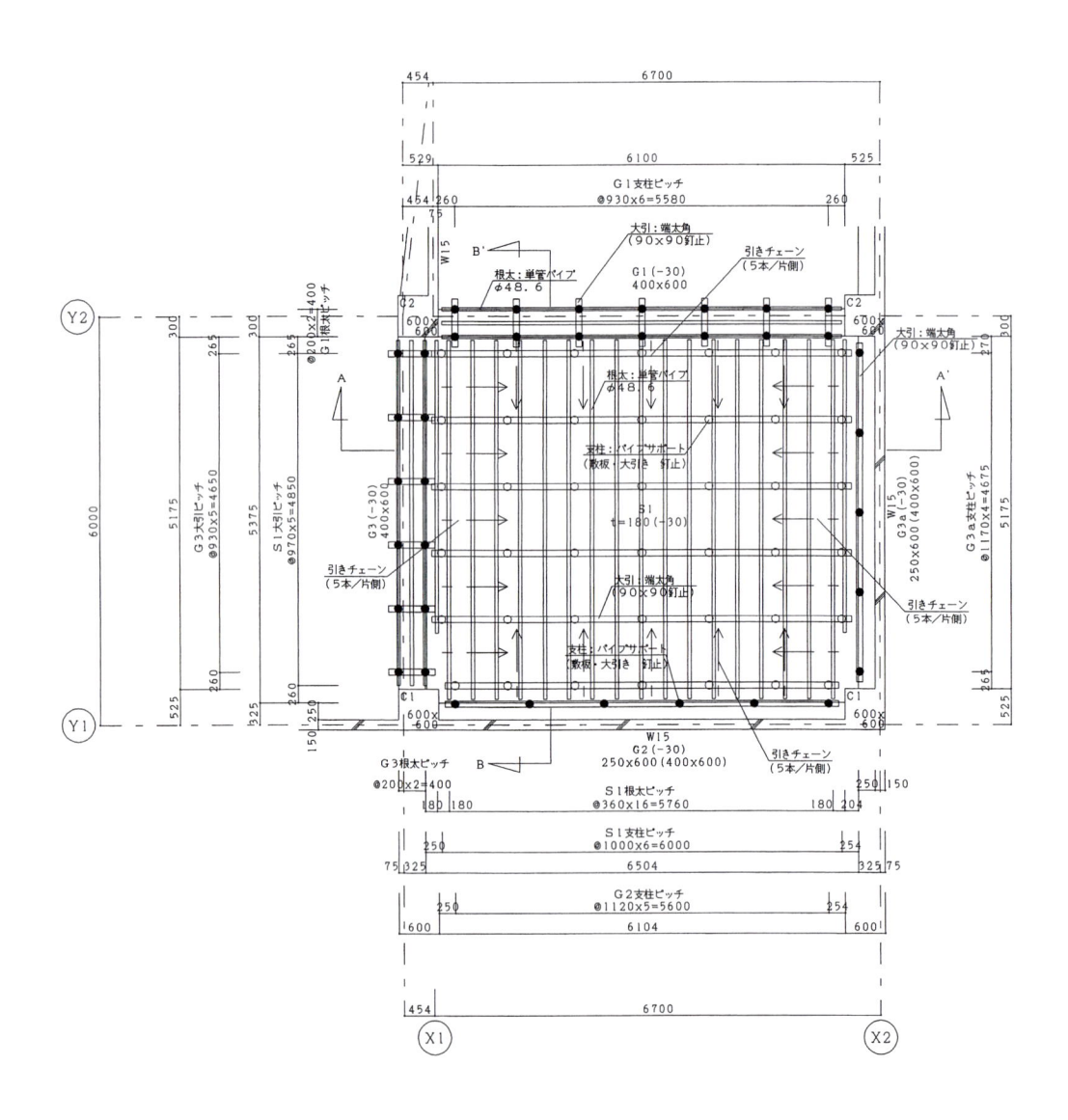

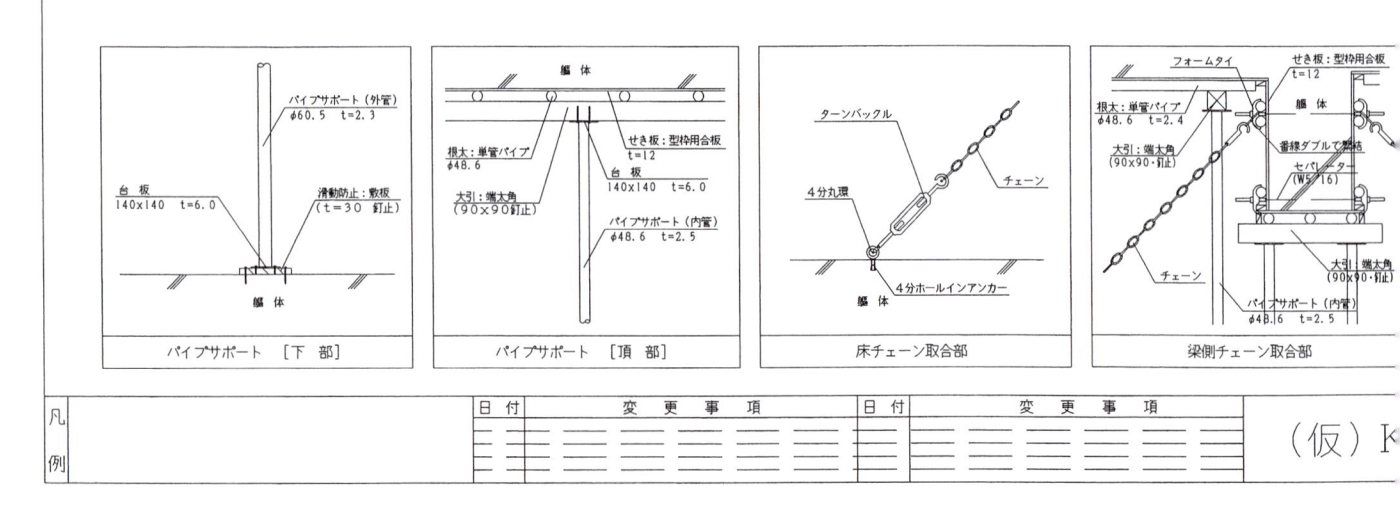

1-4 型枠支保工計画図

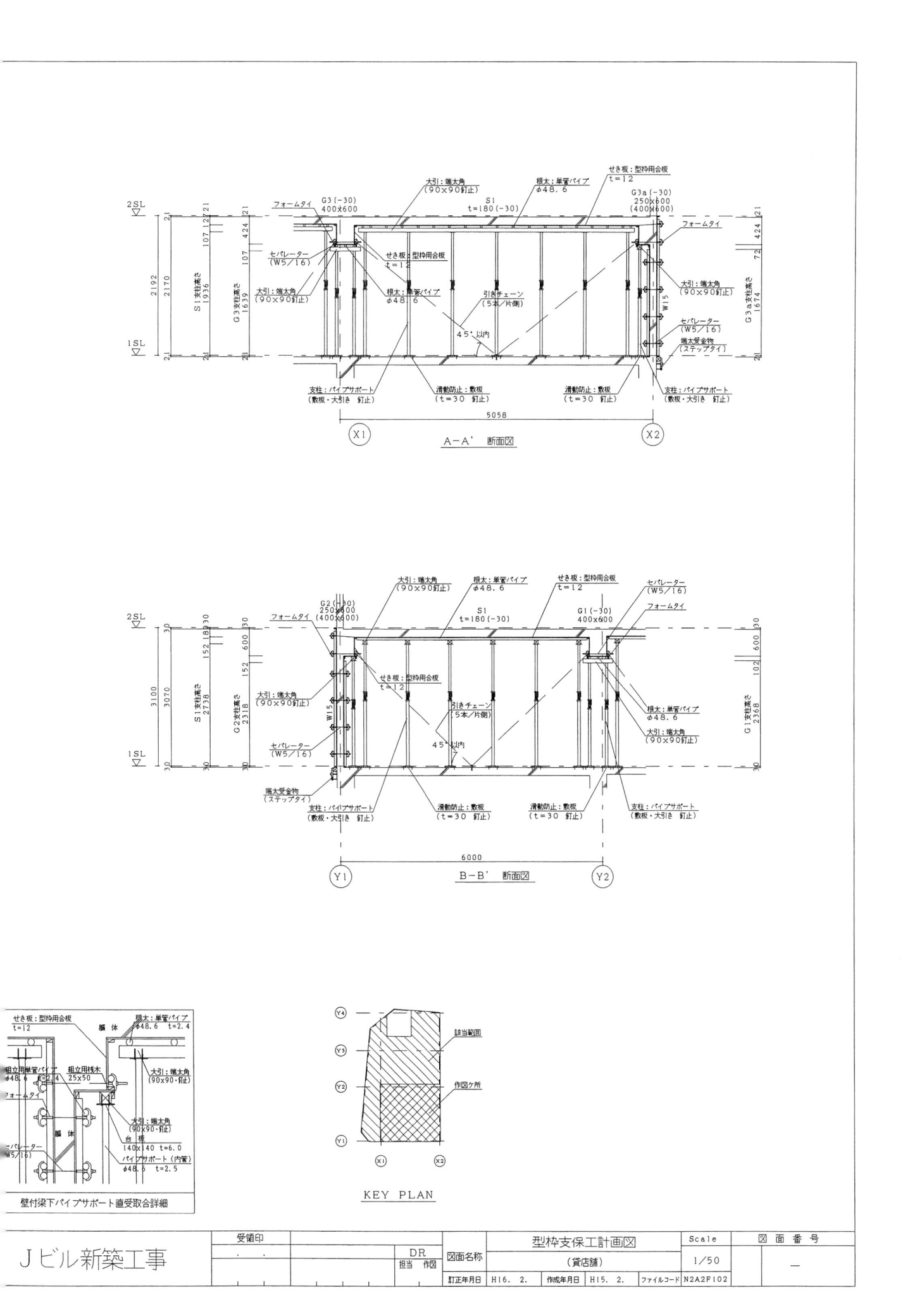

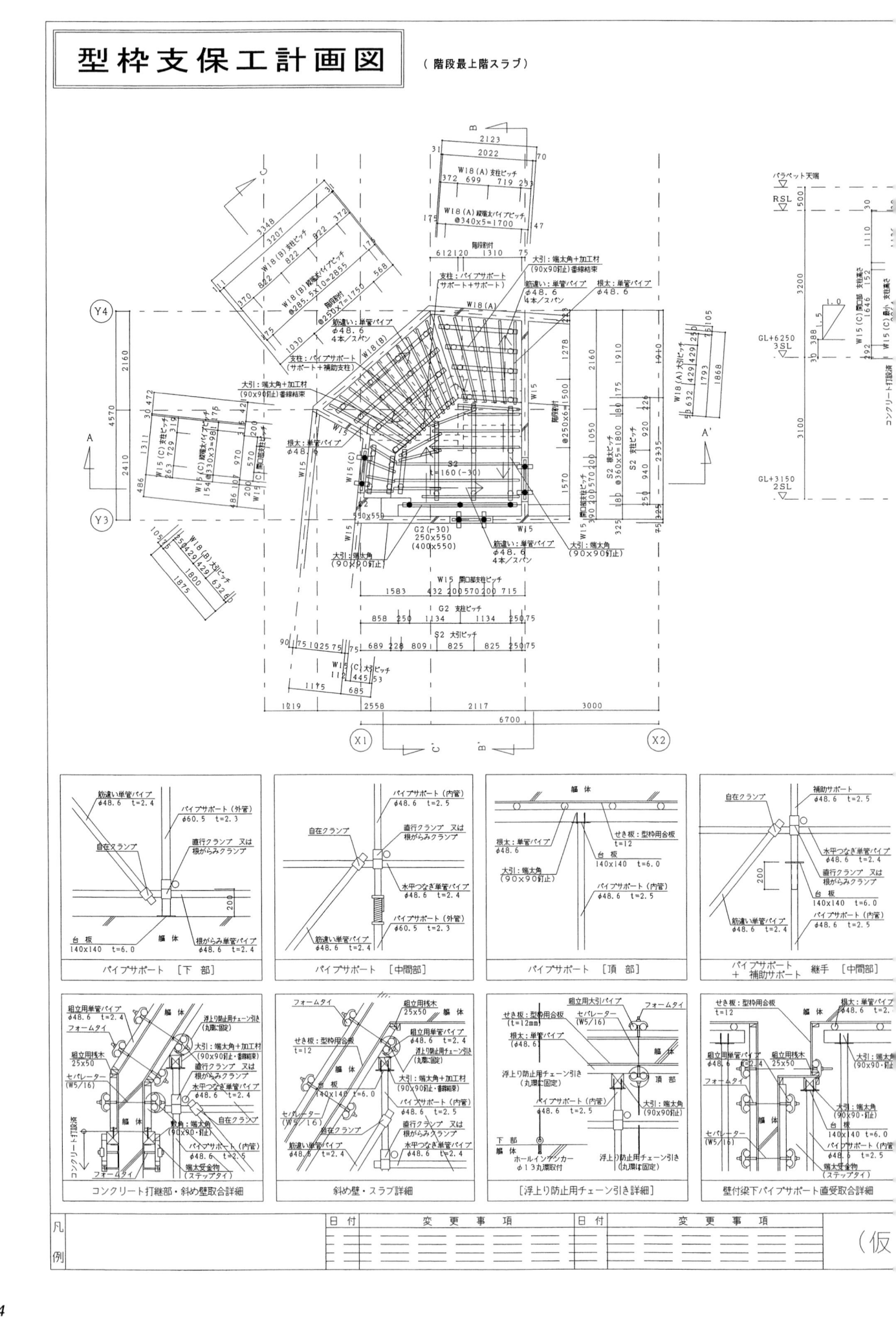

型枠支保工計画図 (階段最上階スラブ)

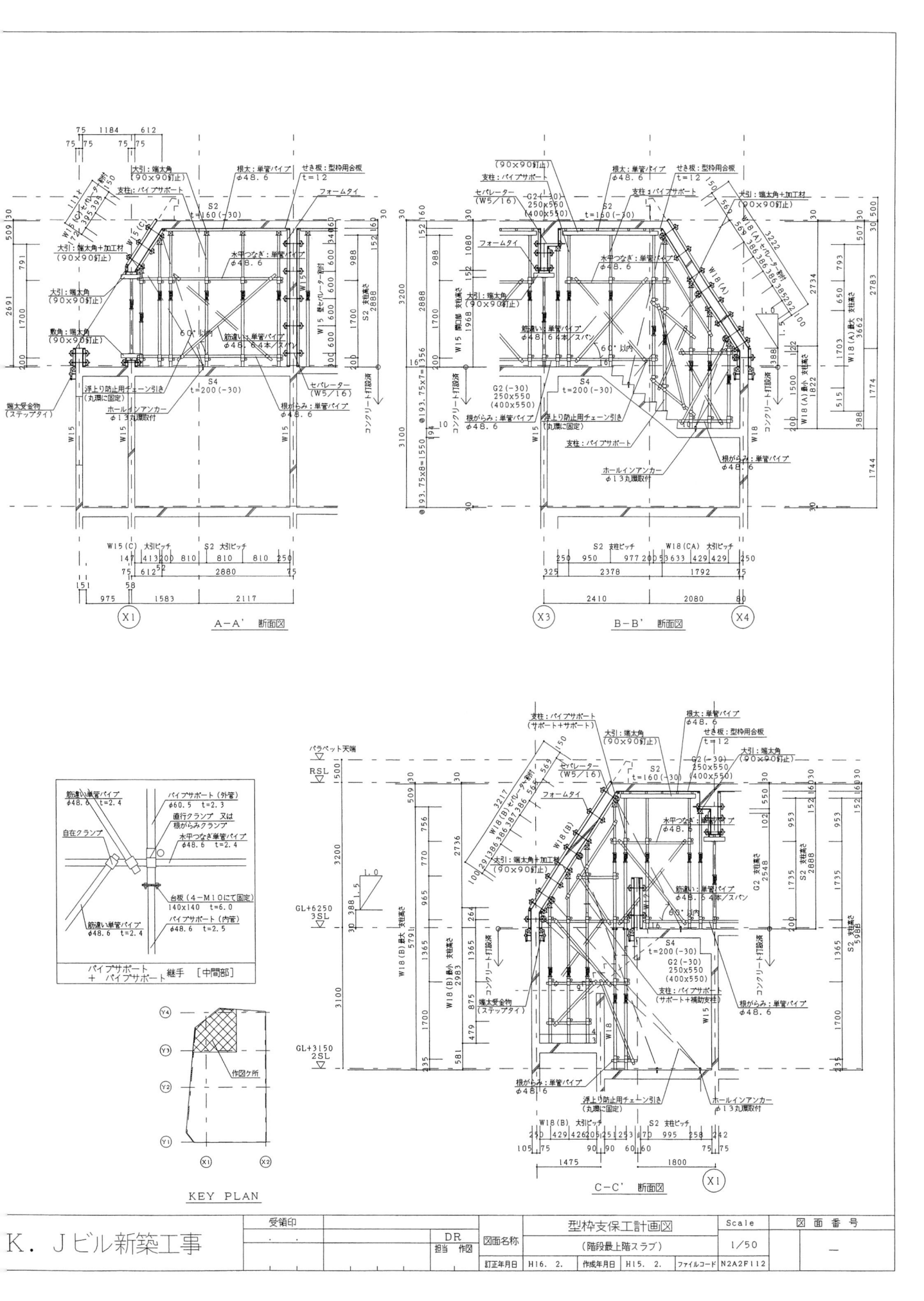

1-4 型枠支保工計画図

A-A' 断面図

B-B' 断面図

C-C' 断面図

KEY PLAN

パイプサポート + パイプサポート継手 [中間部]

工事名	K.Jビル新築工事	図面名称	型枠支保工計画図（階段最上階スラブ）	Scale	1/50	図面番号	—

ファイルコード：N2A2F112
作成年月日：H15.2.
訂正年月日：H16.2.

躯体計画図　第2章

1. 躯体図作成の共通ポイント
2. 杭伏せ図
3. 基礎伏せ図
4. 立上がり躯体図
5. 最上階立上がり躯体図
6. 階段躯体図

2章 躯体計画図

1 躯体図作成の共通ポイント

1. 躯体図とは

躯体図は、建物を作るためには最重要施工図である。この図面で型枠・鉄筋などが加工され、さらに各業者の製作物の指針となる。仕上げ工事まで考慮して、壁位置、開口位置・寸法、スラブ天端等の納まりを十分検討・調整して作図をしなければならない。

2. 躯体図の表現

躯体図の記号や寸法の押えは、現場において関係者が迷うことのないように、あらかじめ確認しておくことが大切である。下記に一般的な表現方法を掲げた。

しかし、各ゼネコンで凡例表現が異なる部位もあるので注意が必要である。

1. 一般的作図の表現方法
（寸法の押え方／必ず、各通り芯から追い出し可能にする）

1. 開口部の表現

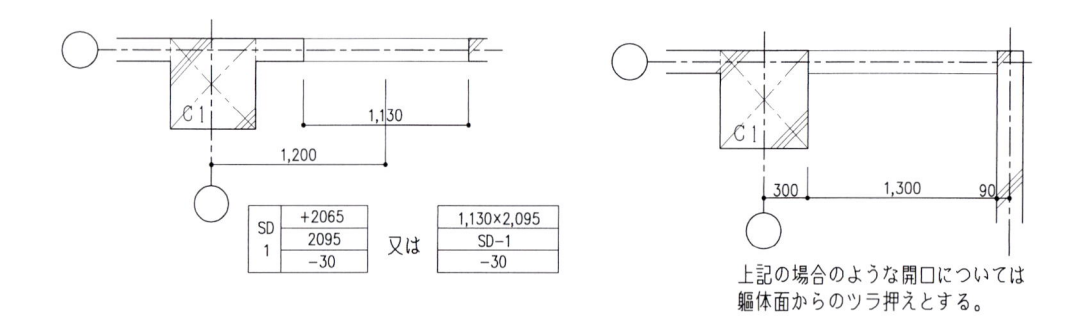

上記の場合のような開口については
軀体面からのツラ押えとする。

2. 柱・梁・壁の表現

［コンクリート打放し無しの場合］　　　　　　　　　　［コンクリート打放し有りの場合］

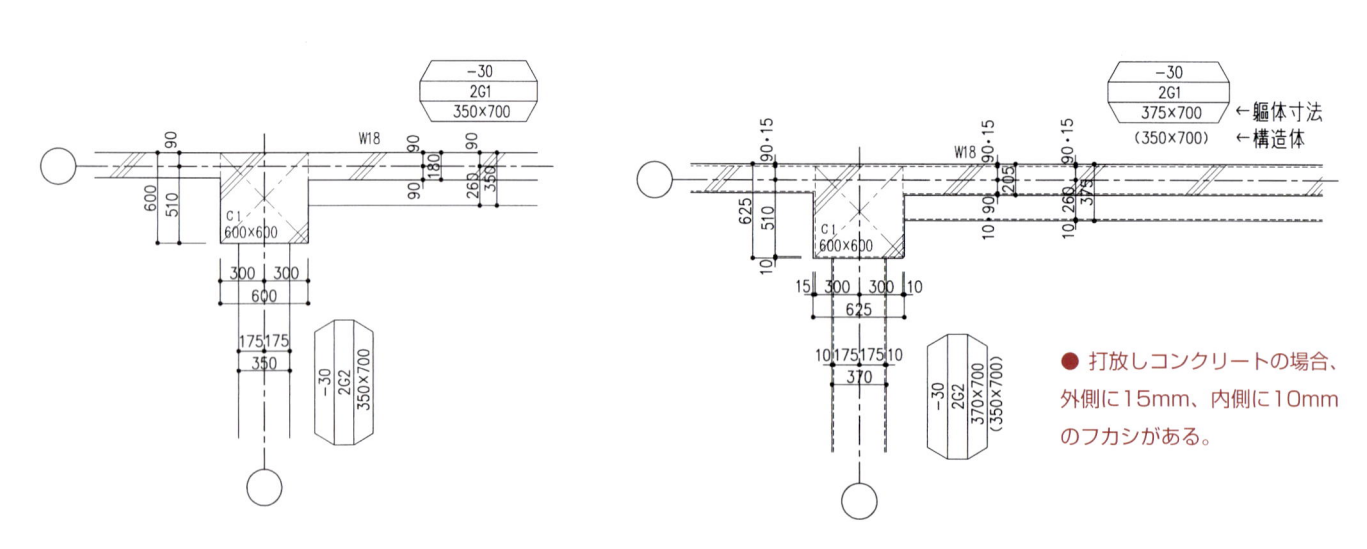

←軀体寸法
←構造体

● 打放しコンクリートの場合、外側に15mm、内側に10mmのフカシがある。

● 上記2図のように、通り芯からの押え寸法が同じ場合は、振り分け寸法を部分的に省略してもよい。

2-1 躯体図作成の共通ポイント

2. 躯体部材記号の表現方法（スラブ・梁・建具開口）

1. スラブ符号の表現

［一般とフカシの場合］

（一般）
- −30 ← 上階FLからのCON天レベル
- S1 ← スラブ符号（構造図参）
- 150 ← スラブ厚さ（構造図参）

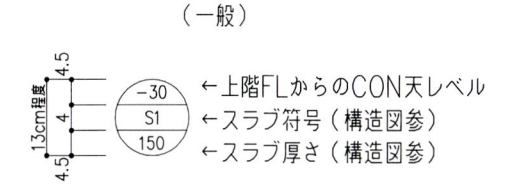

（フカシのある場合・直仕上げ等の場合）
- (−30) ← 構造躯体レベル
- ±0 ← 躯体CON天レベル
- S1
- 150 ← 躯体スラブ厚サ
- (150) ← 構造スラブ厚サ

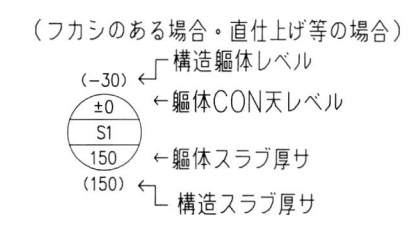

● −30はモルタル厚。コンクリート直下押えの場合はコンクリートをフカス。

［スラブ下に断熱材etcの打込みがある場合］

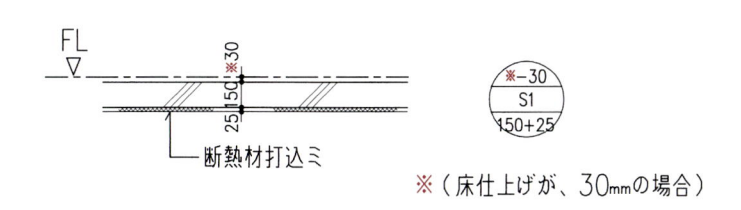

- ※−30
- S1
- 150+25

※（床仕上げが、30mmの場合）

2. 梁符号の表現［一般とフカシの場合］

（一般）
- −30 ← 上階FLからのCON天レベル
- 2G1 ← 梁符号（構造図参）
- 375×700 ← 梁断面寸法（構造図参）

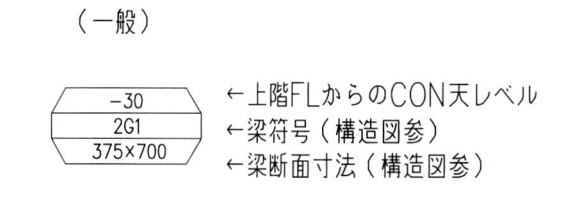

● フカシのある場合は、上記スラブと同じ表現とする。

3. 建具開口の表現

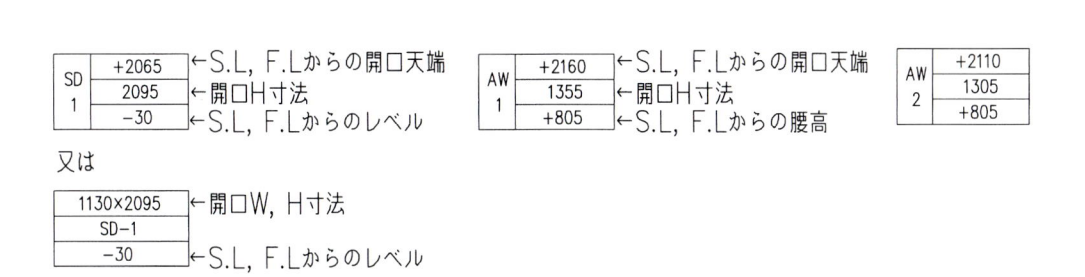

SD 1	+2065	← S.L, F.Lからの開口天端
	2095	← 開口H寸法
	−30	← S.L, F.Lからのレベル

AW 1	+2160	← S.L, F.Lからの開口天端
	1355	← 開口H寸法
	+805	← S.L, F.Lからの腰高

AW 2	+2110
	1305
	+805

又は

1130×2095	← 開口W, H寸法
SD−1	
−30	← S.L, F.Lからのレベル

※印の寸法については納まり等を考慮しCONが欠けない程度の厚さを守ること

サッシ水切り板取付用欠キ込ミ

69

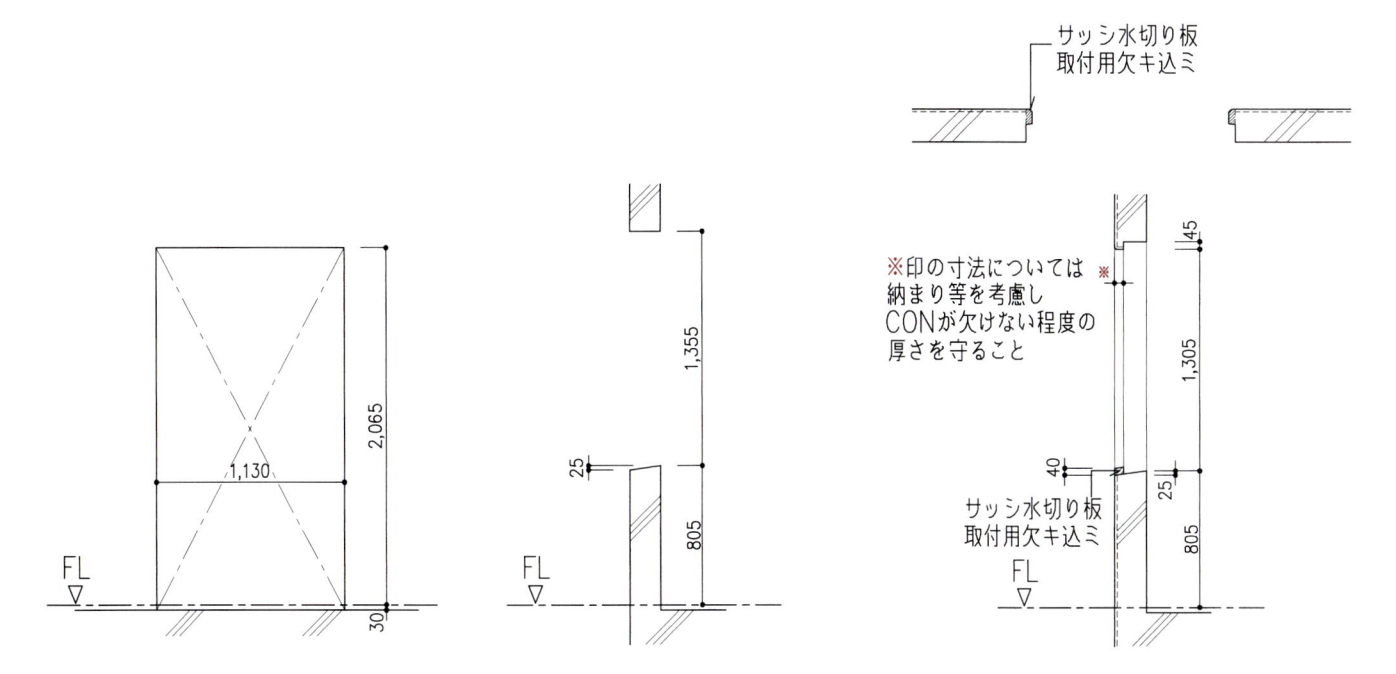

3. 建具のW・H寸法と躯体の開口W・H寸法（建具取付クリアランス）

1. 一般スチール扉枠（SD）・木製扉枠（WD）

クリアランス：枠の厚み、および溶接代を考慮して各クリアランスを決める。

[壁仕上げ有りの場合]

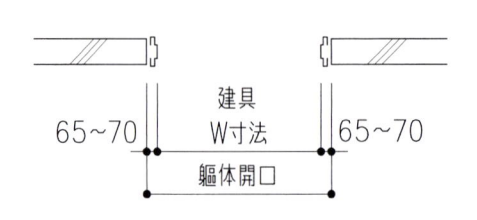

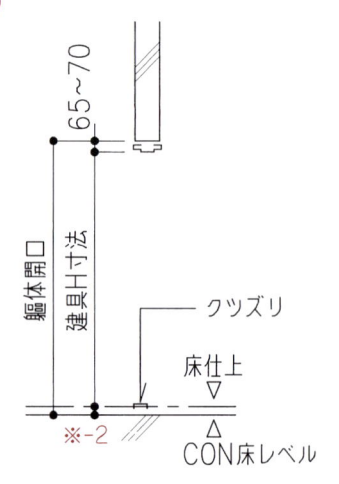

躯体開口 65～70
建具W寸法 65～70
躯体H寸法 65～70
建具H寸法
クツズリ
床仕上
※-2
CON床レベル

※印は床仕上厚による。

※-1 印のコンクリートあごは建具の納まりによるが、基本的にコンクリートが欠けない程度の寸法にしなければならない。（Hの上端も同様）
※-2 ドアーの下端に沓摺りがある場合は、その形状を確認し欠き込みを記入する。

[壁仕上げ無しの場合／打放し]

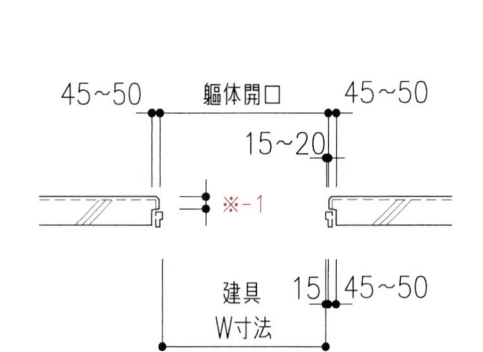

45～50　躯体開口　45～50
15～20　※-1
建具W寸法　15　45～50

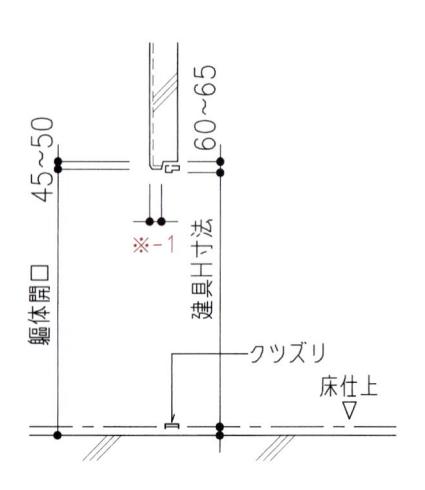

45～50　60～65
※-1
躯体開口　建具H寸法
クツズリ
床仕上

● 各建具の納まりはメーカーにより異なる場合があるので注意する。
● サッシ取付用アンカーを忘れないで記入する（@300）。

2. アルミ窓枠（AW）・スチール窓枠（SW）／一般部に取付くの場合

[室内の場合]

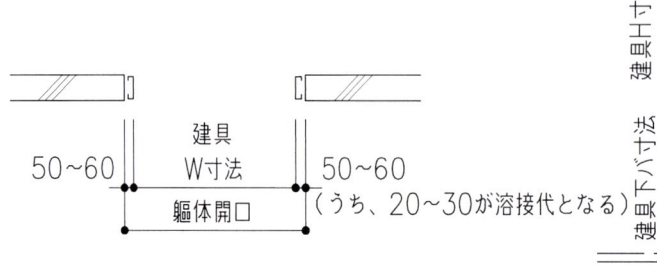

50～60　建具W寸法　50～60
躯体開口　（うち、20～30が溶接代となる）

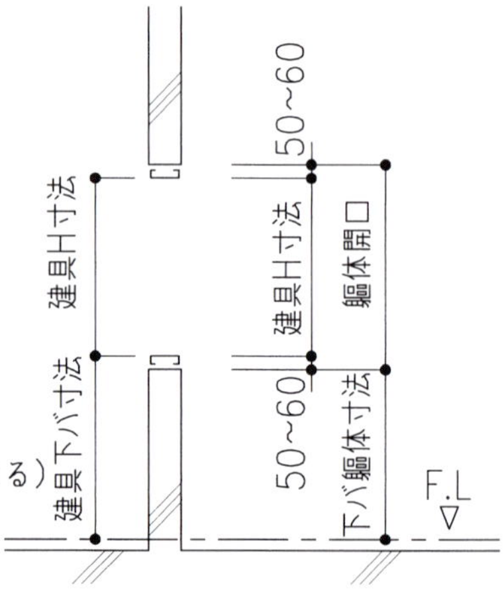

建具H寸法　50～60
建具下バ寸法　50～60
下バ躯体寸法
躯体開口　建具H寸法
F.L

※-1 印のコンクリートあごは建具の納まりによるが、基本的にコンクリートが欠けない程度の寸法にしなければならない。（Hの上端も同様）

[室外の場合]

躯体開口
15～20　建具W寸法　15～20
※-1
躯体開口
45～50　　45～50

サッシ水切り板飲み代用の欠キ込ミが必要

15～20　45～50
躯体開口　建具H寸法
下バ躯体寸法　建具下バ寸法
25　90～95
F.L

● 外装がタイル張り（45二丁掛）の場合もこの納まりに準ずる（タイル割り納まり図、および建具チェックポイントを参照）。

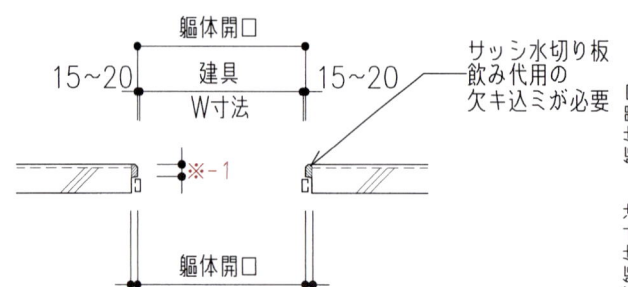

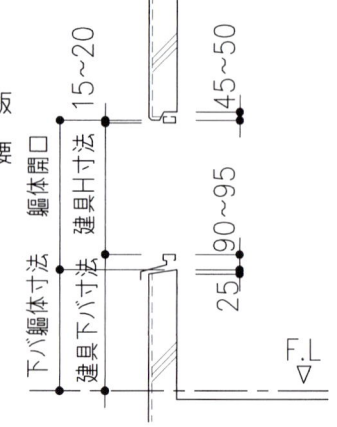

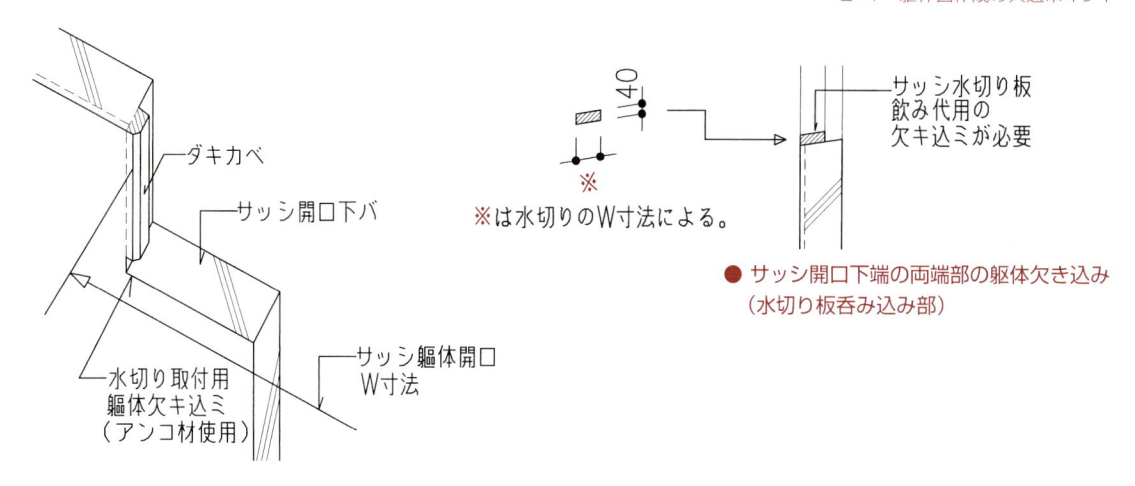

図中ラベル:
- ダキカベ
- サッシ開口下バ
- 水切り取付用 躯体欠キ込ミ（アンコ材使用）
- サッシ躯体開口 W寸法
- ※は水切りのW寸法による。
- サッシ水切り板 飲み代用の 欠キ込ミが必要

● サッシ開口下端の両端部の躯体欠き込み（水切り板呑み込み部）

4. 躯体部材の位置決めやフカシの調整方法

1. 梁位置の設定（梁の位置調整・フカシ等）

[スラブ段差の無い場合]　上部の壁（ＲＣおよびＣＢ）位置を検討して、梁のフカシまたは位置決めをする。

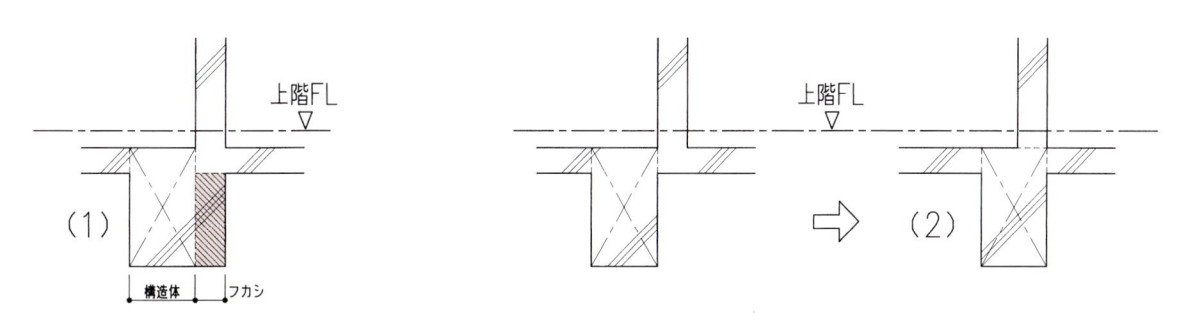

（1）構造体　フカシ
● 梁位置をずらすことが不可能な場合（特に柱付きの大梁）、耐震壁以外の壁については、梁をフカサずスラブ定着で可能か、構造設計に確認する。

（2）
● 梁位置をずらす事が可能な場合（小梁等）

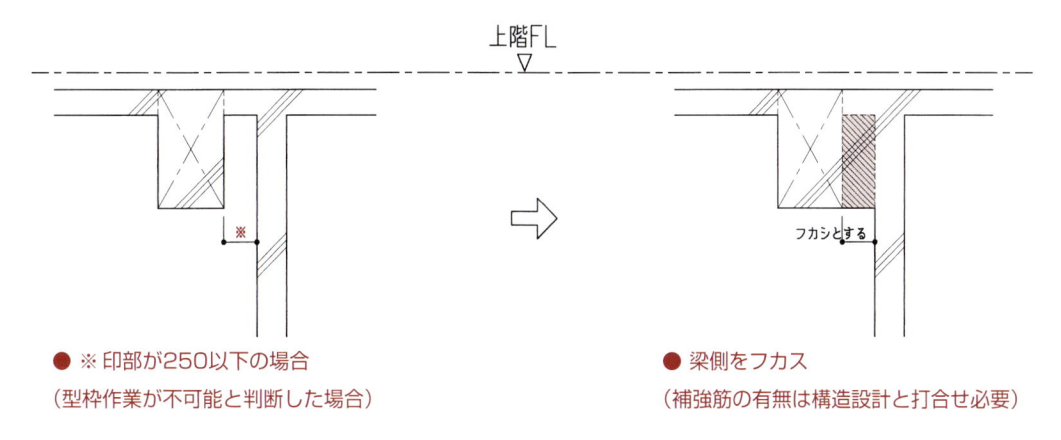

● ※印部が250以下の場合（型枠作業が不可能と判断した場合）

● 梁側をフカス（補強筋の有無は構造設計と打合せ必要）フカシとする

[スラブ段差の有る場合]　上部の壁位置を検討して、梁のフカシまたは位置決めをする。

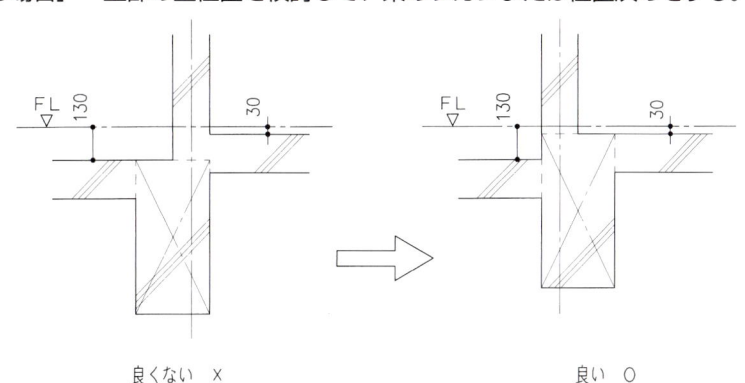

良くない ✕（スラブ筋の定着がとりづらい）

良い ○

● 移動が可能であれば移動する。

[立上がり壁位置がスラブ段差部と異なる場合の処理方法]

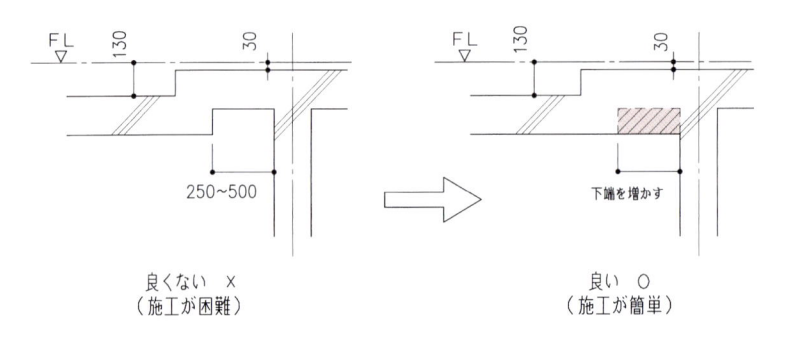

良くない ×
（施工が困難）

良い ○
（施工が簡単）

●スラブ下面は型枠作業上、スラブをフカシとする（小梁の検討も必要）。

[壁仕上げが打放し仕様の場合のフカシ厚について（柱・梁もこれに準ずる）]

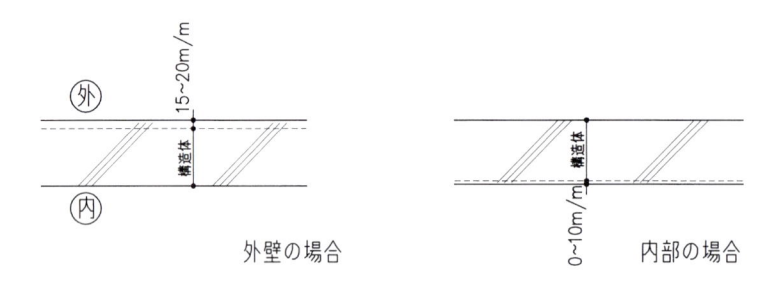

外壁の場合　　　　　　内部の場合

●寸法の詳細に付いては設計と相談する。

[打放し仕様で面取りをする場合（出隅部分）]

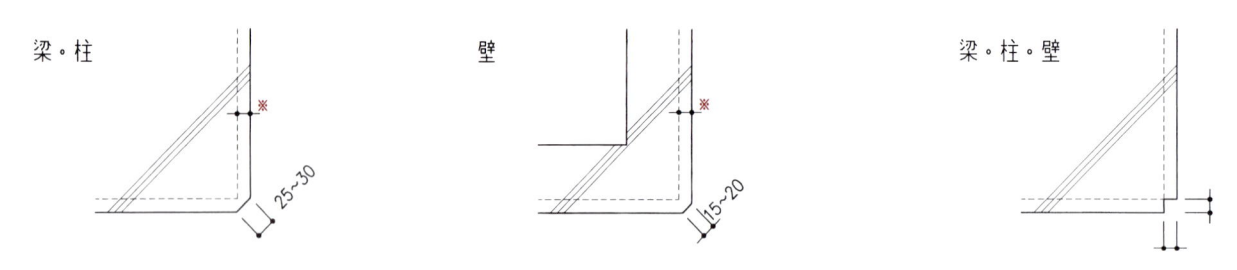

梁・柱　　　　　　壁　　　　　　　　　　　　　梁・柱・壁

※ 断面欠損に要注意。ただし、天井内に隠れる梁では不要。

●上図のような特殊な場合もある（このような方法は、あまり施工者側では採用しない。一般的には施主側の要望が多い）。寸法はその都度確認が必要。

[外壁建具開口が梁下付きの場合の注意]

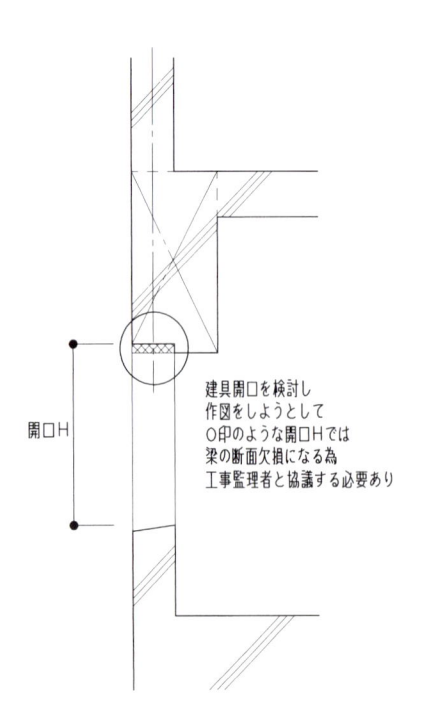

建具開口を検討し
作図をしようとして
○印のような開口Hでは
梁の断面欠損になる為
工事監理者と協議する必要あり

●外壁建具開口で梁下付きの場合の建具。取付けクリアランスのため、梁下断面欠損となる場合があるので注意。この場合、設計者と要打ち合わせが必要。

2-1 躯体図作成の共通ポイント

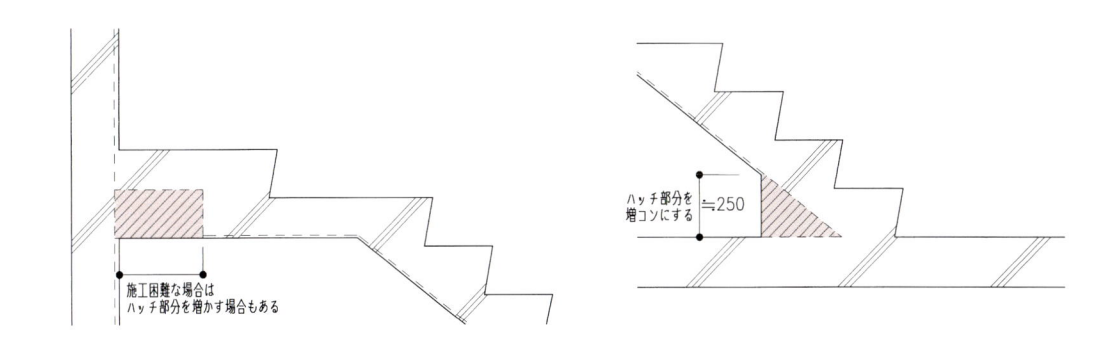

[階段や複雑な躯体部分等で検討を要する場合]

施工困難な場合は
ハッチ部分を増かす場合もある

ハッチ部分を
増コンにする ≒250

● 斜線部分は、フカシコンクリートにする場合ががある。

[屋上パラペット防水面の立上がり納まり基準図]

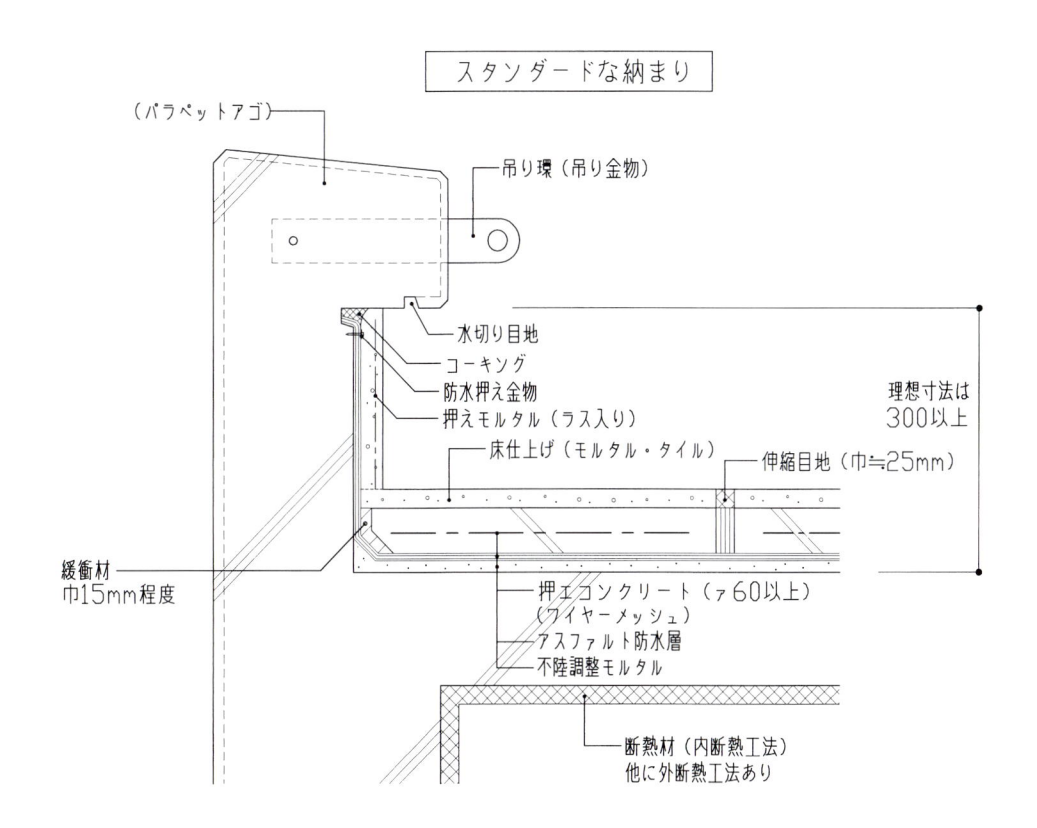

スタンダードな納まり

（パラペットアゴ）
吊り環（吊り金物）
水切り目地
コーキング
防水押え金物
押えモルタル（ラス入り）
床仕上げ（モルタル・タイル）
伸縮目地（巾≒25mm）
理想寸法は300以上
緩衝材 巾15mm程度
押エコンクリート（ア60以上）（ワイヤーメッシュ）
アスファルト防水層
不陸調整モルタル
断熱材（内断熱工法）他に外断熱工法あり

●外部仕上げにある防水納り。詳細図を検討のうえ決定すること。

73

2 杭伏せ図

1. 杭伏せ図とは

杭伏せ図は、個々の通り芯より杭芯の寸法と、杭の種類（杭径）およびその配置（フーチングとの取り合い）を表現した図面。

2. 事前に検討・確認が必要な項目

杭工事は基礎の前に施工するが、モデル建築（小規模建築）の場合では、施工図は基礎伏せ図を描いて杭位置に関する問題点を解決後、杭伏せ図を描いた。(下表参照)

■ 事前に検討・確認が必要な項目のチェックシート

検討項目	確認事項	内容
設計図書	□ 杭頭レベルの確認はしたか	地質調査図のボーリングデータによる支持層のレベル（根入れ深さ含む）を差し引いた長さが設計図書指示（10.0m）との確認をする
	□ 杭天端とフーチング高さとのレベル関係は良いか	一般的にフーチング底は周囲の基礎梁底より100mm程度下がっている（杭頭はフーチング底面から100mm程度上がる位置になる）
		杭天端の基礎梁底から必要高さ、基礎の鉄筋のサイズや斜め筋の有無により深さが変わってくるので注意が必要である
	□ 杭種および本数を確認したか	仕様書の記載内容と設計図中の本数、および種類の食い違いがないか確認をする
	□ 柱、フーチング位置との関係は良いか	柱芯とフーチング芯のずれがある場合、工事監理者と確認する
	□ 1階部分と上階との主要構造部材（柱・壁）の位置調整は必要か	杭施工図の段階で、ある程度の基本的な主要構造部材の通り芯との位置関係を確認する必要がある（杭位置の変更が発生する場合もある）
		杭の場合、間違いが後で発見されても杭その物の修正は出来ない。基礎部分の構造変更となり工事費用に影響する
協力施工業者（施工打ち合わせ）	□ 根本的な施工工法の変更はないか	設計による施工が可能か確認する。施工上問題が多い場合は他工法も検討する
	□ 隣接建物との間隔は確保されているか	仮設安全柵も含め、杭打設機械が施工可能か確認する
		施工時に安全上問題がないか検討が必要である（杭工事中における過去に発生した事故は近隣を巻き込んだ重大災害となるケースが多いので注意したい）
	□ 杭の運搬や搬入が出来る長さはどれくらいか	特に既製杭の場合は、搬入経路によって杭一本の長さが制限されるので注意が必要
	□ 施工機械が敷地内で移動可能か	杭打設機の移動動線を検討する
近隣問題	□ 騒音・振動について協定の範囲内か	杭工事は大型機械を使い施工されるので、工事中における騒音や振動などが発生し、近隣からのクレームとなる場合が多い。事前に施工専門業者と打ち合わせが必要である

3. 計画図に表現される内容と記載方法

1. 基本線
隣地境界線（道路・民間隣地）と建物外壁線を描き、建物の配置に問題がない事の確認をする。

2. 杭伏せ
杭位置（水平・杭頭レベル）については、計算上の微妙な寸法調整などが発生する場合があるので注意を要する。

杭番号付けは通常、通り芯順序で入れる。

寸法表示は、境界線と建物外壁線の寸法、通り芯から基礎芯と杭芯・杭芯同士の寸法を表示する。

3. 断面図
基礎（フーチング）と杭頭のレベル関係、杭頭処理が分るようにする。

4. 杭リスト
施工図内に併記しなくともよいが、竣工後の検査や引渡し書類作成時に一枚の図面にまとめてあると便利である。

■ 杭の種類

既製杭	あらかじめ工場で作成された杭材を現場に持ち込んで施工する、比較的小規模の杭 ・木杭・RC杭・PC杭・鋼管杭
場所打ち杭	現場で所定の大きさの杭穴を掘り、配筋後コンクリートを打設施工する、比較的大規模の杭 ・アースドリル

■ 工法の違いによる杭の分類

既製杭	打込み工法	打撃（直打ち）工法	
		プレボーリング併用打撃工法	
	埋込み工法	プレボーリング工法	セメントミルク（根固め）工法
			プレボーリング拡大根固め工法
			プレボーリング最終打撃工法
		中掘り工法	中掘り拡大根固め工法
			中掘り拡大根固め工法
			中掘り打撃工法
場所打ちコンクリート杭	機械掘削工法	孔壁保護にケーシングを使用	オールケーシング（ベノト、リバースサーキュレーション）工法 （ハンマーグラブバケット掘削）
		孔壁保護に安定液または清水を使用	アースドリル工法（回転バケット掘削）
	人力掘削工法	孔壁保護に山留めを行う	深礎工法

2章 躯体計画図

4. 杭伏せ図作成のポイント

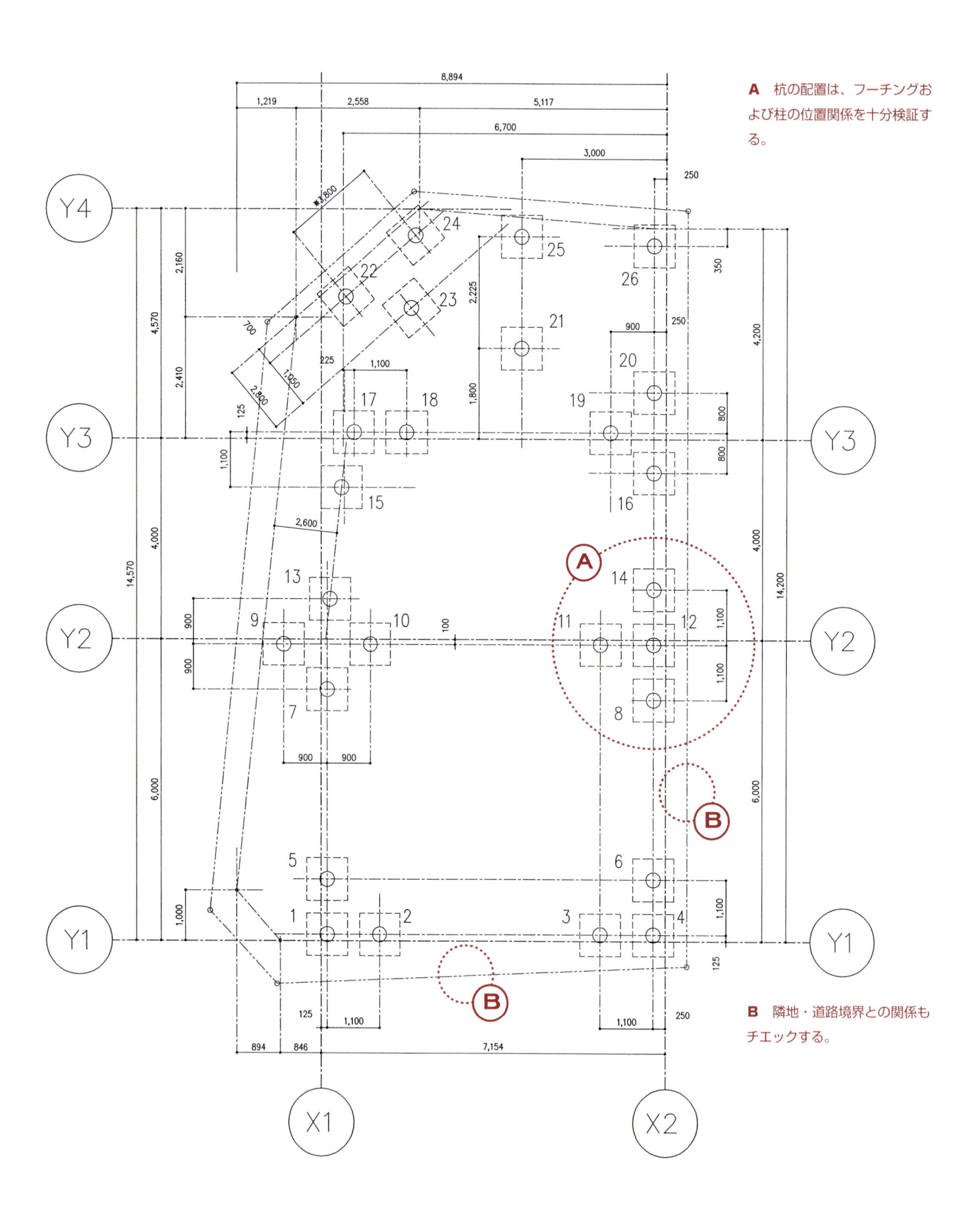

A 杭の配置は、フーチングおよび柱の位置関係を十分検証する。

B 隣地・道路境界との関係もチェックする。

杭伏せ平面図

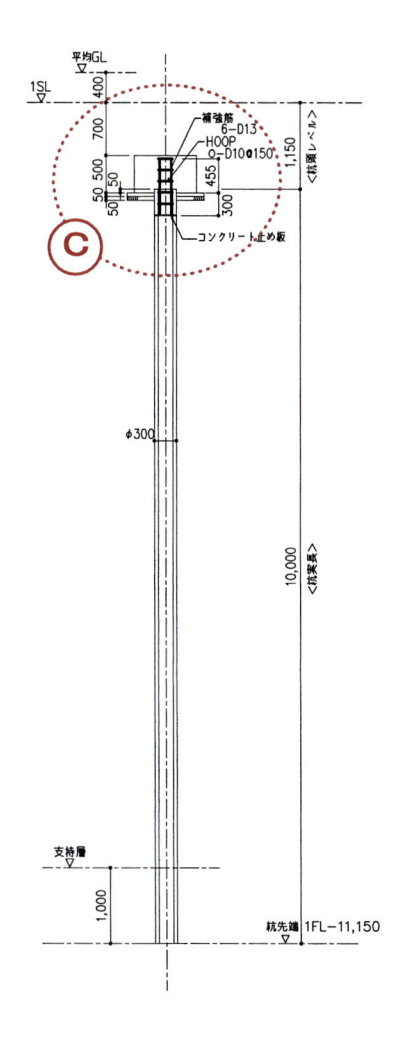

2-2 杭伏せ図

杭断面図

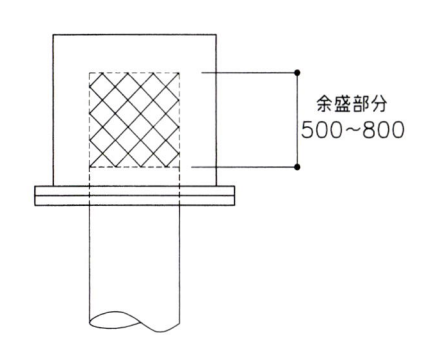

▲場所打ち杭断面詳細図

● 既成杭の場合は特に問題ないが、場所打ち杭に関しては予盛の部分を明記する。

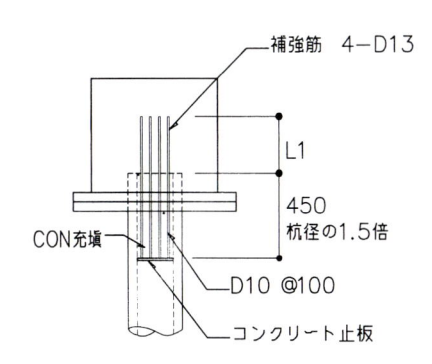

▲既成杭断面詳細図

C 杭天端は、フーチングの下端レベルにより決定される。

● モデル建築では、既成杭となっているので、下側の図が参考となる。

■ 杭伏せ図完成図については、[基礎伏せ図完成図]を参照

3 基礎伏せ図

1. 基礎伏せ図とは

基礎は上階の建物重量を受け、杭に無理なく伝達する役目をになう。したがって、1階部分（最下階部分）の柱・壁の位置を考慮し、基礎躯体を調整したものが基礎の施工図となる。

2. 事前に検討・確認が必要な項目

基礎は他の躯体と違いほとんど地中に埋まるため、特に入念なチェックが必要とする。
(下表参照)

■ 事前に検討・確認が必要な項目のチェックシート

検討項目	確認事項	内　容
設計図書	□ 構造設計図と意匠図のすり合わせ確認と問題点の抽出はしたか	構造設計図は、意匠図との細かなすり合わせはされていないので、食い違い点など事前に解決しなければならないことが多いので注意する 例・杭とフーチングの関係　・フーチングと基礎梁の関係　・基礎梁と耐圧盤・スラブの関係
上階の床段差	□ 床段差部分の納まりの検討は	1階の床で、仕上りレベルによる基礎の構造部材の天端に段差が発生する場合があるので、梁・フーチングの天端レベル調整（低い方に合わせる）が必要である。杭頭レベルにも影響するので注意する
上階の床仕上調整	□ 1階部分の床仕上げ材による床仕上げ代の確認をしたか	仕上げに必要な厚み寸法を調べ、躯体レベルを決める (82頁表・床仕上げ厚の基準数値参照)
上階の壁位置と基礎	□ 1階部分の壁を受ける基礎と基礎梁の位置関係が正しいか	1階部分の壁（外壁・間仕切り壁）がRCやCB等の場合、基礎梁が必要な場合もあり、位置調整や新たな基礎梁が必要な場合もある
施工上の調整	□ 杭・フーチング・柱の関係は問題ないか	柱と地中梁の外面が同じ場合、鉄筋の納まりについて確認をする (82頁図・外周廻りの柱と梁の関係図参照)
	□ 外周部の柱（フーチング含む）と基礎梁の調整は必要か	外周面の基礎梁とフーチングにおいては、型枠工事の施工性の関係上、面合わせとするのがよい（ただし、工事監理者との打ち合わせ・確認をする）
	□ フーチング同士の関係調整は必要か	フーチング同士が接近している場合は、一体化することによりコンクリートのボリュウムは増えるが、型枠・鉄筋などの施工性が良くなりメリットは大きい（ただし、工事監理者との打ち合わせ・確認をする）
設備配管の調整	□ 各設備配管の調整は必要か	1階の床は電気・衛生・給排水管の引き込み等があるので、1箇所に配管が集中しないよう、設備間の打ち合わせが必要である
仮設計画上の調整	□ 施工計画上の構造部材変更はあるのか	施工計画上発生した乗込み構台などの影響で、基礎梁レベルを下げる等の絡みがあれば、工事監理者と調整が必要である

3. 計画図に表現される内容と記載方法

1. 基本線
　敷地境界線（道路・隣地）と建物躯体外面線（地中部分）を描き、建物の配置が間違いない事を確認する。

2. 基礎伏せ（平面）
　上階との整合性を考慮しながら基礎（フーチング・基礎梁）の大きさ・寸法を設計図に基づき作図する。

3. 断面（X・Y方向切断面）
平面図での表現が困難な部分の断面位置を選び平面の周囲に描くが、見る方向は可能な限り2方向（X・Y）とした方がよい。

4. 断面詳細
　施工上や上階との関連による調整などが発生した部分、複雑部分は詳細図が必要となる。

5. 表現凡例
　一般的共通部分は、データベース化されているので、それを引用する。

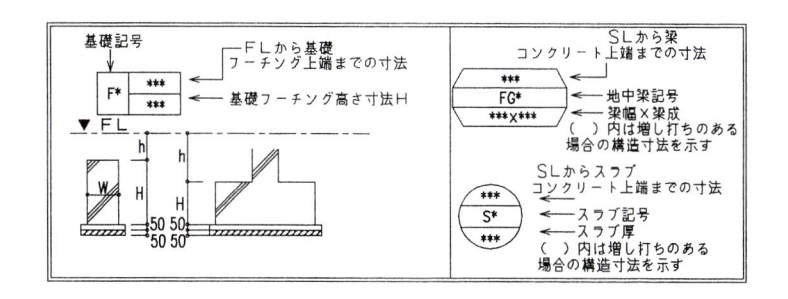

■ 立上がり壁受用の追加補強

基礎伏せ図のX部（赤塗り部分）は、原設計（構造）では土間スラブのみで（地中梁がない状態）、1階の立上がり壁を受ける設計になっているため、建物のより高い安全性を考慮してB1梁（180×550）を追加補強した。
（この場合、金額増の対象となるので注意が必要）

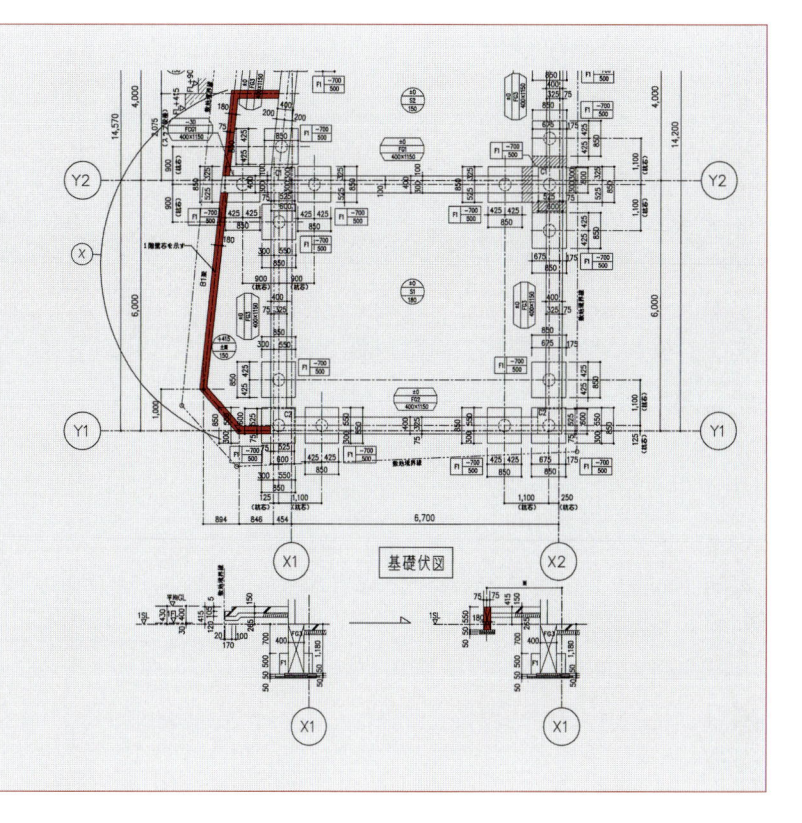

4. 基礎伏せ図作成のポイント

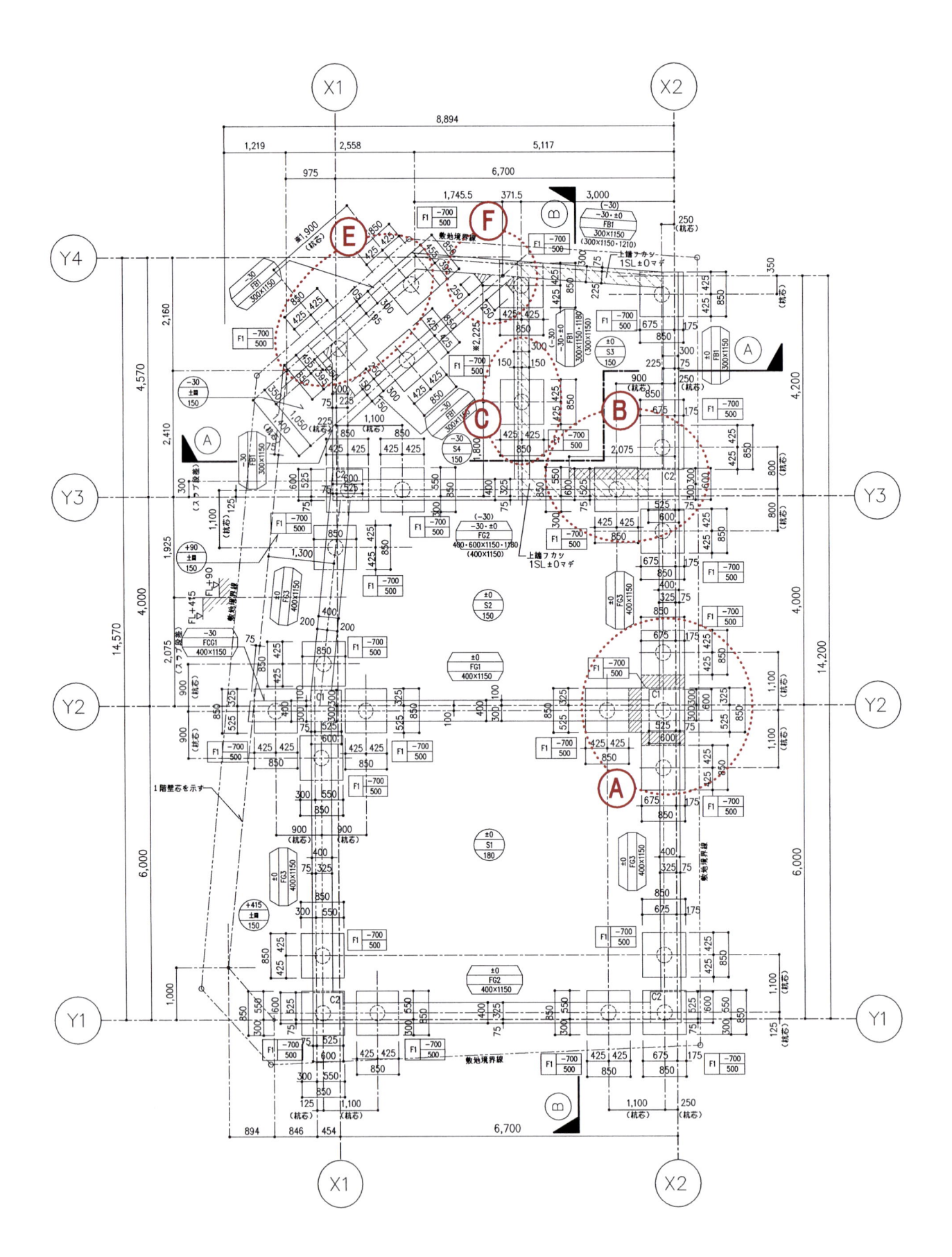

基礎伏せ平面図

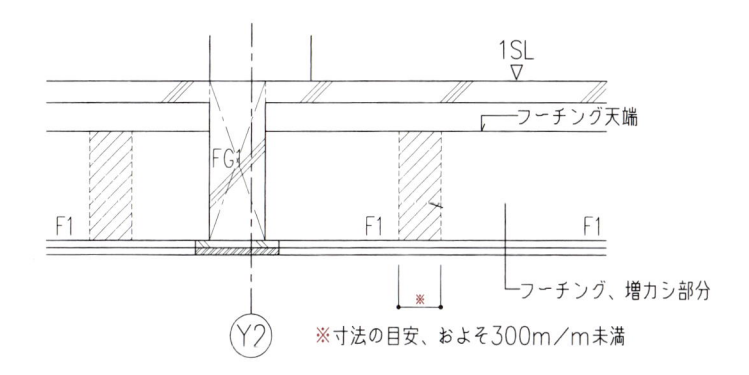

2-3 基礎伏せ図

A フーチングおよび基礎梁の天端は、1階床（CON）レベルを検討確認して決める。
フーチングとフーチングのすき間（他部も同様）は型枠が組めるかどうかをチェックし、無理であれば、フカシにて処理をする（その場合、フカシ筋、補強筋等が必要かどうかを、工事監理者と検討、打ち合わせをすること）。

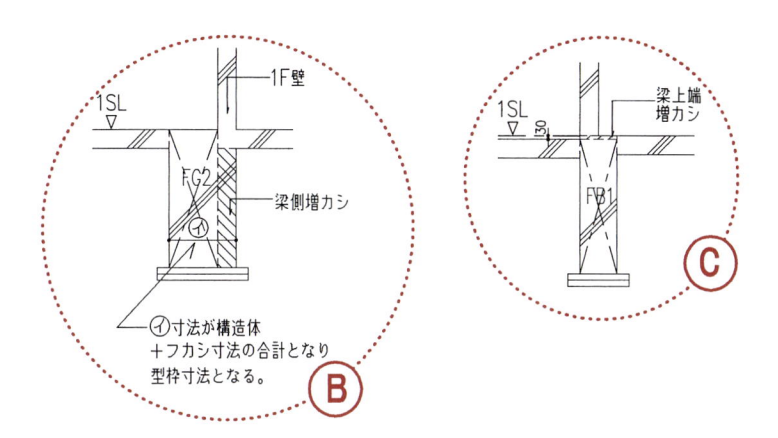

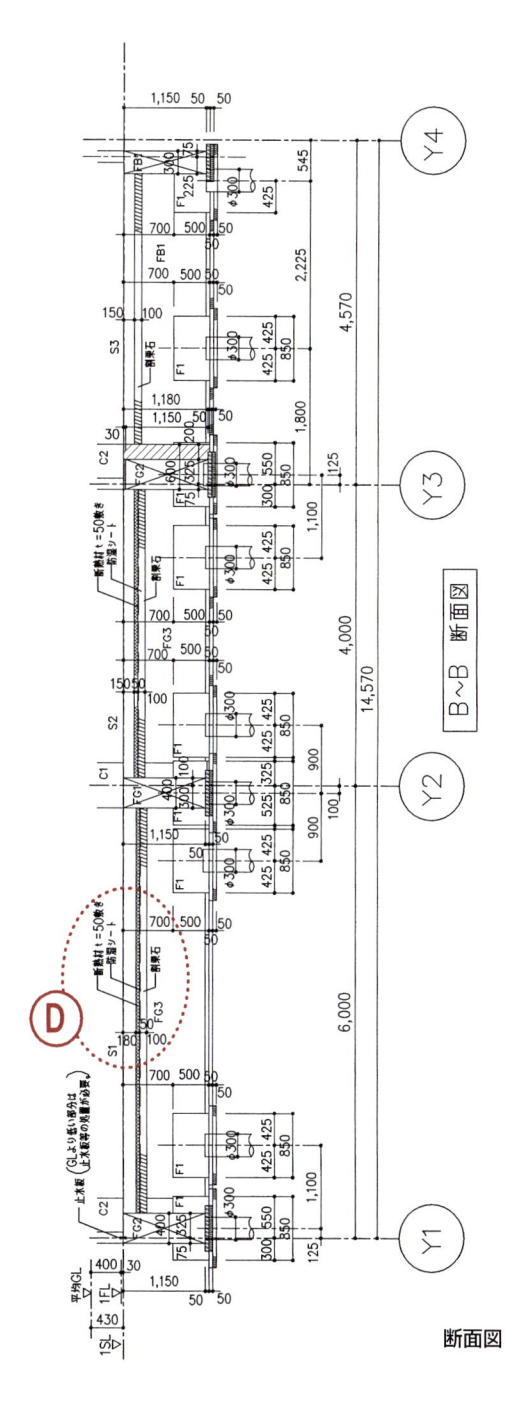

B 基礎梁の側フカシについて
C2柱付きで1階にRC壁があるので、壁筋のアンカーを考慮して梁側をフカス。
また、上部壁の長さが不明の場合は寸法線に※印等をして工事監理者に確認する。

C 基礎梁両側のスラブに段差の有る場合、梁天端は低い方の床レベルに合わせるが、コンクリートは高い方のスラブまで打ち増しする。

D 1階で、居室仕様になっている場合は、スラブ下に断熱材および防湿シートを敷くことが一般的なので、範囲等を設計者と確認する。

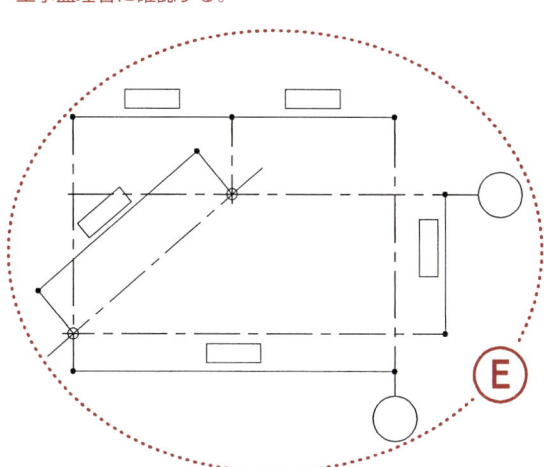

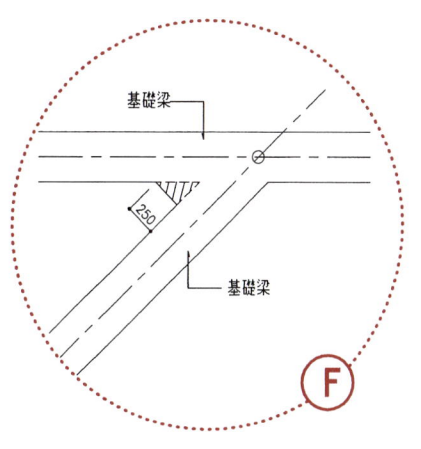

E 斜め部分の寸法のおさえは、必ず通り芯からの寸法表示とする。

F 梁と梁または、壁と壁等の取り合い部が90°以下の場合は、型枠を組みやすくするためある程度フカす。

81

■ 図中の解説以外の注意点

1) 外周廻りの柱と梁の関係、および鉄筋かぶりの処理
   （イ）の場合は、鉄筋の納まり上梁側をフカシて納める。
   （ロ）の場合は、梁構造体はフカサズ鉄筋を図のようにして納める。
●工事監理者との打ち合わせが必要。

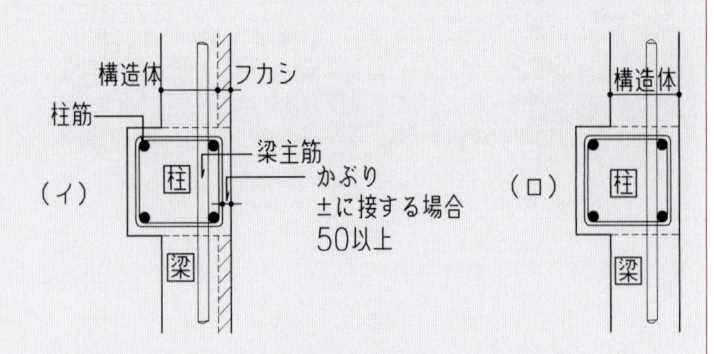

2) フーチングおよび梁基礎の天端は、1階床コンクリートレベルを検討、確認して決める。

床代上げ厚の基準数値
（単位：mm）

仕上げ材	仕上げ代	備　考
Pタイル、長尺シート	0～5	
カーペット、ジュータン	10～50	50はモルタル下地がある場合
OAフロアー	50～100	
磁器タイル	35～50	アスファルト防水仕様　90mm程度の仕上げ厚が必要
石貼り	60～70	防水押えCON60
塗布防水	0	保護モル20
モルタル防水	25～30	アスファルト防水10

● 仕上げ代については一般的な数値を示したが、仕上げ材・仕上げ方法を確認のうえ決める

防水仕様の場合の基本収まり

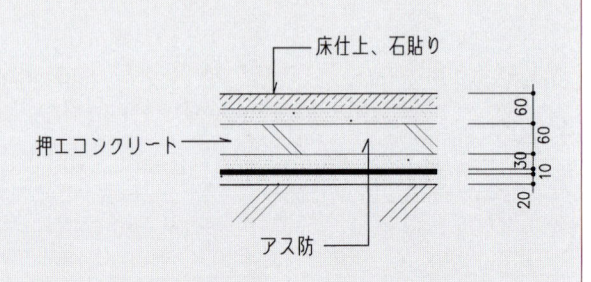

● オートヒンジの建具がある場合は、さらに50～70mm程度仕上げ代を必要とするので注意する。

3) 基礎梁（平面）の位置は、1階カベ立ち上りの位置を確認して決める（ただし、RC造の場合）。

4) 基礎梁の上下および側のフカシの要不要は、1階のRC・CB壁および鉄筋の納まりを検討後に決める。

5) 基礎梁およびフーチングの取り合い部については、鉄筋の納まりを検討する。

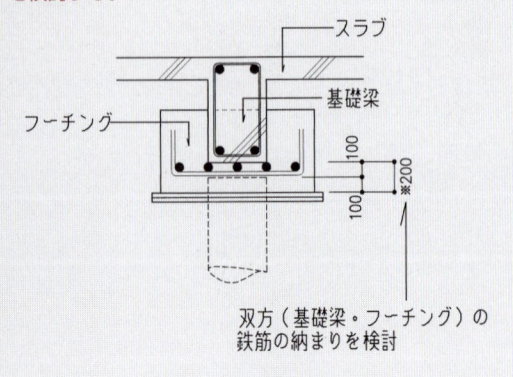

双方（基礎梁・フーチング）の鉄筋の納まりを検討

6) 地下部にピットがあり、かつ1階床レベルが複雑な建物の場合は、1階の床伏せ図を必要とされる場合がある。

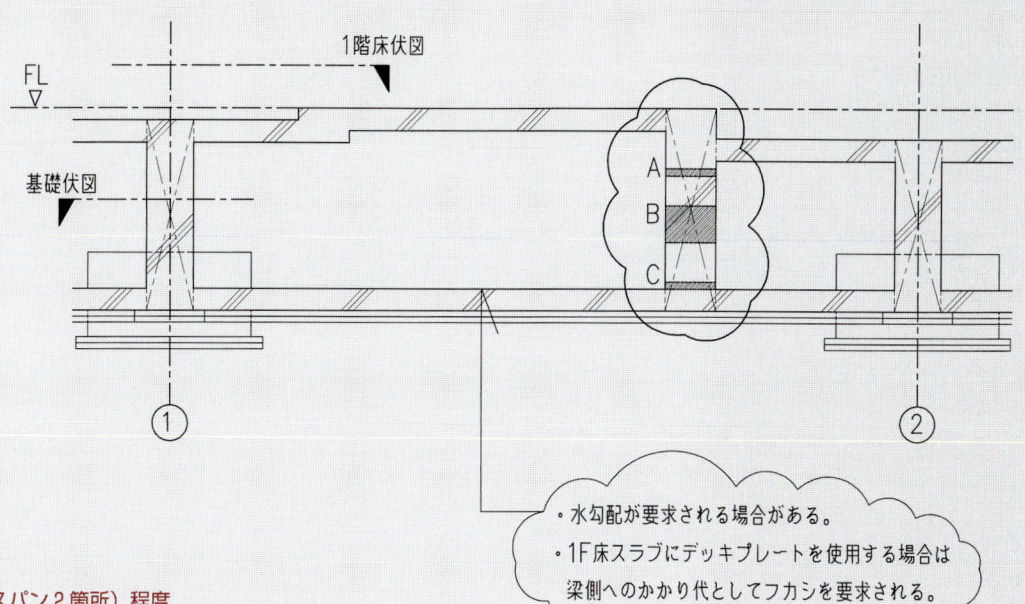

湧水ピットがある場合
A＝通気孔　φ100（1スパン2箇所）程度
　　置きスラブの場合、大梁の主筋に当たらない場所に設定する。
B＝人通孔　φ600（1スパン1箇所）大きさは梁せいの1/3以
　　下とする。
　　人通孔のサイズや位置は構造的制約があるので注意する。
C＝通水孔　φ150 orφ150 半割（1スパン2箇所）程度が必
　　要な場合があるので注意する（鉄筋補強については設計図書
　　を確認する）。
Bの人通孔は、人間が通る穴および型枠材の搬出etcに使用される。さらに設備配管etcがある場合もあるので、それも考慮しなければならない。

・水勾配が要求される場合がある。
・1F床スラブにデッキプレートを使用する場合は梁側へのかかり代としてフカシを要求される。

5. 基礎伏せ図完成図

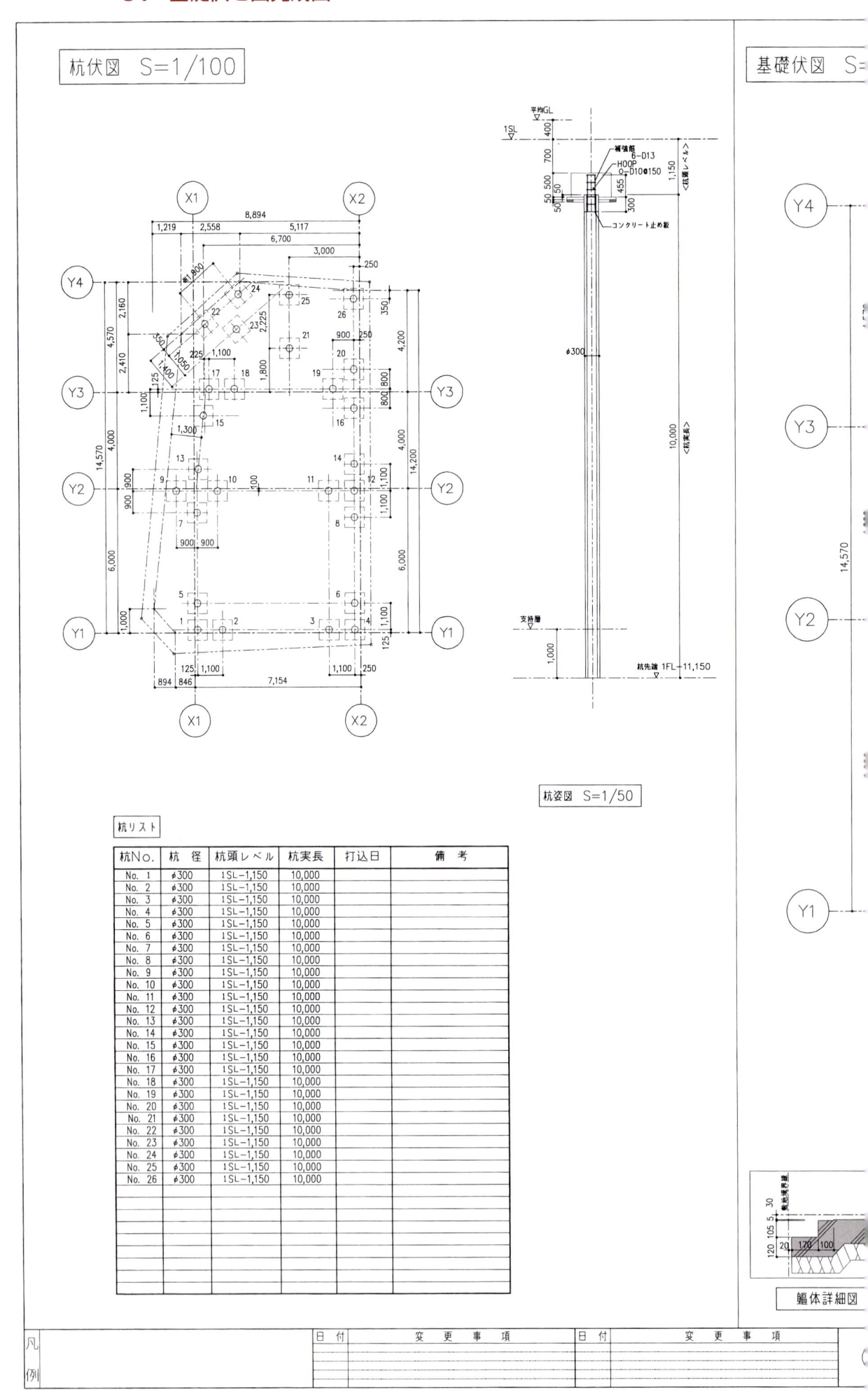

杭伏図　S=1/100

杭姿図　S=1/50

杭リスト

杭No.	杭径	杭頭レベル	杭実長	打込日	備考
No. 1	φ300	1SL-1,150	10,000		
No. 2	φ300	1SL-1,150	10,000		
No. 3	φ300	1SL-1,150	10,000		
No. 4	φ300	1SL-1,150	10,000		
No. 5	φ300	1SL-1,150	10,000		
No. 6	φ300	1SL-1,150	10,000		
No. 7	φ300	1SL-1,150	10,000		
No. 8	φ300	1SL-1,150	10,000		
No. 9	φ300	1SL-1,150	10,000		
No. 10	φ300	1SL-1,150	10,000		
No. 11	φ300	1SL-1,150	10,000		
No. 12	φ300	1SL-1,150	10,000		
No. 13	φ300	1SL-1,150	10,000		
No. 14	φ300	1SL-1,150	10,000		
No. 15	φ300	1SL-1,150	10,000		
No. 16	φ300	1SL-1,150	10,000		
No. 17	φ300	1SL-1,150	10,000		
No. 18	φ300	1SL-1,150	10,000		
No. 19	φ300	1SL-1,150	10,000		
No. 20	φ300	1SL-1,150	10,000		
No. 21	φ300	1SL-1,150	10,000		
No. 22	φ300	1SL-1,150	10,000		
No. 23	φ300	1SL-1,150	10,000		
No. 24	φ300	1SL-1,150	10,000		
No. 25	φ300	1SL-1,150	10,000		
No. 26	φ300	1SL-1,150	10,000		

2-3 基礎伏せ図

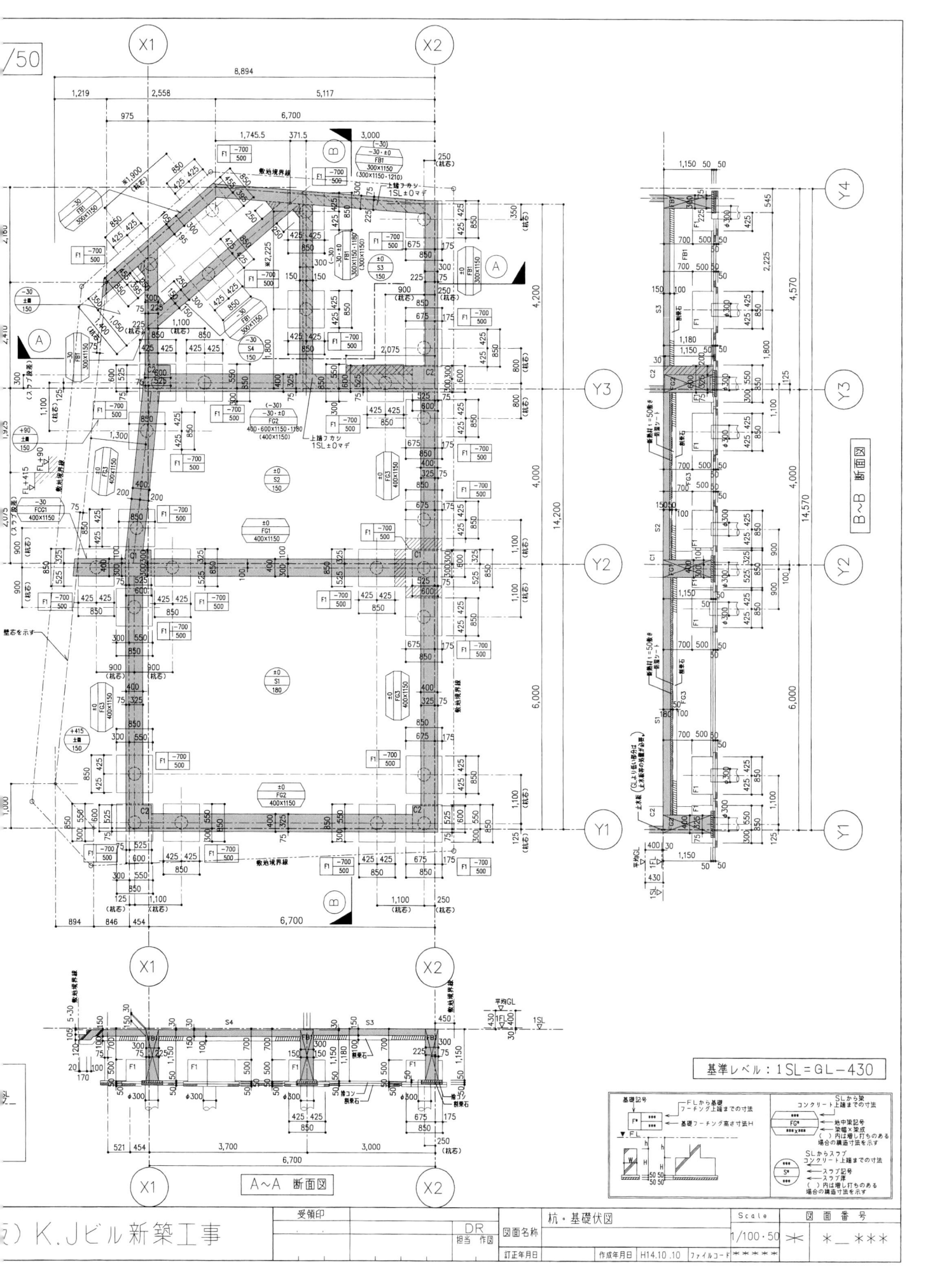

4 立上がり躯体図

1. 立上がり躯体図とは

　立上がり躯体は、上階の建物重量を受け、無理なく下階の梁や柱に伝達する役目を担う。したがって、上階部分の壁の位置を検討・考慮をして作図したものが躯体図となる。
　一般に設計図間の問題（意匠・構造間のすり合わせ）や、また躯体図では仕上げ納まりの事も考慮しながら作成する事が要求される。

2. 事前に検討・確認が必要な項目

　地上に現れる部分となるので、外部では壁の仕上げによって部材（柱・梁・壁）の調整、また内部においては上階の壁位置や床仕上げによる躯体調整が要求される。（右頁表参照）

3. 計画図に表現される内容と記載方法

1. 見上げ平面図

　設計図（意匠・構造図）では施工に関する問題点は解決されていないので、まず設計図による断面形状と部材位置（X軸・Y軸とレベル）を図面上へ落とし込む作業を始めるが、互いの納まりと上階壁位置や床仕上げとの整合性を計るため、設計図とは多少寸法および形状が変わってくる事がある。工事監理者に確認が必要である。

2. 断面図（X軸・Y軸方向切断面）

　柱・梁・壁の位置・レベル関係、階高・開口部（窓・出入り口）等で、平面図で表現しづらい部位を描く。

3. 断面詳細図

　外壁にある建具開口の形状（あご）・シャッターレールが取り付く部分の躯体形状、外壁上階との打継ぎ目地形状、外壁仕上げタイルと打放し部分の取り合い納まり等、平面図・断面図で描き表せない部分を描く。縮尺は1/5等、比較的大きなスケールを用いる。

4. 表現凡例

　梁・スラブ記号・開口記号等は、施工会社により多少表現方法が異なるため、注釈等が必要である。

■ 事前に検討・確認が必要な項目のチェックシート

検討項目	確認事項	内容
上階部分の床仕上げ	□ 上階部分の床仕上げ材の厚みは適正か	上階部分の床仕上げ材による床仕上げ代（仕上げに必要な厚み寸法）を考慮して、床コンクリートレベルを設定する
	□ 仕上げ下地に必要な寸法はあるか	下地工法は1種類とは限らないので、明記されていない場合は確認し、カタログを取り揃える
上階部分の壁と梁の位置	□ 上階部分の壁（外壁・間仕切壁）位置の検討と受ける梁の位置の調整は	上階部分の壁（外壁・間仕切り）の重量が重いので、それを受ける何らかの構造物（梁）が必要。無い場合は必要かどうか工事監理者に確認する
		上階のR・C壁部と大梁、小梁の位置は問題ないか
専門工事業者の資料	□ 専門工事業者が施工する部分とのすり合わせは	建具やシャッター・ガラスブロックの品質については、あらかじめメーカーや工事監理者に確認する
		決まったらカタログや製作図の発注を行い、図面を取り寄せる（躯体調整をする）
難しい納まり	□ 複綜する仕上げの施工部位の確認は	納まりの難しい個所または、設計図が不明瞭な部分については、あらかじめスケッチ等を描き工事監理者に確認をする
壁フカシ	□ 外周壁、または打放し部のフカシは	仕上の有無に関わらず、フカシコンの指示などが設計に盛り込まれている場合があるので、確認しておく
天井と梁底	□ 上部梁と天井高さの関係を確認したか	上部の梁と天井面とのクリアーランスを確認しておく
開口と梁底	□ 上部梁と建具高さとの関係を確認したか	取り付く建具が上部梁と干渉していないか
開口周囲と仕上げ取り合い	□ 外装がタイルの場合、建具の納まりは	タイル割りに合わせて、建具取付け位置の調整およびW・Hの調整を検討する
	□ 開口周囲の端部形状は	建具や仕上げ種類により開口部周囲の形状が数パターンあるので確認をする（躯体図作成の共通ポイント参照）
防水納まり	□ 室内にアスファルト防水仕様がある場合の検討は	便所、浴室等でアスファルト防水仕様がある場合は、壁に防水欠込みが必要となるので、断面欠損対応等の検討をする
埋込み金物	□ 打ち込みアンカーの確認は	天井インサート、サッシアンカー、手摺取付け用アンカー等躯体に打ち込む物がある
目地類	□ 目地の位置・寸法の確認は	打継ぎ目地、誘発目地、伸縮目地、化粧目地の検討

2章　躯体計画図

4. 立上がり躯体図作成のポイント

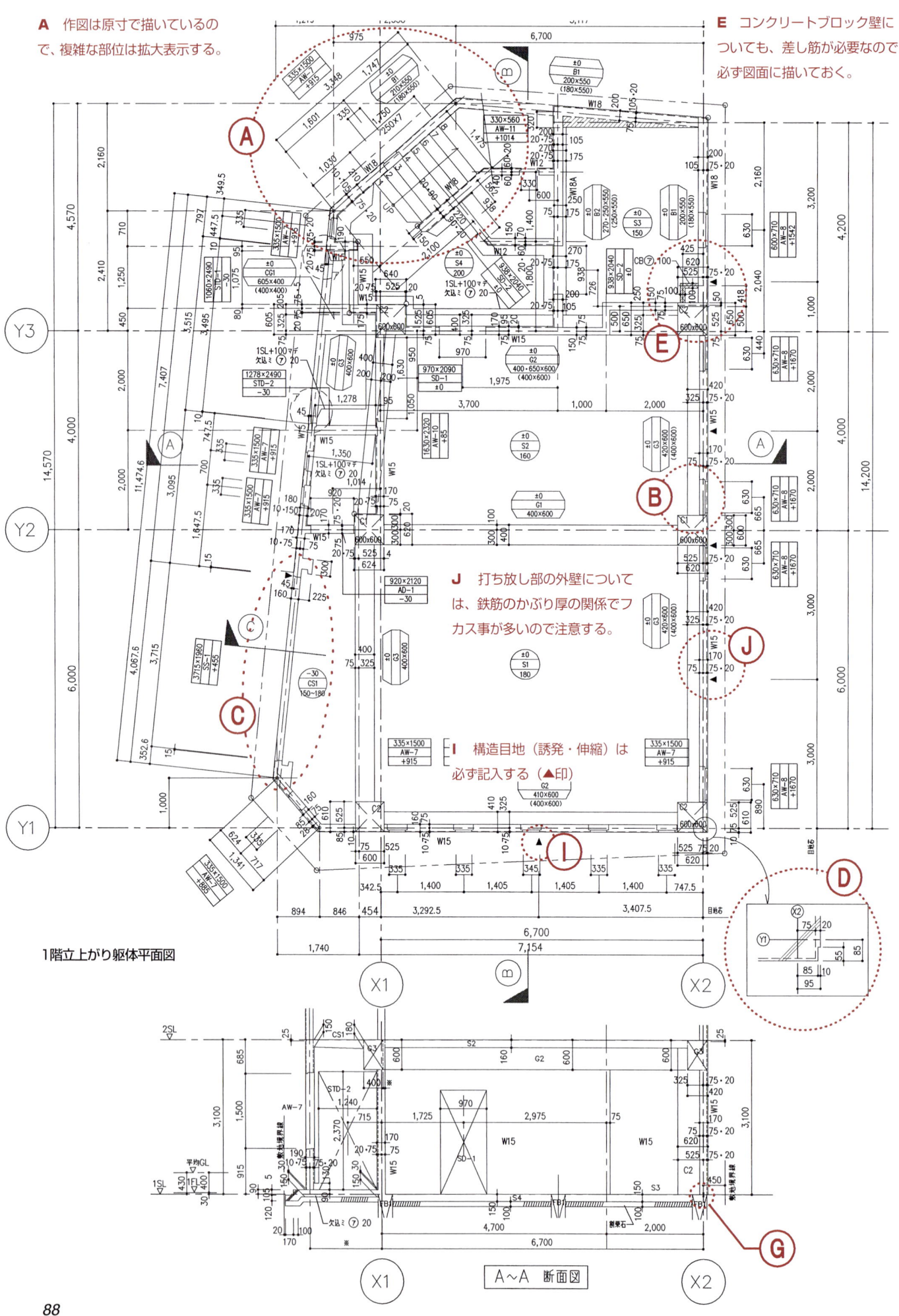

A 作図は原寸で描いているので、複雑な部位は拡大表示する。

E コンクリートブロック壁についても、差し筋が必要なので必ず図面に描いておく。

J 打ち放し部の外壁については、鉄筋のかぶり厚の関係でフカス事が多いので注意する。

I 構造目地（誘発・伸縮）は必ず記入する（▲印）

1階立上がり躯体平面図

A～A 断面図

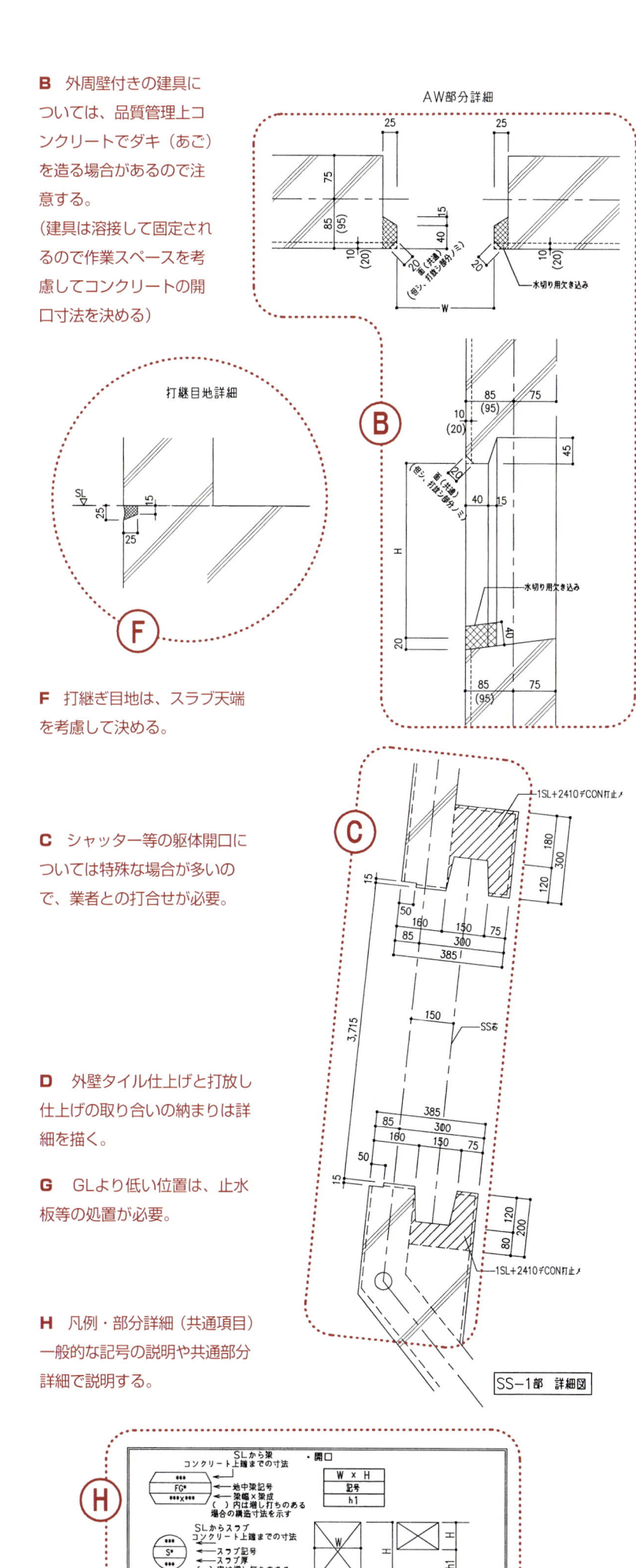

B 外周壁付きの建具については、品質管理上コンクリートでダキ（あご）を造る場合があるので注意する。
（建具は溶接して固定されるので作業スペースを考慮してコンクリートの開口寸法を決める）

F 打継ぎ目地は、スラブ天端を考慮して決める。

C シャッター等の躯体開口については特殊な場合が多いので、業者との打合せが必要。

D 外壁タイル仕上げと打放し仕上げの取り合いの納まりは詳細を描く。

G GLより低い位置は、止水板等の処置が必要。

H 凡例・部分詳細（共通項目）
一般的な記号の説明や共通部分詳細で説明する。

■図中の解説以外の注意点

● 1階立上り躯体図は、平面詳細図を作成してから作図を開始した方が望ましい。

● 外周壁がタイル張りの場合は、割付けの検討や建具の位置、および寸法調整をする（この時点である程度タイル割りが考慮される）。

● 内部間仕切り位置、建具取付け位置を検討する。

● 床仕上げ材におけるコンクリート天端レベルの検討（基礎伏せ図重要ポイントに同じ）する。

● 水廻り（便所、浴室他）がタイル張りの場合、ある程度の納まり（タイル割付け）を考えておくこと。

● 打ち放し仕様のチェック確認をする（増コンの厚さ←→鉄筋とコンクリートのかぶり厚のチェック）。

● 部屋が居室の場合は、外周壁部に断熱材を打ち込みする場合があるので注意する。

● 打継ぎ目地、伸縮目地の検討をする（打ち継ぎ目地は基本的にスラブ天端、伸縮目地は@3,000程度で考え、位置を設計者に確認すること）。

● 梁位置を設定するに当たっては、上階の壁位置の検討をする。またトイレ、浴室等水廻りの室がある場合は設備機器、スラブの段差を考慮して決めなければならない（アスファルト防水仕様の場合は、壁立上りの欠き込みを検討すること）。

● 建具の上端と梁下端の関係をチェックする（開口高さが設計通りに取れない場合がある）。

● 上階の床仕上げ、および下地材を考慮する（コンクリート天端レベルの設定）。

● 上・下、両サイドの納まりによる梁フカシの検討をする。

● トイレ等床防水仕様の部屋でのスラブ段差による梁の上端フカシの検討をする。

● 各製作業者、メーカーから使用される材料（汁器、備品）の寸法、納まりの資料を入手する（特に建具関係が重要）。

● 基礎伏せ図でチェック検討した内容が1階においても同様に検証しなければならない部位があるので、それも参照する。

● 外壁の仕上げ材による壁コンクリートの仕上げ調整（フカシ）の有無を確認する。またタイル仕上げの場合は、割付けによるコンクリートフカシが発生する場合もあるので注意する。

● 外壁タイルと取り合う建具は、タイル割付けによる寸法の調整があるので建具図のW・H寸法を確認する。

● 建具は溶接して固定されるので、作業スペースを考慮してコンクリートの開口寸法を決める。

● 開口芯のおさえは建具取付け芯とする。溶接用の埋め込みアンカー配置寸法もこれに従う。

5. 立上がり躯体図完成図

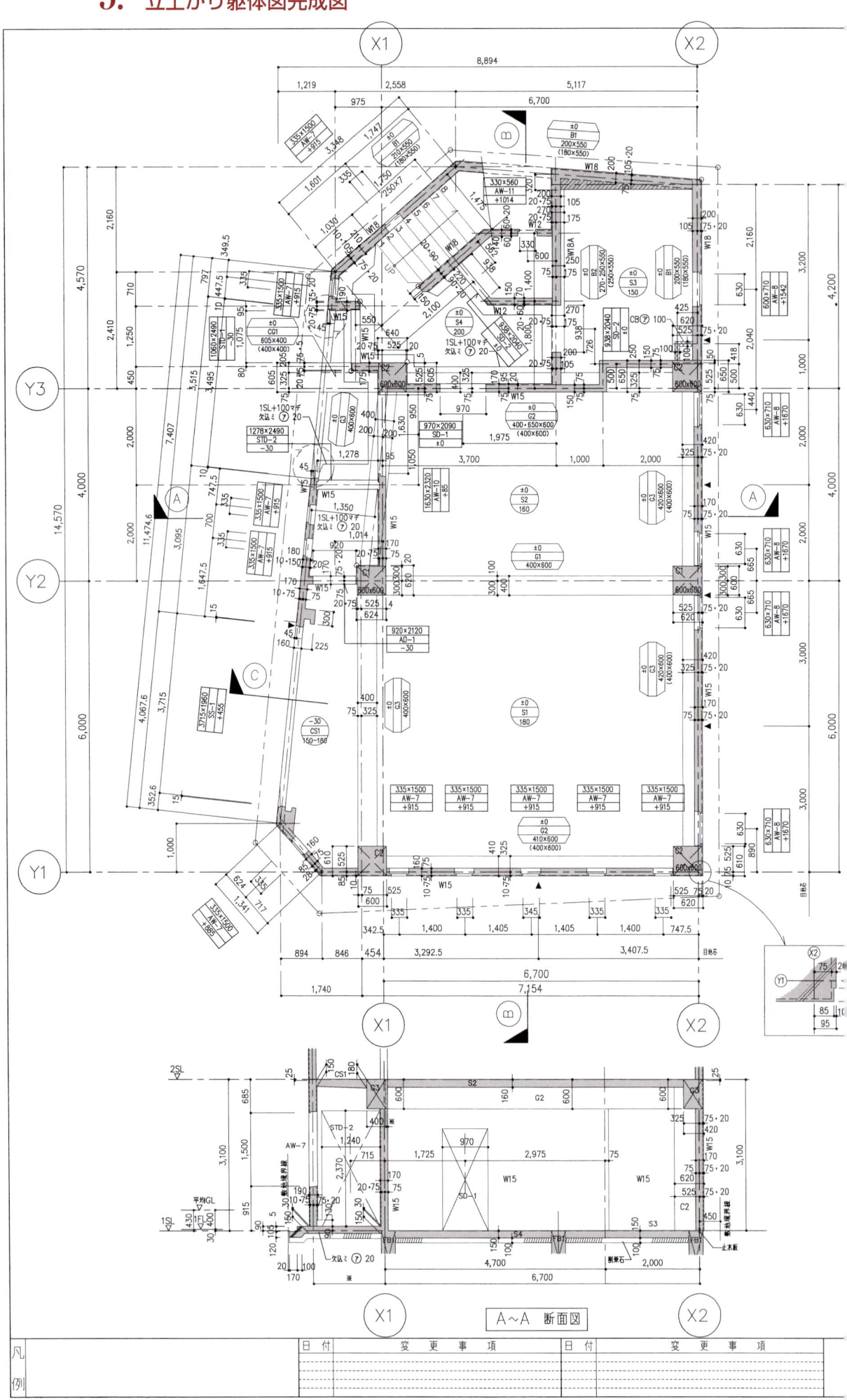

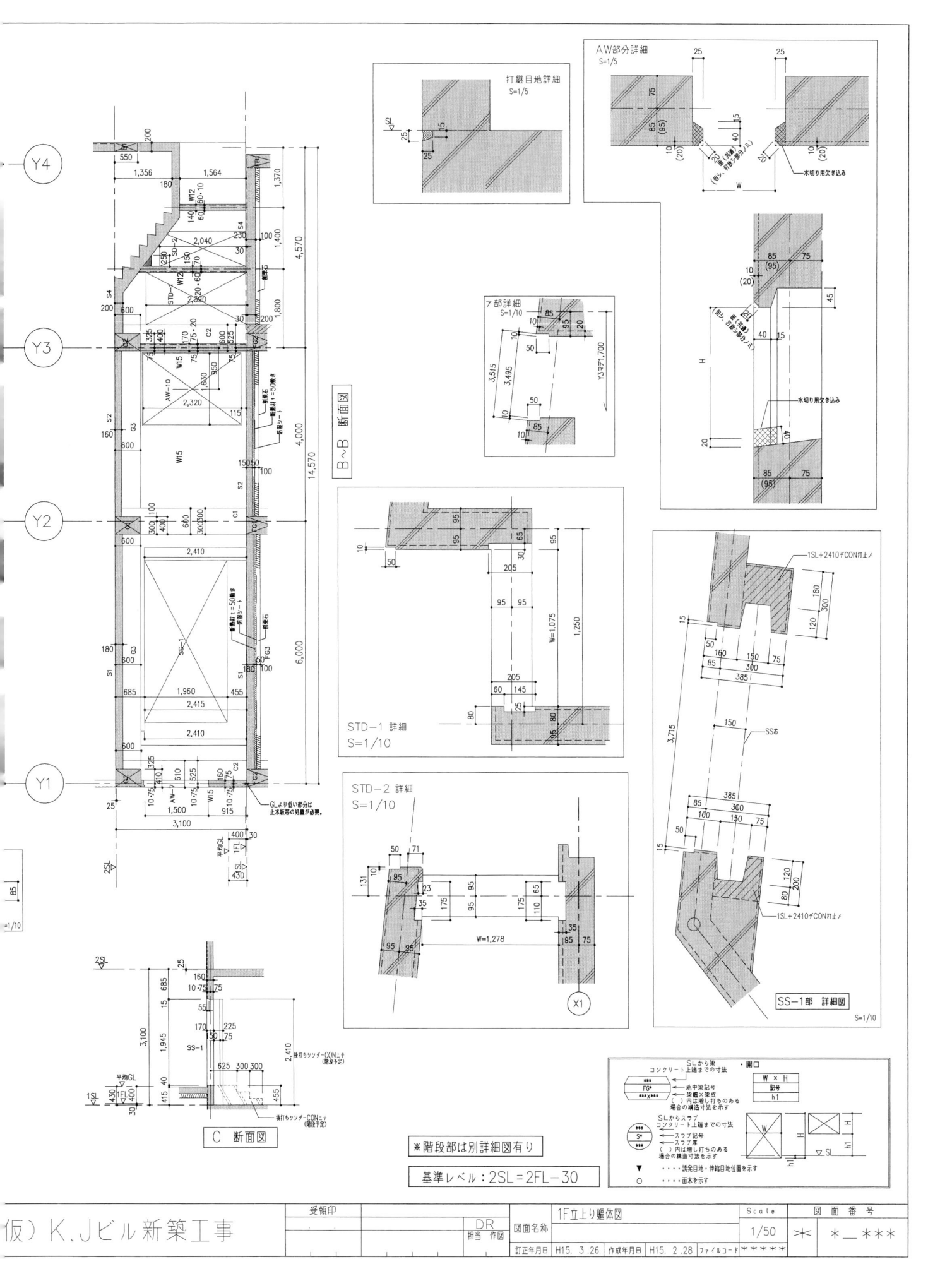

2-4 立上がり躯体図

打継目地詳細
S=1/5

AW部分詳細
S=1/5

ア部詳細
S=1/10

B~B 断面図

STD-1 詳細
S=1/10

STD-2 詳細
S=1/10

SS-1部 詳細図
S=1/10

C 断面図

※階段部は別詳細図有り

基準レベル：2SL=2FL-30

(仮) K.Jビル新築工事　図面名称：1F立上り躯体図　Scale 1/50

5 最上階立上がり躯体図

1. 最上階立上がり躯体図とは

最上階の躯体は、屋上の建築物および付随する設備機器や基礎等の重量を梁が受け、柱に伝達する必要がある。また、四季の気象の変化から建物全体を守る役目（屋上の防水等）も果す。

したがって最上階立上がり躯体図は、これらの目的を網羅した重要な施工図となる。

2. 事前に検討・確認が必要な項目

最上階のスラブは、屋根に相当する部分で太陽の直射日光や風雨にさらされたりする部分でその直下の室内温度の上昇や雨漏りなどの原因となりやすい。また、設備機器の設置場所となり設備との打ち合せ・調整が必要となる。（右頁表参照）

3. 計画図に表現される内容と記載方法

1. 最上階見上げ図

最上階の柱、壁・屋上階床の大梁、小梁調整は一般の立ち上がり躯体と同様であるが、上階は屋根となるため、建築的には防水と断熱および床の水勾配について十分な検討が必要である。また、設備との打ち合わせも重要である。

2. 断面詳細

外周パラペットや点検ハッチ・ルーフドレインの納まりは、標準防水納まり詳細を参考に検討のうえ、躯体形状を描く。

設備機器設置用基礎と防水納まりは、設備図面と標準防水納まり詳細を参考に検討のうえ、躯体形状を描く。

■ **事前に検討・確認が必要な項目のチェックシート**

検討項目	確認事項	内　　容
屋上工作物の基礎	□屋上工作物の基礎の有無と、受け梁の確認をしたか	まず、屋上工作物の重量を設備業者と確認をする。基礎が必要かどうかは、工事監理者に確認する。また床上工作物の基礎等で重量が大きい場合は、それを受ける何らかの構造物（大梁・小梁）が必要となり、無い場合は必要かどうか工事監理者に確認をする
	□屋上工作物の基礎寸法は	屋上部分の床上工作物の基礎や防水の仕様、その他について仕上げに必要な寸法を確認する
屋上点検ハッチ・ルーフドレイン	□構造体の調整は必要ないか（梁位置・レベル・床開口等）	屋上点検ハッチ・排水ドレン等は、あらかじめ設計者と打ち合わせ確認して、決まったらカタログや製作図の発注を行い図面を作成する
納まりの難しい個所	□構造体の調整は必要か	納まりの難しい個所（屋上躯体勾配・屋上パラペットと打ち継ぎ位置）、または、設計図が不明瞭な部分については、あらかじめスケッチ等を描き設計者と打ち合わせ確認する
設計図書	□防水の納まり、仕様の確認をする	屋上階は防水があるので、設計図書を確認し標準的納まりで良い部分と特殊な部分の確認をする。特殊な部分の納まりは検討が必要である
	□屋上排水金物（ルーフドレーン）の検討をしたか	ルーフドレーンは大きく分けて縦引きと横引きがある。一般的に躯体コンクリートに直接埋め込まれるので、仕上げまで含め早期検討が必要である。また、それによる梁のレベル調整が必要となる場合があるので注意が必要
	□スラブ勾配とルーフドレーンの配置は適切か	水勾配およびひ外周梁とルーフドレーンの関係をチェックする（一般的に勾配は1/75～1/100） 雨量計算によりルーフドレーンの個所数および径の検討が必要
建築工事と設備工事範囲	□屋上排水と屋上雨水排水枡は	屋上排水から縦排水管までは建築工事、それを受ける排水枡から設備工事の場合が一般的なので、位置や排水量については設備と打ち合わせが必要である
断熱材	□断熱材（打ち込み）の確認をしたか	最上階なので、スラブには断熱施工がある 打ち込みか敷き込みかの確認が必要である
パラペット（外周）屋上点検ハッチ廻りの立上がり等	□パラペットと吊り環の納まりは	パラペットの防水納まり（防水押え）を検討する 立ち上がり高さとアゴの形状を検討する 吊り環の取付位置、個所数の検討する
	□立上がりアゴ下寸法は十分か	立ち上がり寸法が足りないと、毛細管現象により下階室内に漏水するので注意が必要である 少なくとも300mm以上必要である
設備機器	□ハト小屋、その他の基礎はあるか	ハト小屋（設備配管用）や設備基礎等の防水納まりを検討する

4. 最上階立上がり躯体図作成のポイント

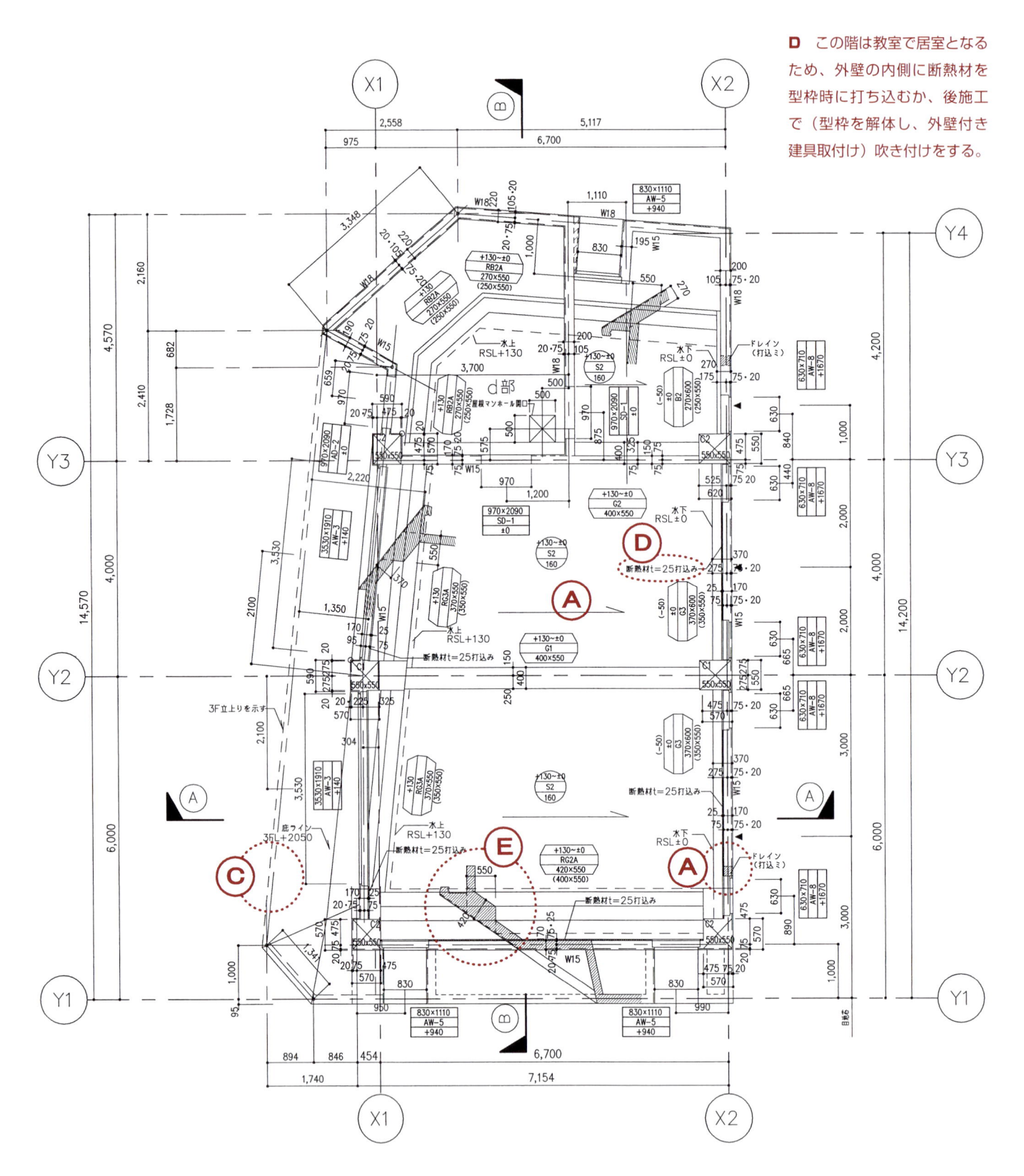

D この階は教室で居室となるため、外壁の内側に断熱材を型枠時に打ち込むか、後施工で（型枠を解体し、外壁付き建具取付け）吹き付けをする。

C 最上階部分の手摺り壁等の立上りについて
判読し難いので平面に破線表示をする。

E 斜め躯体部分の型枠について
● モデル建物では斜め躯体があるので、型枠の検討を、型枠施工業者の責任者を交えて整理しておく事。
● 斜線制限等の規制があるので、斜め部分の納まりを検討・確認する。

最上階立上がり躯体平面図

2-5 最上階立上がり躯体図

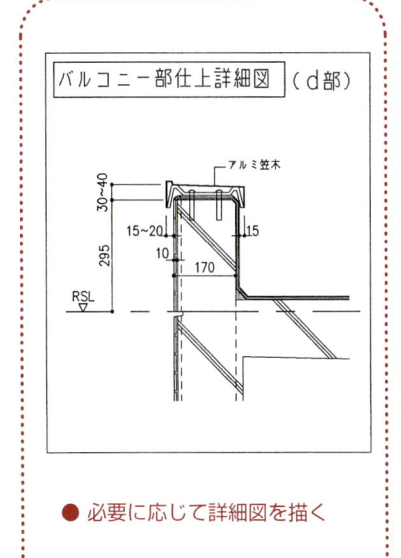

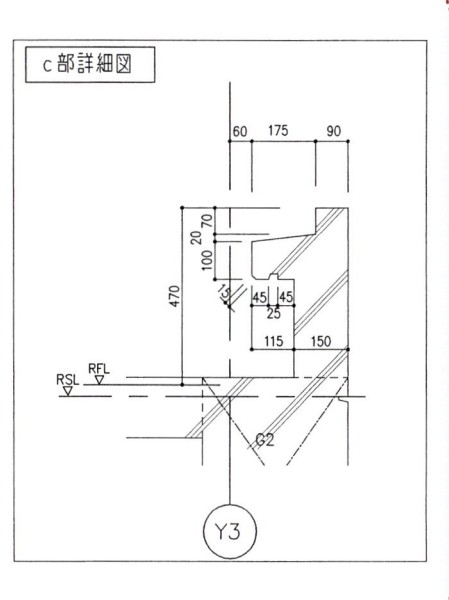

バルコニー部仕上詳細図（d部）

● 必要に応じて詳細図を描く

b部詳細図

c部詳細図

B アゴ下の水切り目地の位置・形状は、防水収まりを良く検討して決める（モデル建物では斜線制限・高さ規制があるため、水上部分から220mmしか取れなかった）。

a部詳細図

A 上階はR階になるのでスラブの水勾配の検討をする。水勾配は極力、スラブにて取る事（1／75～1／100が標準勾配）
（ルーフドレーンの位置やそれによる梁の断面欠損に注意する）

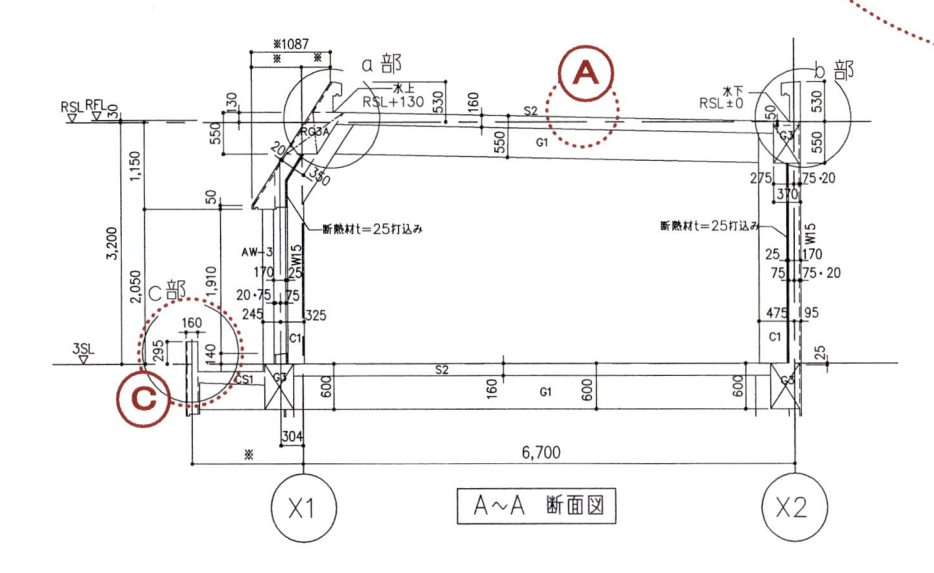

▲A－A断面図

5. 最上階立上がり躯体図完成図

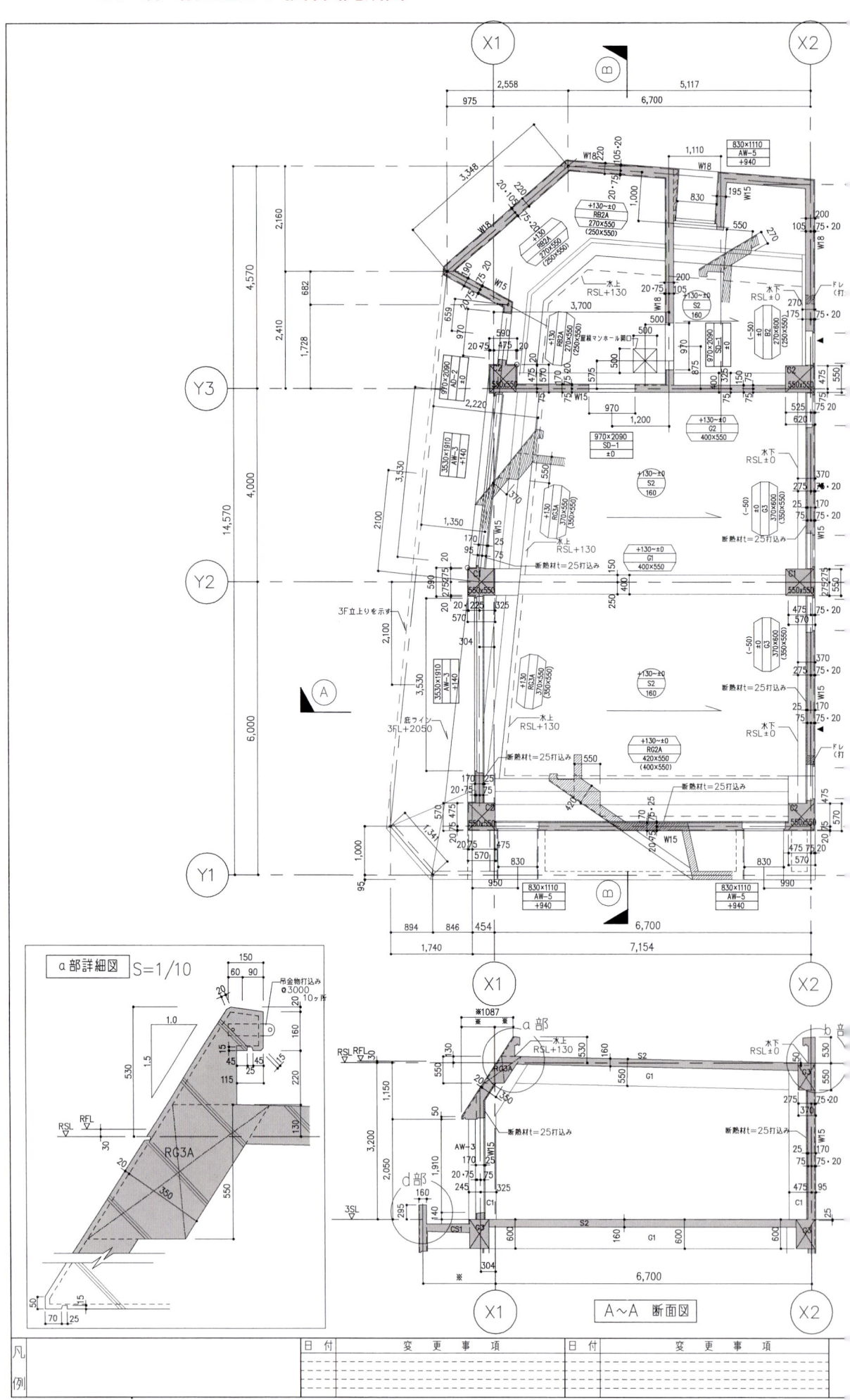

2-5 最上階立上がり躯体図

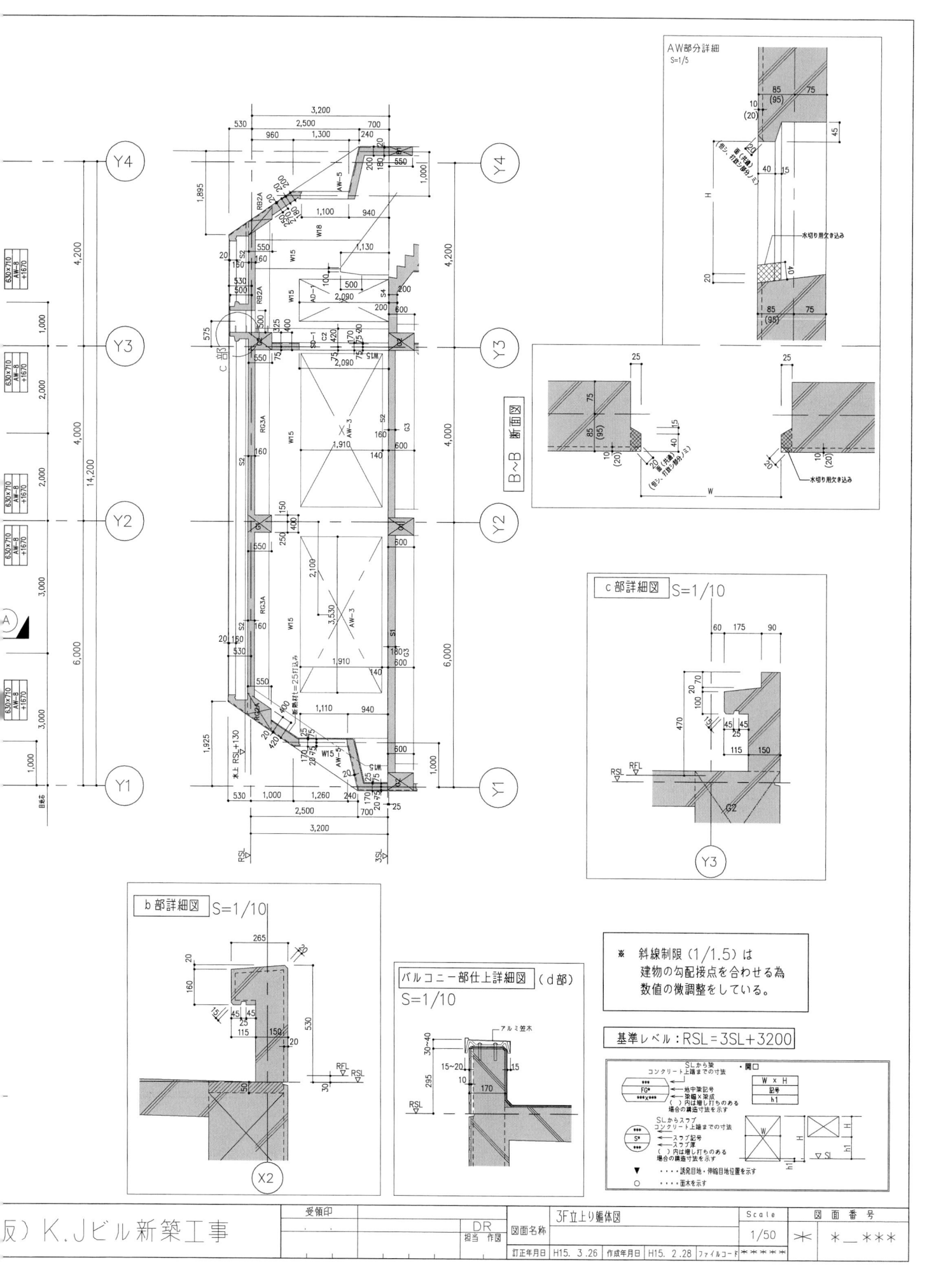

6 階段躯体図

1. 階段躯体図とは

　階段躯体は、スラブが階段状に変化したものと考える。廊下等はフラットだが、階段は上下階を結ぶ斜めのスラブとなり、人が歩行するため蹴上、踏面が段状になっている。
　災害時には避難経路となるので、蹴上・踏面寸法は全体で割り振り調整をする。
　現場作業としては、非常に手間が掛かる部分である。近年はＰＣや鉄骨化し、工場製作する場合もある。

2. 事前に検討・確認が必要な項目

　敷地面積や形状が厳しい建物の場合、階段室の平面は変形したものが多い。構造が複雑で良く把握して作図に取り掛からないと、行き詰まる結果となる。
　蹴上・踏面の割付けは各階の取合い、床の仕上げ代を考慮し、均等に割り付けをする。
　建築基準法の制約もあるので注意を要する。(右頁下表参照)

3. 計画図に表現される内容と記載方法

1. 各階の階段躯体伏せ平面図
　1階・2階・3階平面は断面図とセットで同じ図面上に描くのが望ましい。
基本寸法の表現は各階の踊場または中間の踊場と昇降開始や終点の位置を明記し、昇降部分の蹴上・踏面寸法割付を表示する。

2. 断面図（X方向切断面）
　一般的には1断面で表現出来るものが多いが、平面だけでの表現が難しい場合は、数ヶ所の部分断面が必要となる。

3. 断面詳細図
　蹴上・踏面の形状、手摺壁の形状、等。

■ 事前に検討・確認が必要な項目のチェックシート

検討項目	確認事項	内　　容
建築基準法	□ 踏面・蹴上の法的な確認をしたか	用途別に法規制がある（下表参照）
	□ 建物の用途・床面積による確認をしたか	建物の仕様・用途により、法的な寸法があるので注意する 建物の用途（病院・学校）や階の床面積により法規制がある
	□ 階段巾の法的な確認をしたか	有効幅員や蹴上・踏面寸法に注意する（下表参照） 壁に付く手摺りや手摺壁笠木等が壁から10cm以内であれば有効幅員に問題ないが、使用材料については確認を要する
	□ 手摺り高さは	階段部分については規制はないが≒850以上が一般的である （踊場部分は法的な規制により、H=1,100以上）
	□ 避難階段かどうかの確認は	避難階段の場合は、扉の開き勝手の確認が必要である
床仕上げ材	□ 床仕上げ材による仕上げ厚の確認は	仕上げ厚によって階段の躯体段鼻押へ寸法が決まる
埋込み金物	□ 手摺取付け用アンカーの方法について検討したか	手摺が別にある場合は、アンカーピッチ等を検討しておく
階段室天井	□ 上部段下スラブとの高さ関係は問題ないか	階段の納まりによっては、上裏が低くなる事があるので注意する
外部階段	□ 雨水処理の検討は	一般的に階段と壁の間に側溝を設けるが、上階から下階まで連続すると下階は溢れてしまうので、各階ごとにドレーンなどで排水をする

■ 階段に関する建築基準法

建物の用途別蹴上・踏面の寸法、および階段・踊場の幅員（令23条の1項）

	階 段 の 種 別	蹴 上	踏 面	階段の幅員 踊場の幅員
1	小学校の児童用	16cm以下	26cm以上	140cm以上
2	中学校・高等学校・中等教育学校の生徒用 物品販売店で1,500m²を超えるもの 劇場・映画館・演芸場・観覧場、公会堂・集会場における客用	18cm以下	26cm以上	140cm以上
3	地上階で直上階の居室の床面積の合計が200m²を超えるもの 地階等で居室の床面積の合計が100m²を超えるもの	20cm以下	24cm以上	120cm以上
4	住宅（共同住宅の共用の階段を除く）	23cm以下	15cm以上	75cm以上
5	1～4以外の階段	22cm以下	21cm以上	75cm以上
6	昇降機機械室用（令129条の9第5号）	23cm以下	15cm以上	制限無し （令27条）

4. 階段躯体図作成のポイント

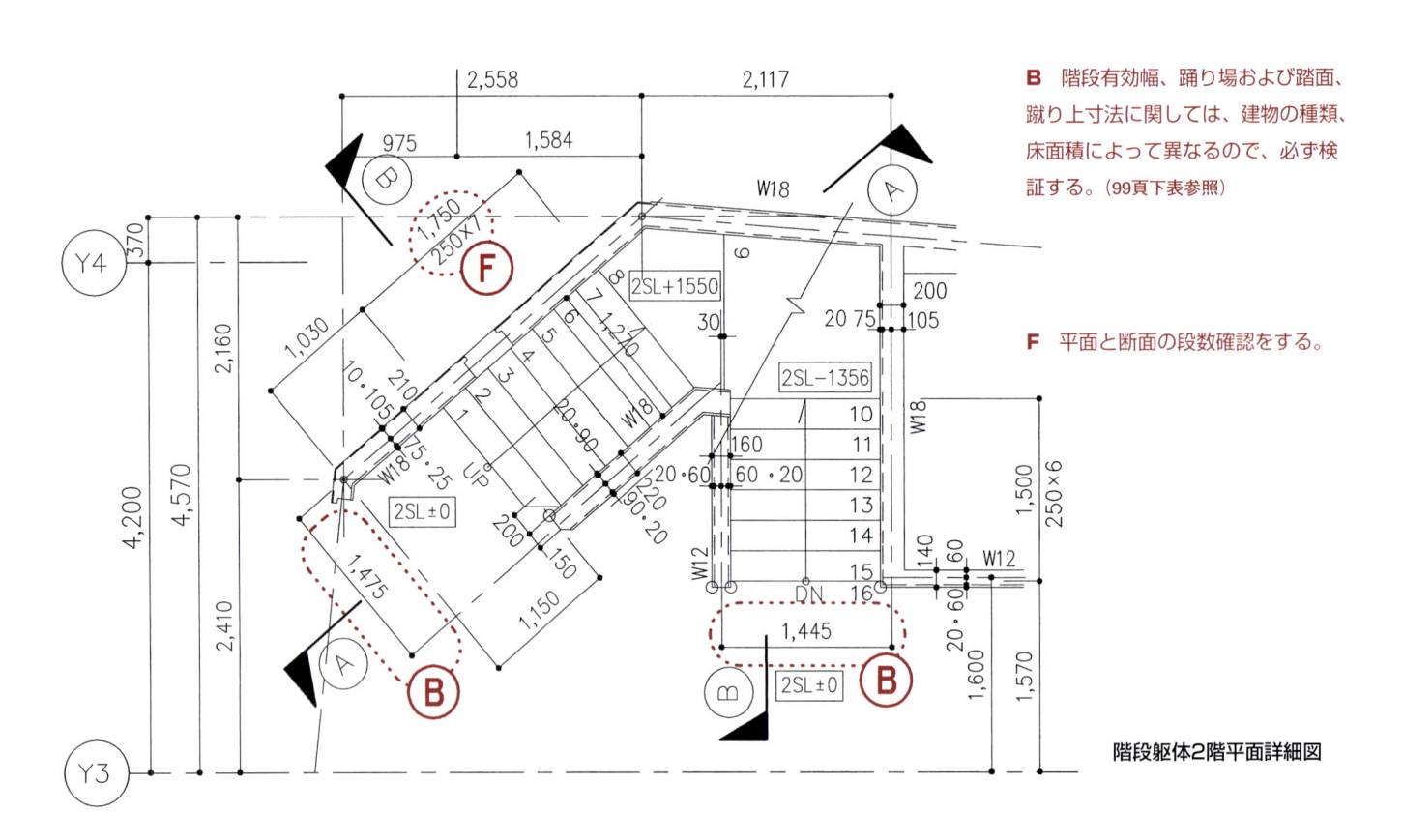

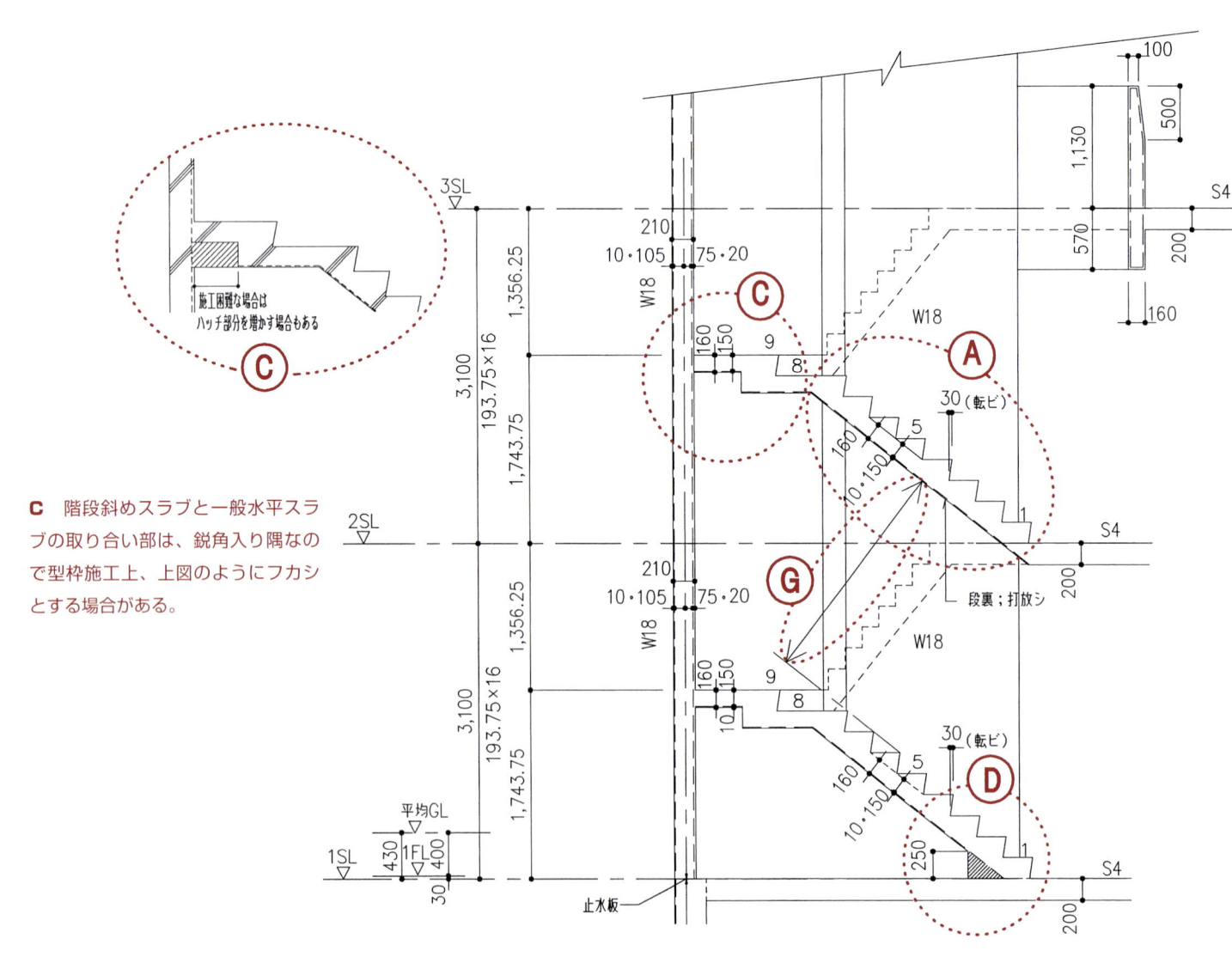

B 階段有効幅、踊り場および踏面、蹴り上寸法に関しては、建物の種類、床面積によって異なるので、必ず検証する。（99頁下表参照）

F 平面と断面の段数確認をする。

階段躯体2階平面詳細図

C 階段斜めスラブと一般水平スラブの取り合い部は、鋭角入り隅なので型枠施工上、上図のようにフカシとする場合がある。

施工困難な場合はハッチ部分を増かす場合もある

2-6 階段躯体図

● 階段躯体図は、常に仕上がり線を考えて描く。

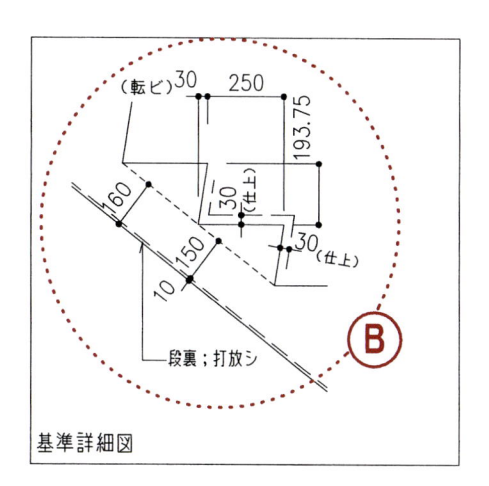

基準詳細図 Ⓑ

■ 図中の解説以外の注意点

● 踏面・蹴込み・転び寸法のチェック
建物の種類・規模によって法的規制があるので注意する。
● 作図スケールは一般的にＳ＝１／30での作図になるので、各階躯体図の階段部分を拡大して作図を開始する。

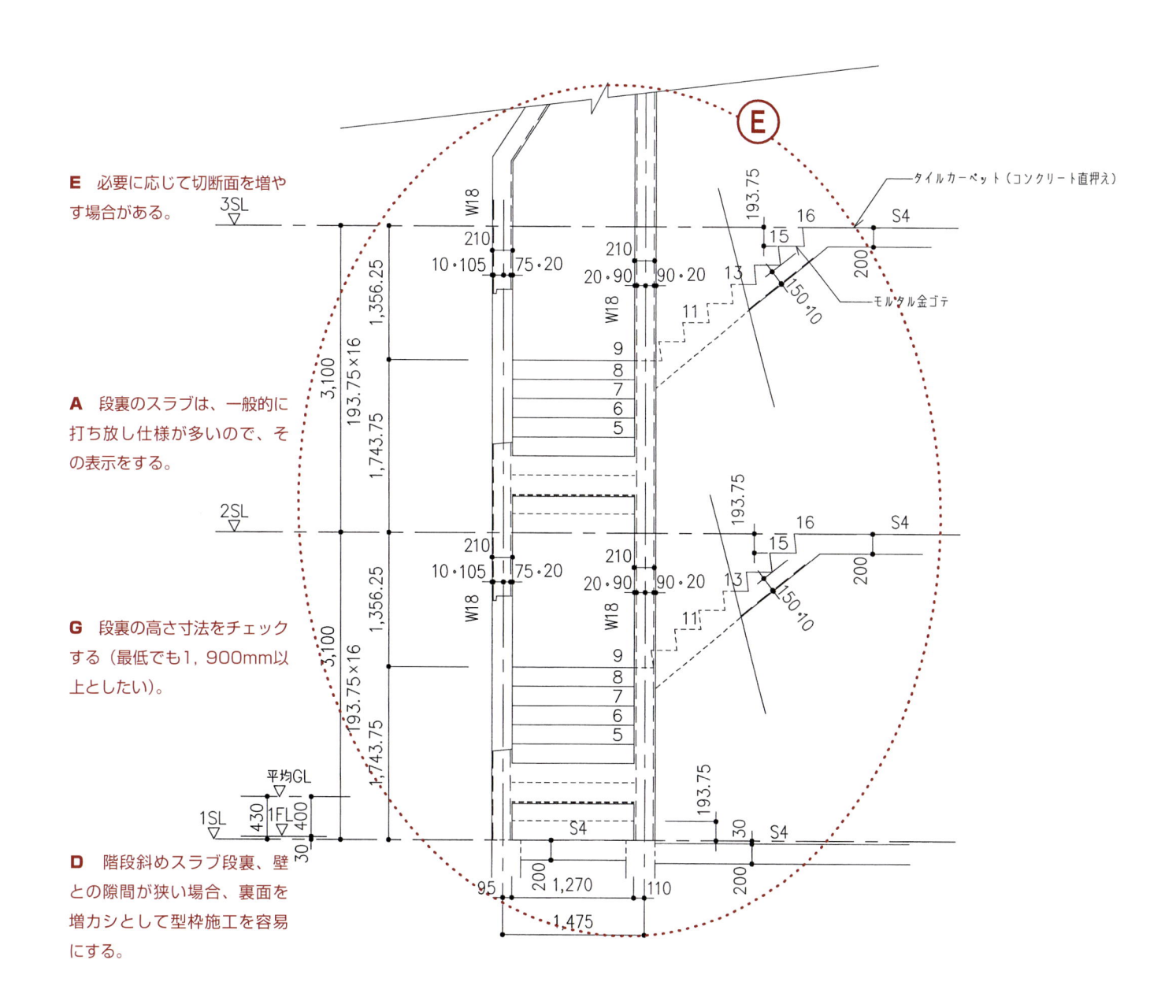

E 必要に応じて切断面を増やす場合がある。

A 段裏のスラブは、一般的に打ち放し仕様が多いので、その表示をする。

G 段裏の高さ寸法をチェックする（最低でも1,900mm以上としたい）。

D 階段斜めスラブ段裏、壁との隙間が狭い場合、裏面を増カシとして型枠施工を容易にする。

5. 階段躯体図完成図

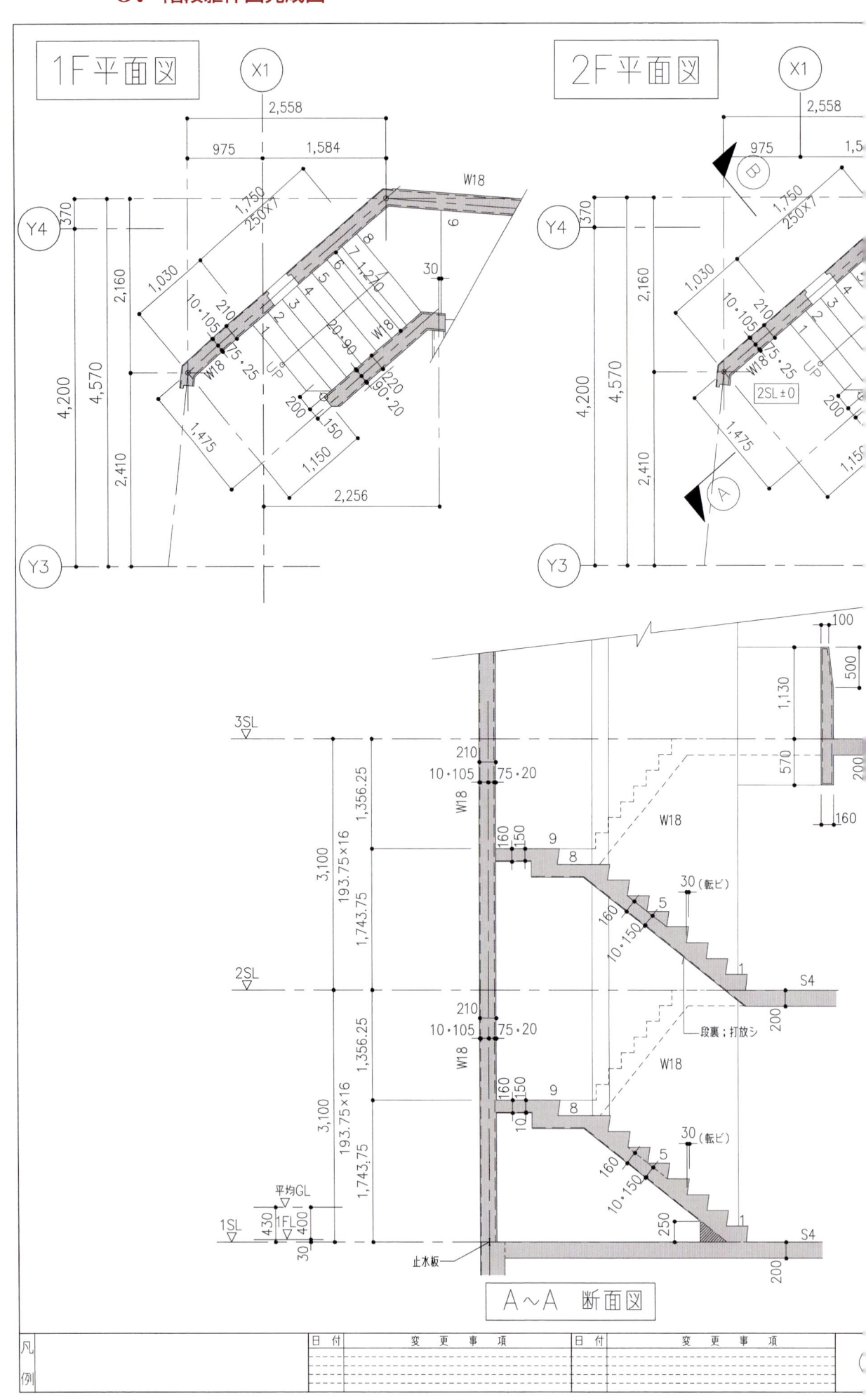

2-6 階段躯体図

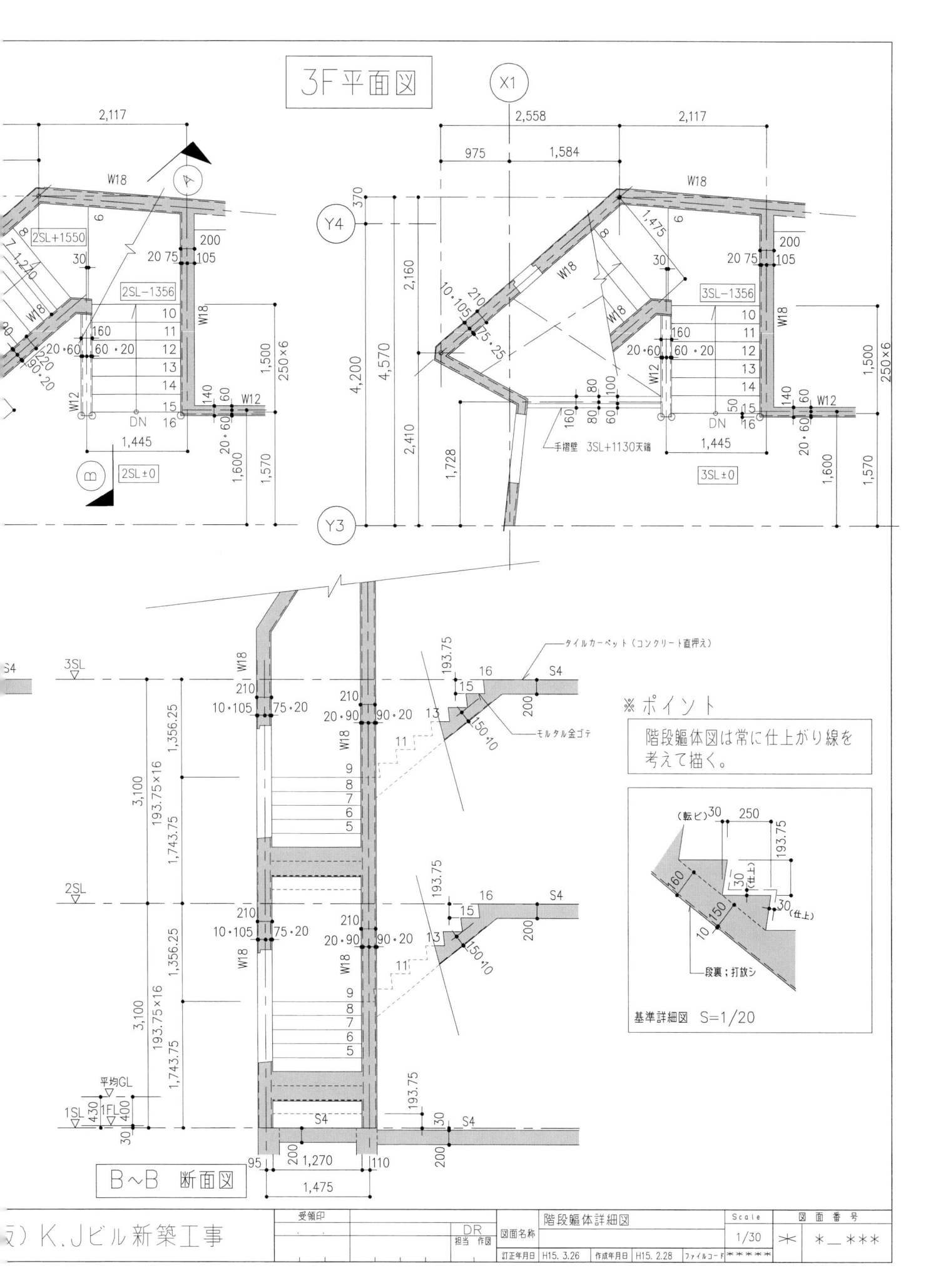

3F平面図

※ポイント

階段躯体図は常に仕上がり線を考えて描く。

基準詳細図 S=1/20

B~B 断面図

(ﾏ) K.Jビル新築工事　図面名称：階段躯体詳細図　Scale 1/30

外部仕上げ計画図

第3章

1. 外壁タイル割付図
2. 屋上仕上げ詳細図

1 外壁タイル割付図

1. 外壁タイル割付図とは

　外壁タイル割付けに関係するものの中には、外壁に取り付けられる建具がある。設計図の建具寸法はタイル割りとは無関係に決められている事が多いので、外壁タイル割付図を作成する際に寸法調整をする必要がある。

　また躯体図も同様で、壁の出隅入り隅部分はタイル割付けに関係があり、この時点で躯体調整（フカシ等）される。当然タイル割付けの要素としては、タイル寸法・タイル目地・コンクリート打ち継ぎ目地・伸縮目地等の考慮し、寸法調整される。品質管理上、重要な施工図である。

2. 事前に検討・確認が必要な項目

　外壁がタイル仕上げの場合、立上がり躯体図を作成開始する前に各部分（取り合い）の納まりについて工事監理者と打ち合わせを行い、仮決定をしておく必要がある。

　出来れば、躯体図より外壁タイル割付図を先行すべきである（使用するタイルは、早めに設計者に決めてもらう必要がある）。(下表、右頁表参照)

■ タイルの種類と張り方

● 種類

45二丁掛タイル	95×45×6〜7mm	目地：縦・横 5mm
小口タイル	108×60×8〜13mm	目地：縦8mm 横10mm
二丁掛タイル	227×60×9〜15mm	目地：縦12〜13mm 横10mm
ボーダータイル	材寸、張り方は多様であるので確認が必要である	

● タイル張りの例

▲うまのり目地張り　　▲いも目地張り　　▲縦いも張り

※上記の他、イギリス張り、フランス張り等の張り方もある。

■ 事前に検討・確認が必要な項目のチェックシート

検討項目	確認事項	内　容
タイル割付け	□ タイル寸法・目地寸法の確認は	タイルの種類によって寸法、目地が違うので確認が必要（目地調整等の可否を確認する）
	□ 張り方・張り厚の確認は	横張り、縦張り、イモ、ウマ等、張り方の確認が必要である 張り厚は施工性、耐久性を考慮する必要がある
	□ 工法の確認は	一般的には接着張り工法が多いが、ものによってはダンゴ張り工法もあるので注意する
	□ 割付け調整は	伸縮目地、タイル目地等の調整をしながら、出来るだけ切物を使わない割付けを考える
		切物を使わない場合は、躯体調整（フカシ）等をする
	□ 階高と縦割付けのチェックは	各フロアーごとの割付け、建物全高さのトータルの割付けをする
	□ 各階平面割付け、および縦割付けの確認は	躯体平面寸法を計算し、仕上げ厚をプラスして全体割付けをする（その場合、次頁の平面のタイル割り計算例を考慮する事） 1 F.L.からパラペットに至るまでの基準縦面の割り付けを行う 2 階コンクリート打ち継ぎラインを基準に縦割りをする
		各階の打ち継ぎラインとタイル目地の関係が、合っているか確認する
		打継ぎジョイントの形状・建具廻りの基準納まり、パラペット天端納まりを確認する
	□ 建具の取付け位置は	タイル割付けに合わせて、建具取付け位置の調整をする。ただし、内部の間仕切り位置との関係を検討する必要がある
タイル割付けと目地	□ 各目地のピッチの確認は	伸縮目地、化粧目地等の間隔を検討する（一般的に伸縮目地は≒3,000mmピッチ、打継ぎ目地は各フロアーごと）
建具取り合い	□ 抱き部分の納まり検討は	建具部分のタイルの抱き寸法を検討する（スケッチ作成等）
建具寸法	□ 建具のW・H寸法調整は	各建具のW・H寸法をタイル割付けに合わせて調整する
タイル納り	□ 他の仕上げ材との納まり調整は	スケッチ等を描いて、事前に取り合いを検討しておく
躯体	□ 柱の位置・外壁は	柱の位置や外壁線等は1階が基準となるが、上階との取り合いも一通りすべて確認する事が必要である
設計図	□ 納まりの難しい個所の確認は	納まりの難しい個所、または設計図が不明瞭な部分については、あらかじめスケッチ等を描き設計に確認をする

3. 計画図に表現される内容と記載方法

1. 水平面の割付け／1階、2階の躯体（外周壁・柱・開口部）

1) 両出隅壁の場合 （A）

　躯体外壁面 ＋ 仕上げ厚 ［(タイル厚＋モルタル厚)×2］寸法から割付け計算をする。

2) 両入隅の場合 （B）

　躯体外壁面 － 仕上げ厚 ［(タイル厚＋モルタル厚)×2］寸法から割付け計算をする。

3) 片面出隅、片面入隅の場合 （C）・（D）

　躯体外壁面の出隅はプラス ［(タイル厚＋モルタル厚)］ と、入隅はマイナス ［(タイル厚＋モルタル厚)］ ＝ゼロ調整寸法から割付け計算をする。

　伸縮目地・両端切物調整・目地調整など割付け計算時に考慮する。

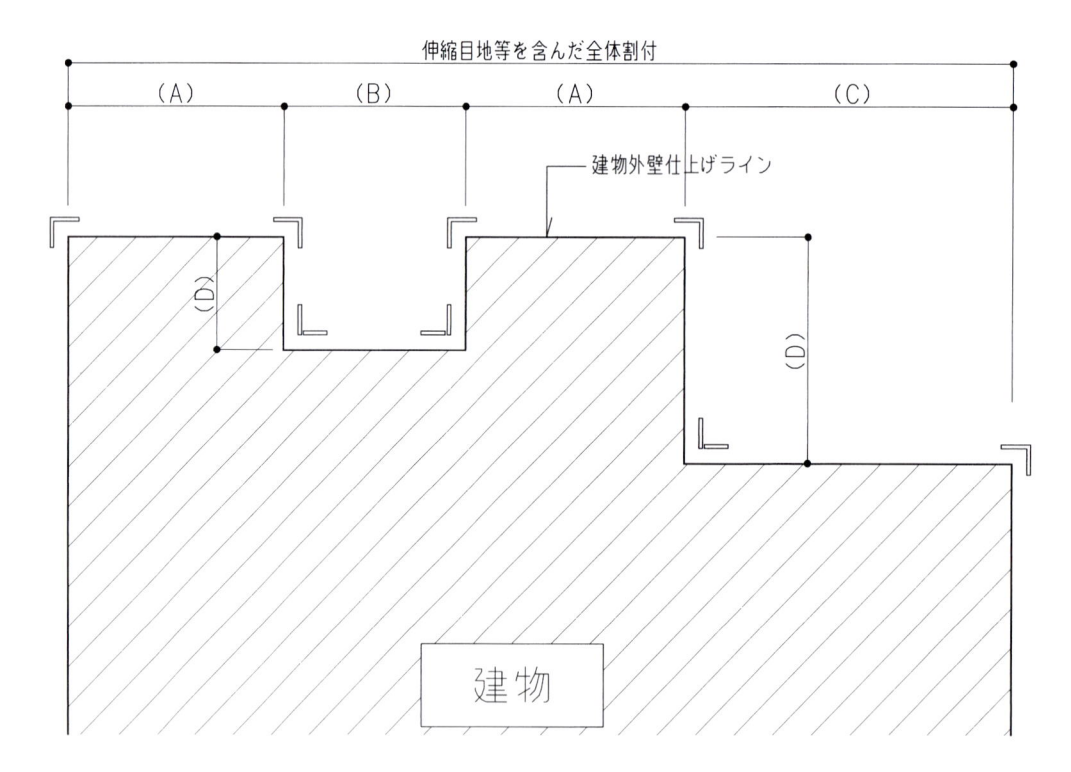

(A)　（タイル n 枚）＋（目地 n−1）
(B)　（タイル n 枚）＋（目地 n＋1）
(C)　（タイル n 枚）＋　目地 n 数
(D)　（タイル n 枚）－（タイル厚）＋（目地 n 数）

※　ただし、伸縮目地、化粧目地がある場合は、その分タイル目地が減る事になるから、その目地巾分と数を考慮して割付け寸法を決める。

平面のタイル割り計算例

2. 立面の割付け

1) ＧＬ部の納まり、各階の階高寸法、屋上パラペットの納まりを決めて割付け計算をする。
2) コンクリート打継目地・切物調整・目地調整などは割付け計算時に考慮する。

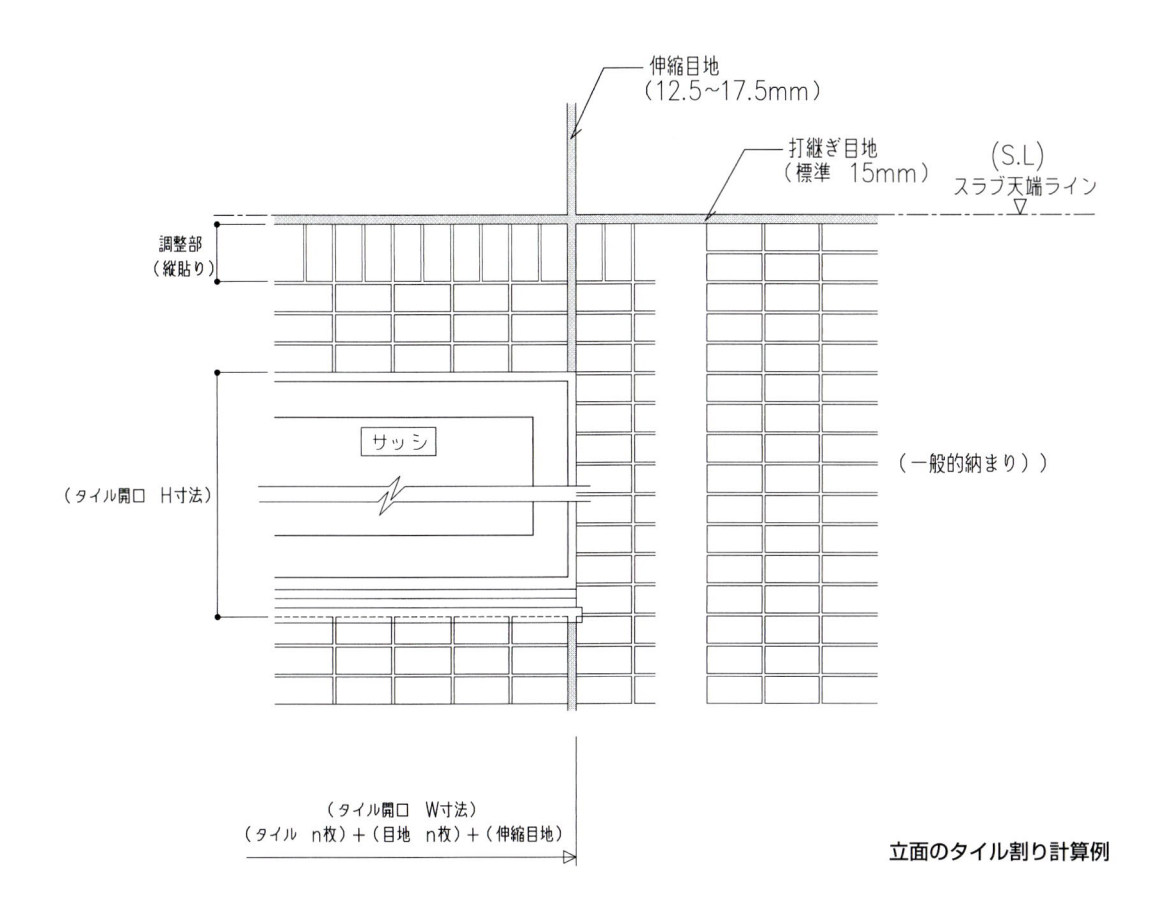

立面のタイル割り計算例

3. 部分詳細図

1) 縮尺1/50では表現の難しい部分を描く（縮尺 1/5、1/10、1/20等）。
   （例）建具廻りの納まり形状、１階巾木取り合い、タイル見切り部分の納まり等
2) 外壁タイル仕上げと打放し仕上げの取り合いの納まりは、詳細を描く（タイル関係を描く）。

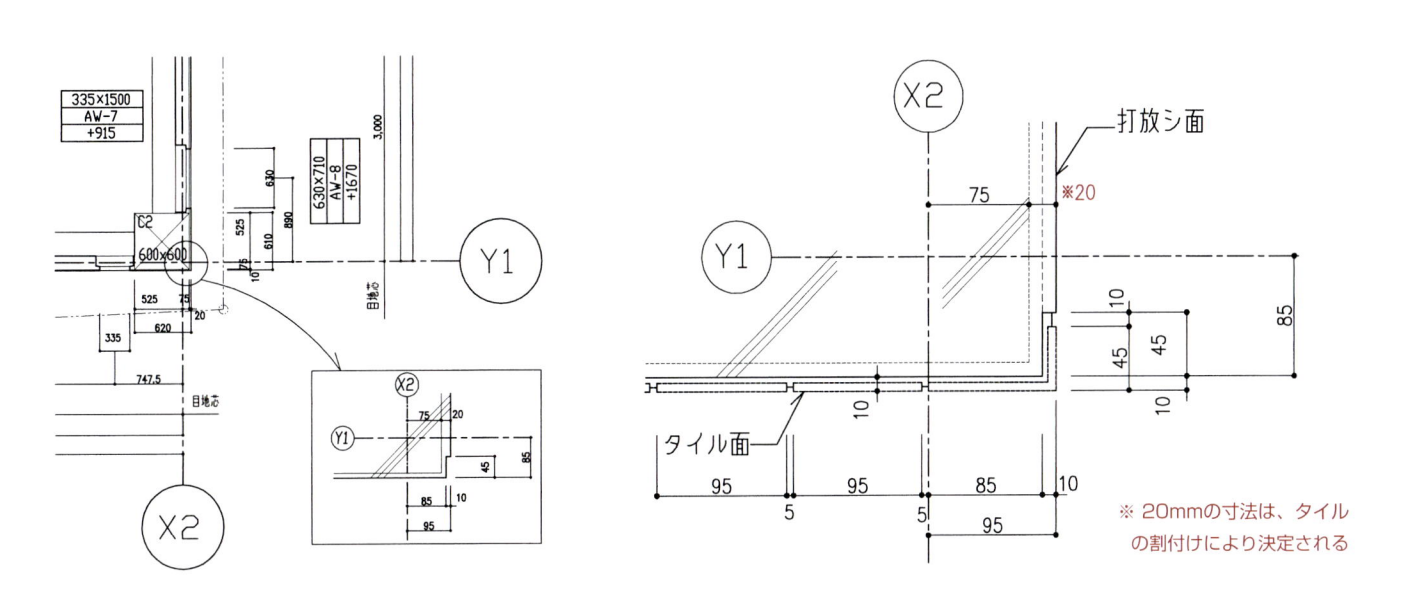

コーナー部のタイル割り例

4. 外壁タイル割付図作成のポイント

タイル仕上げに関しての各取合い部分のディテールは、設計事務所の仕様（意向）があるのであらかじめ確認が必要である。

外壁タイルの品質については、クラックが発生する事は避けなければいけない。対策として水平に入れる打ち継ぎ目地と縦に入れる伸縮目地を忘れてはならない。位置についても美観的要素が大きいので、工事監理者と十分な打ち合わせが必要である。

E 納まりの煩雑な部位は詳細を描く。

E 納まりの煩雑な部位は詳細を描く。

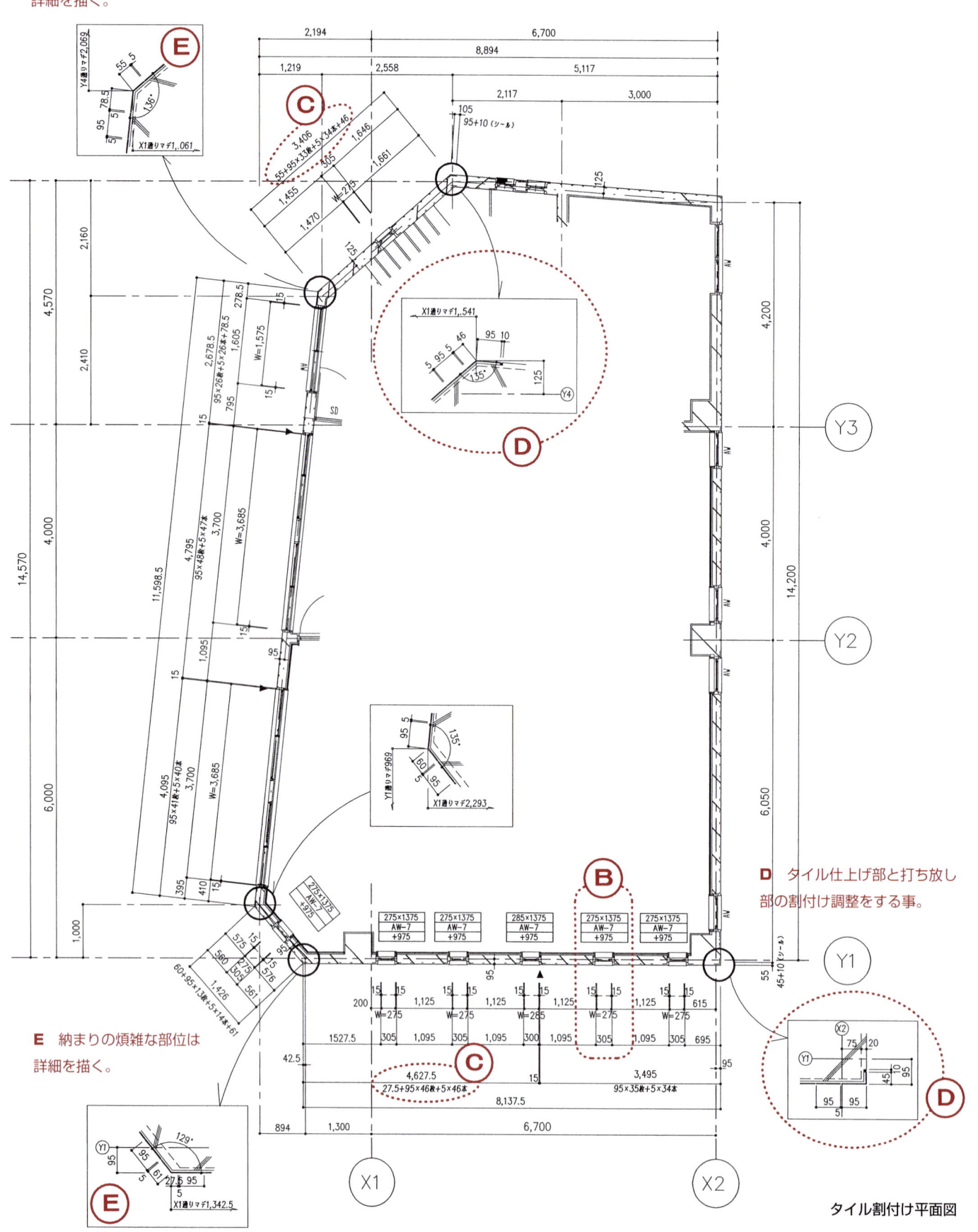

D タイル仕上げ部と打ち放し部の割付け調整をする事。

タイル割付け平面図

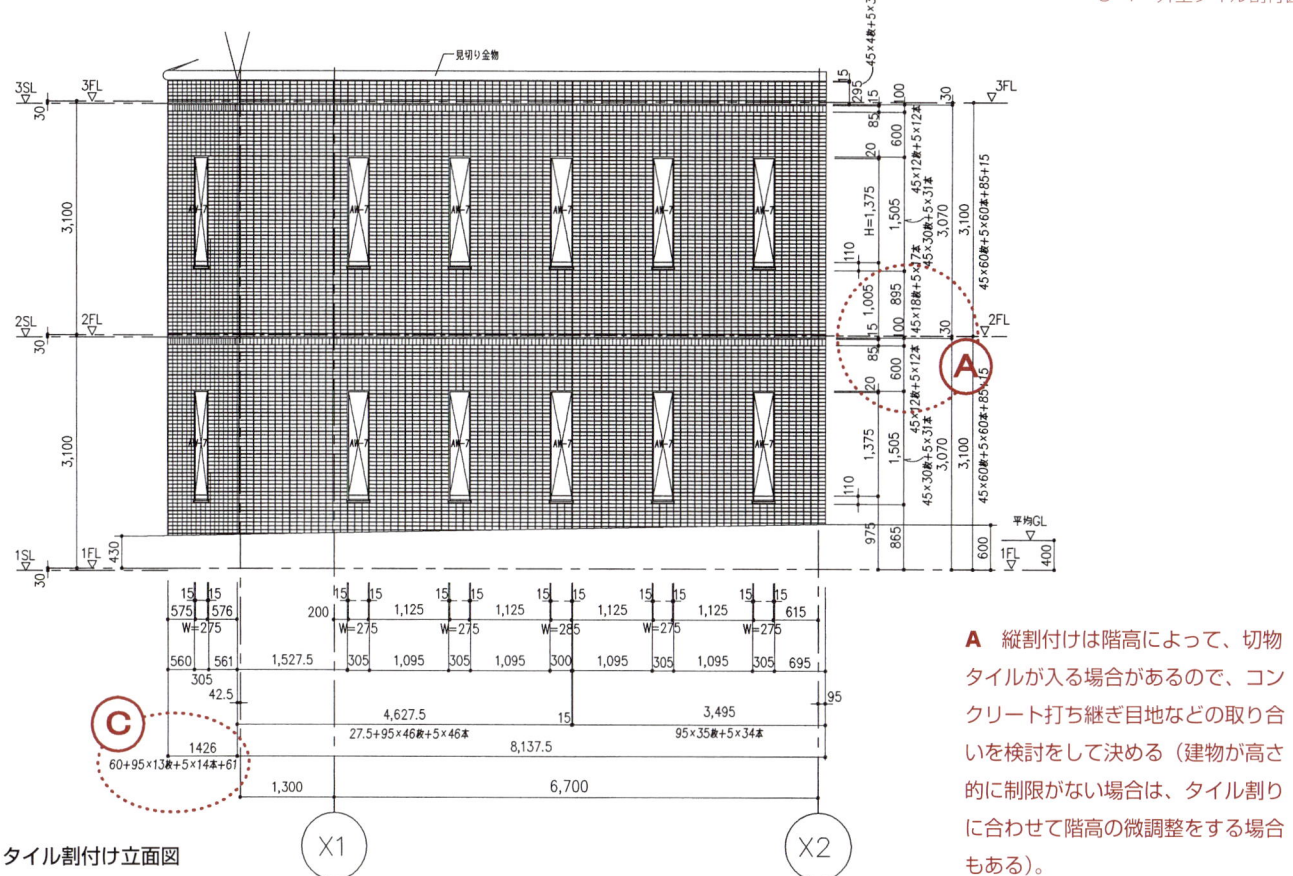

3-1 外壁タイル割付図

タイル割付け立面図

A 縦割付けは階高によって、切物タイルが入る場合があるので、コンクリート打ち継ぎ目地などの取り合いを検討をして決める（建物が高さ的に制限がない場合は、タイル割りに合わせて階高の微調整をする場合もある）。

C 化粧目地、伸縮目地の位置・箇所数を検討する。平面割付けの割付け調整は、躯体フカシや目地幅で調整する等がある。この建物のように４５・二丁掛けのシート貼りの場合は、タイル目地調整は出来ないので、半端物か伸縮目地または躯体調整（フカシ等）になる。
（シート貼りの場合は、目地調整は出来ない）

B 建具のW・Hおよび取付高さや横移動の調整
●採光面積、排煙面積等、法的に制約があるので、設計者と打合せ、確認が必要である（一般的には設計図の寸法より建具寸法を大きくする方向の調整をする）。
●高さや横移動調整の場合は建物内部の納まり（壁位置、天井、カーテンボックス）をよく検討して取付位置を決める。

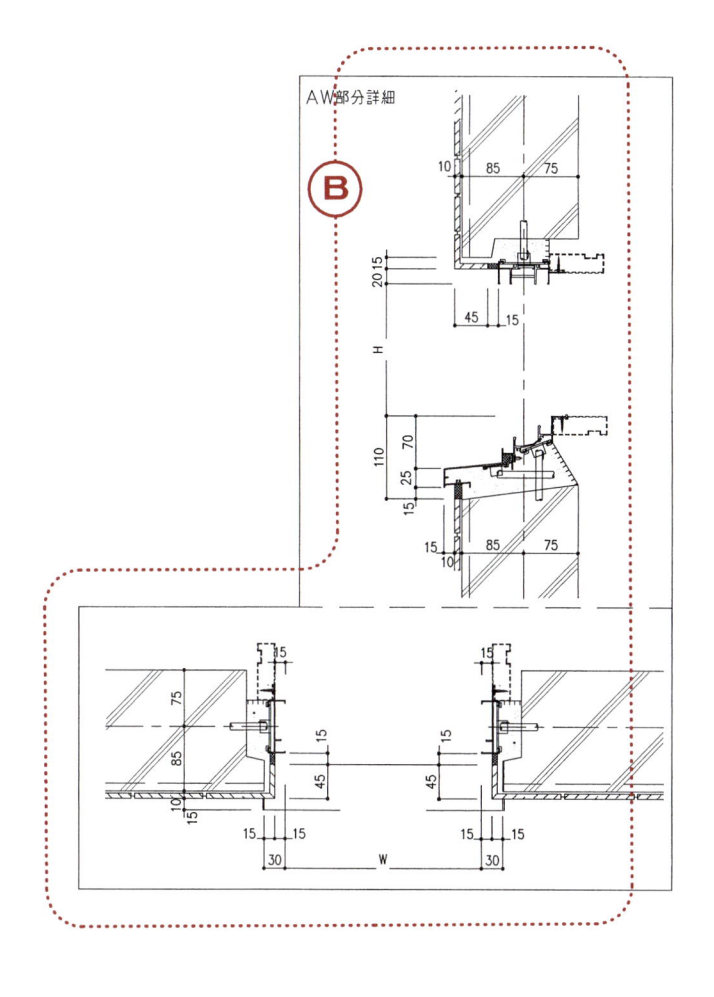

5. 外壁タイル割付完成図

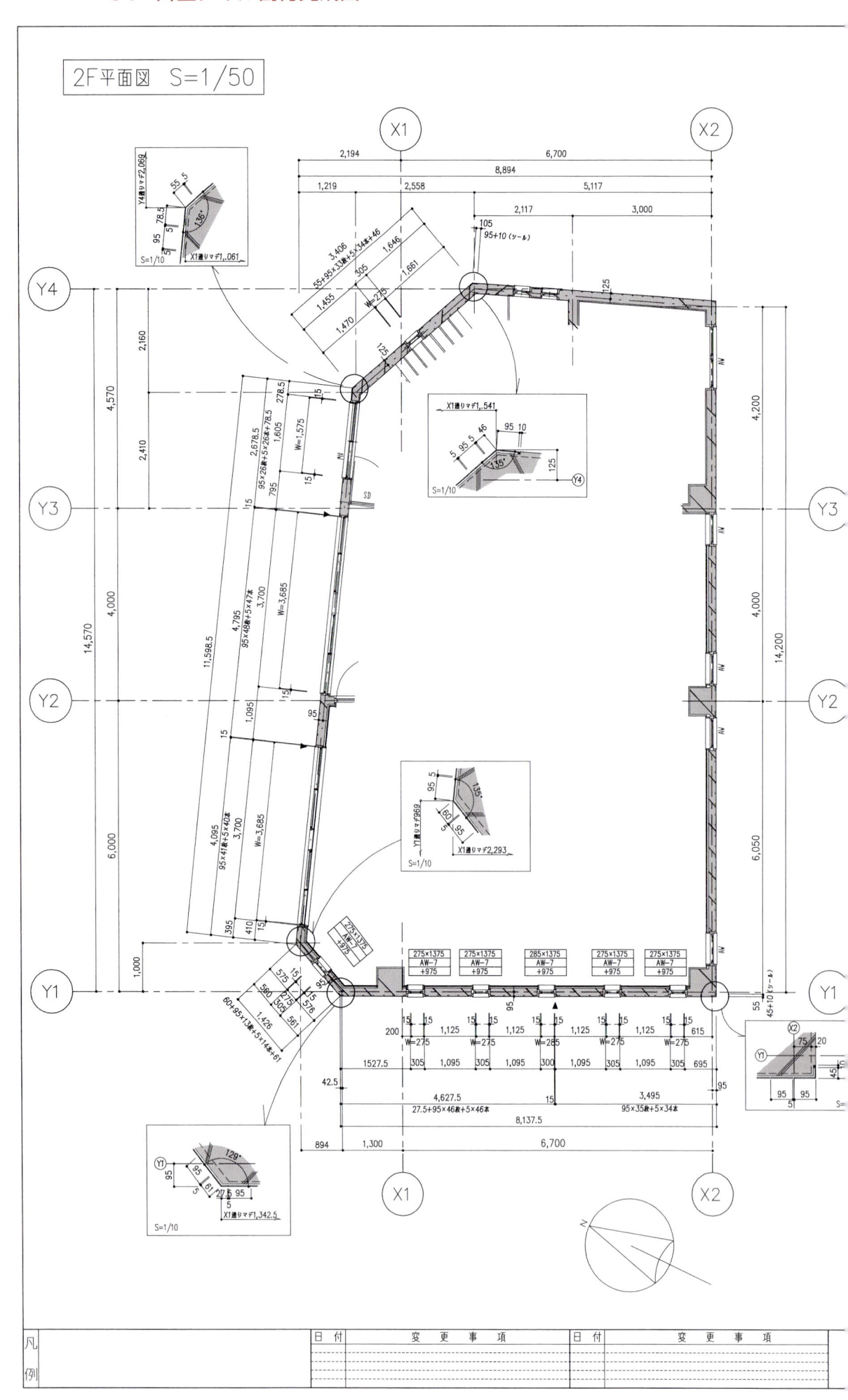

2F平面図　S=1/50

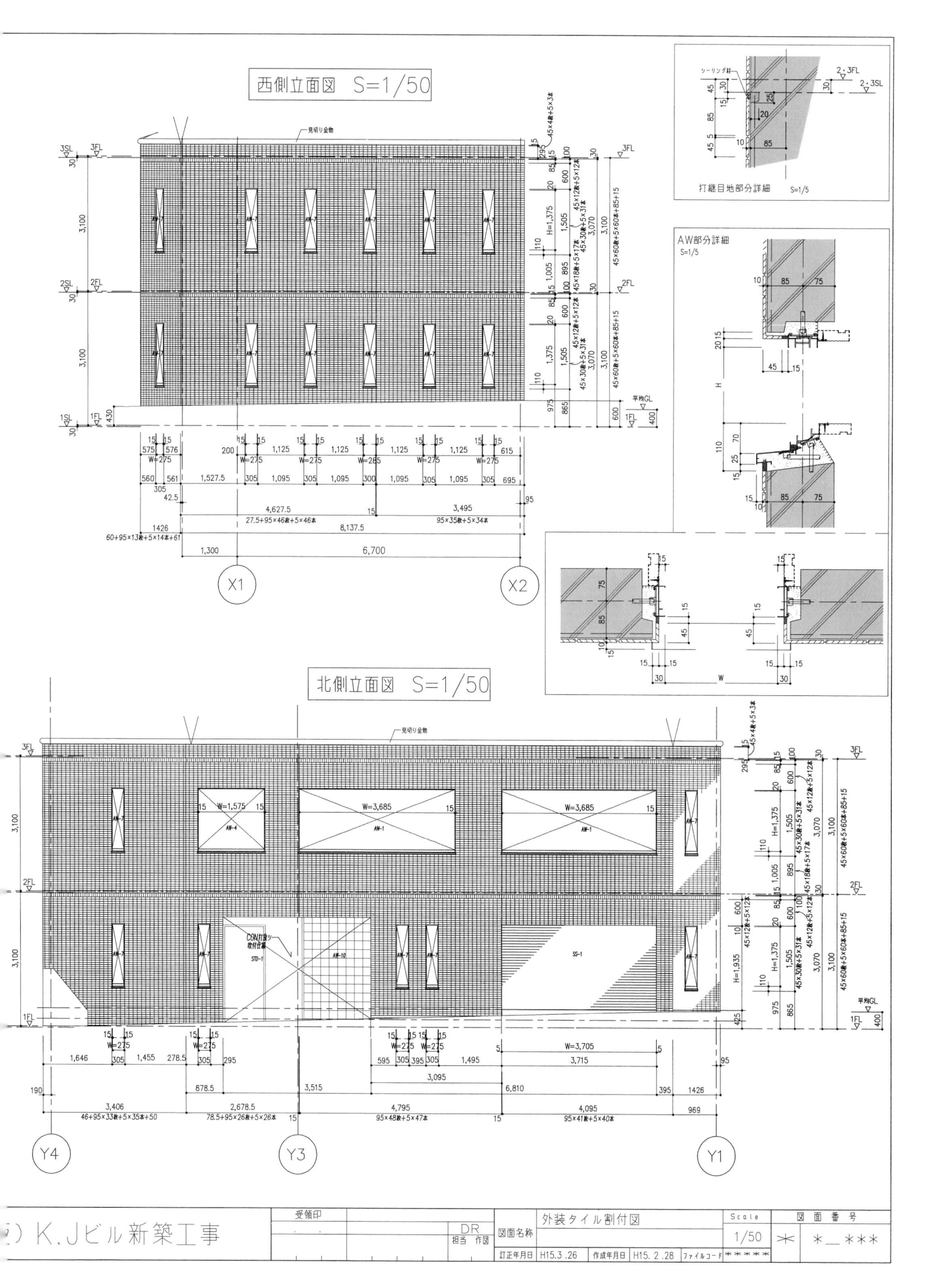

3-1 外壁タイル割付図

西側立面図 S=1/50

北側立面図 S=1/50

打継目地部分詳細 S=1/5

AW部分詳細 S=1/5

	受領印		DR 担当 作図	図面名称	外装タイル割付図	Scale	図面番号
K.Jビル新築工事				訂正年月日 H15.3.26	作成年月日 H15.2.28 ファイルコード *****	1/50	*_***

■ 外壁タイル割付参考図

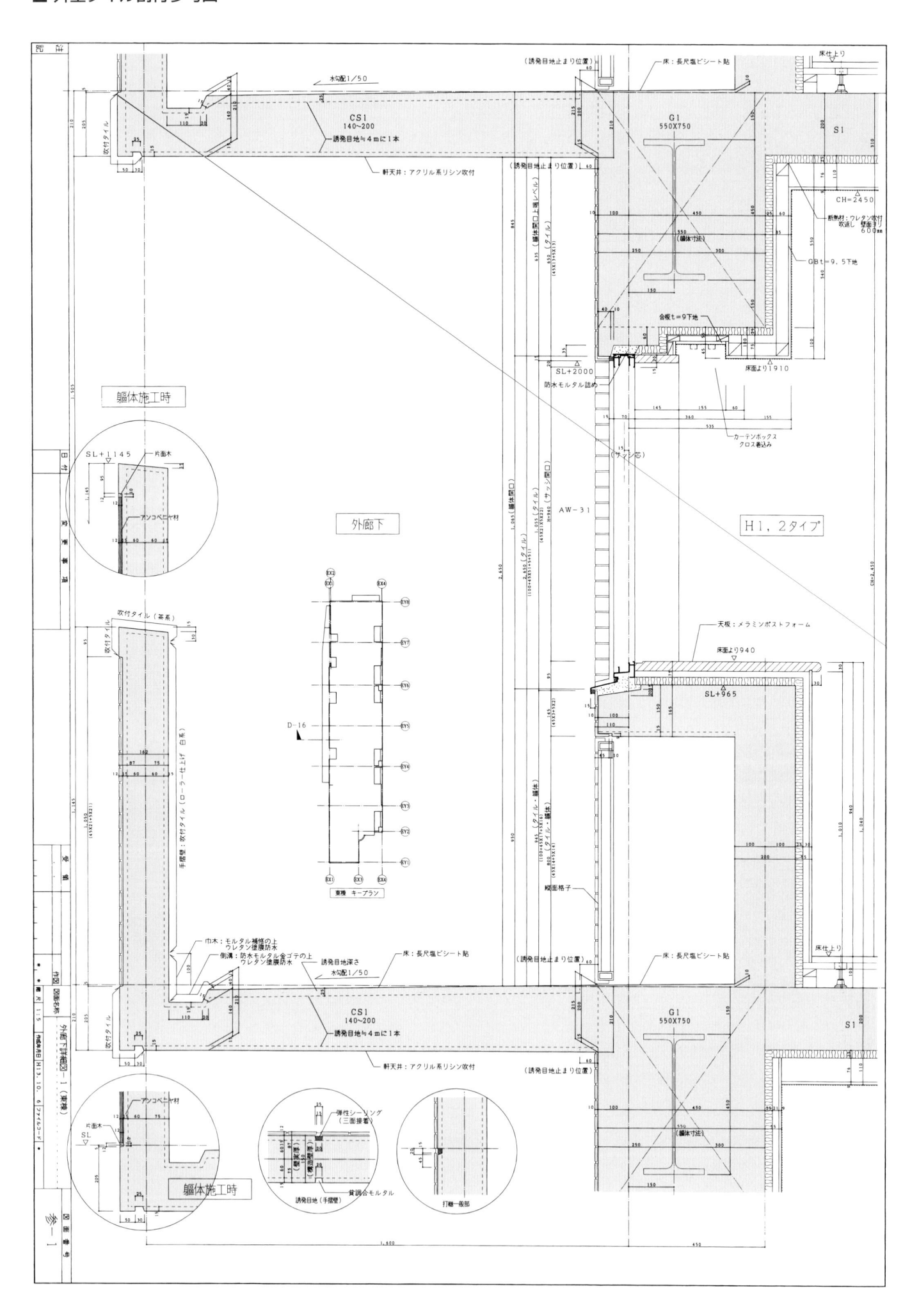

3-1 外壁タイル割付図

このバルコニーの断面詳細図は、一般的にタイル割付けを決める基本指針になる図面で、
主にマンションのバルコニーなどに多く見られる。

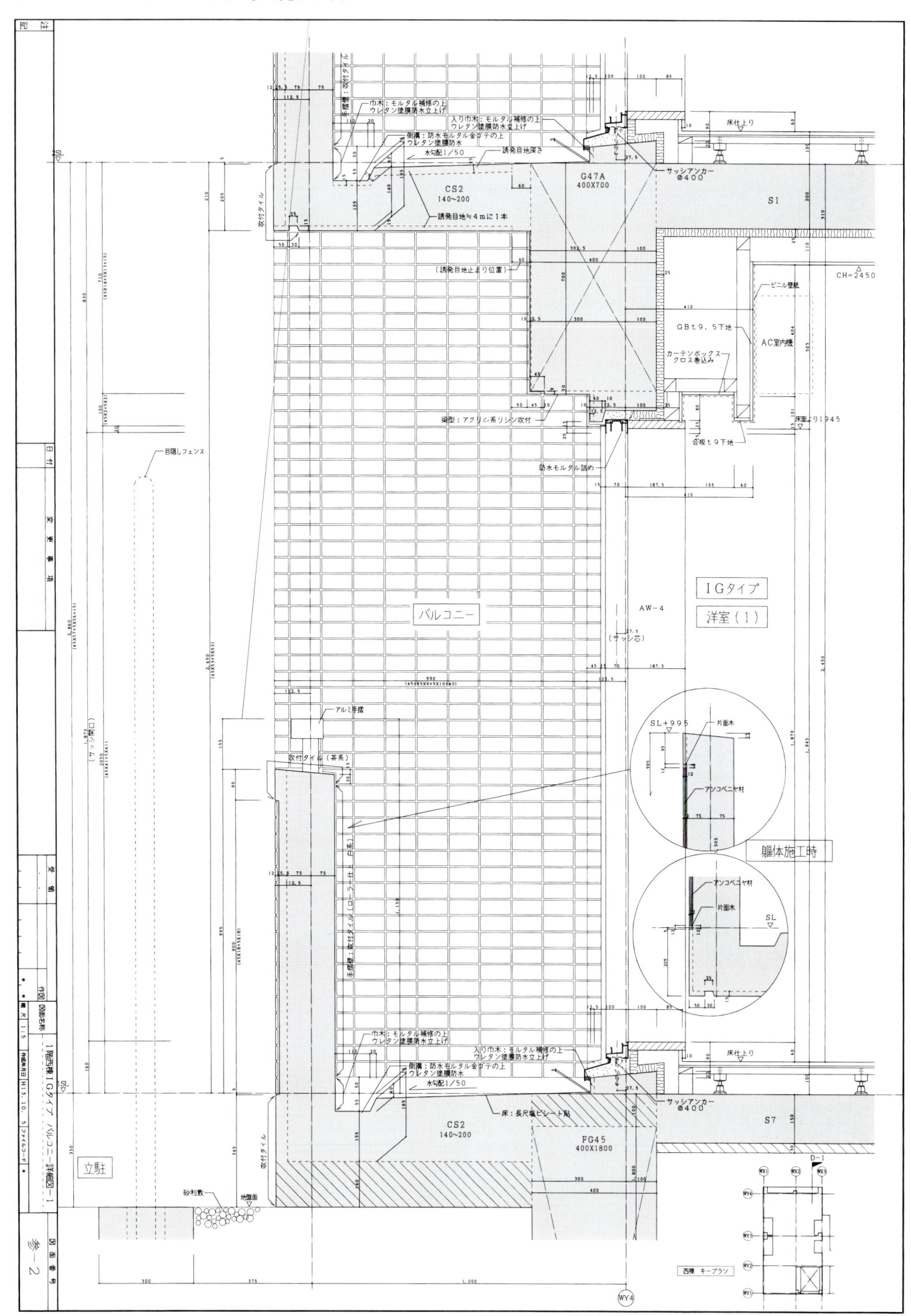

3章 外部仕上げ計画図

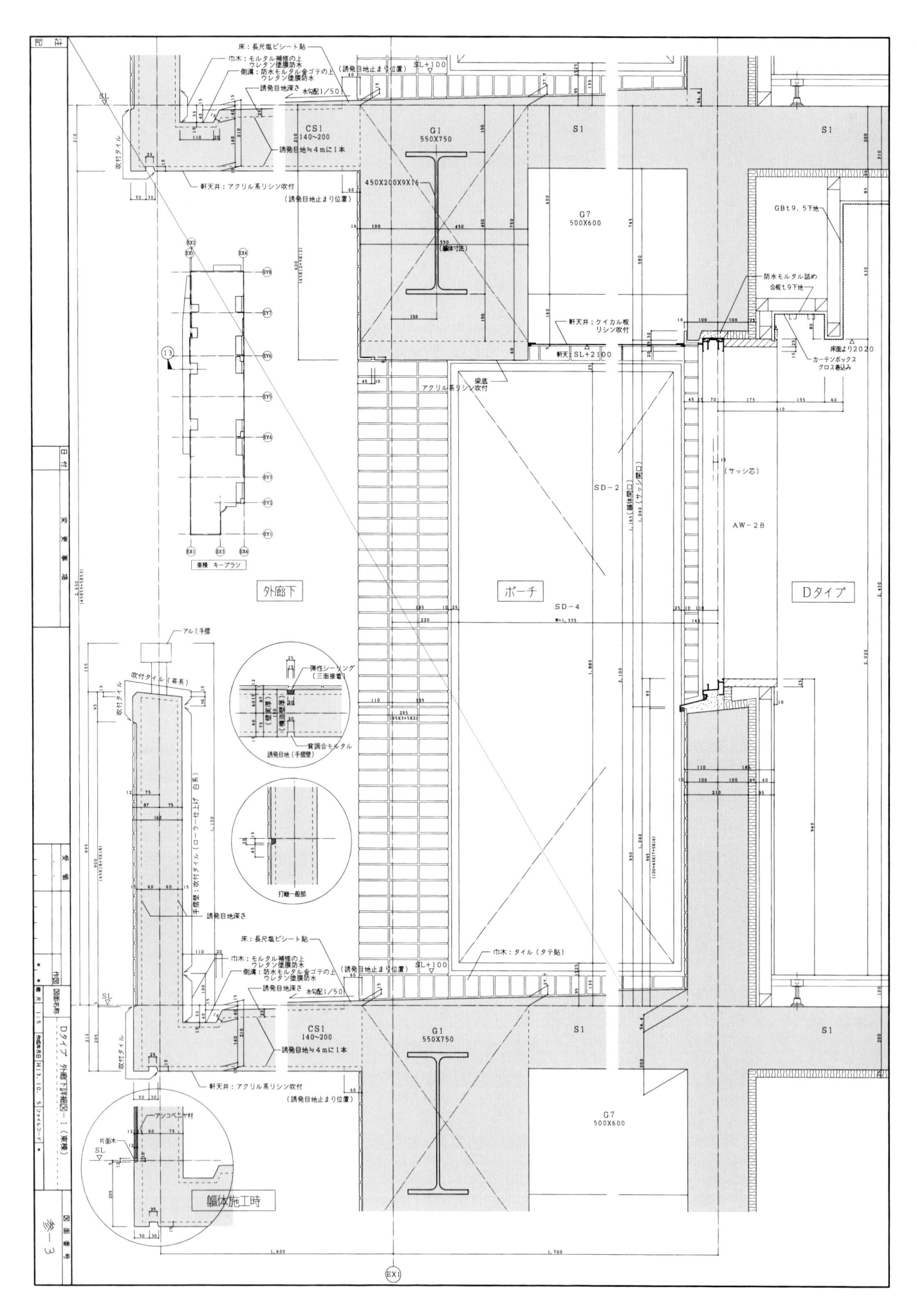

2 屋上仕上げ詳細図

1. 屋上仕上げ詳細図とは

　　建物の屋根部分である屋上の用途は様々で、雨水処理の検討はもちろんの事、建物に付帯した設備機器（避雷針・受電設備・通信アンテナなど）の設置場所や、住宅等であれば生活のための物干し場などに使われる。

　　したがって、それぞれの機器の基礎やパラペット防水納まり等の検討事項は多く、それらに対応した詳細図が必要となる。

2. 事前に検討・確認が必要な項目

　　最上階躯体立ち上がり図作成時に、ある程度の屋上仕上げについて検討しているので、ここでは直ぐ作図可能であるが、詳細納まりについては、設備業者との打ち合わせが必要である（ルーフドレイン、ハト小屋、設備基礎等）。

　　床の水勾配については躯体図作成時に検討されているが、押えコンクリートでの勾配レベルを再検討した方がよい。(下表参照)

■ 事前に検討・確認が必要な項目のチェックシート

検討項目	確認事項	内　　容
設計図	□設備と打ち合わせ調整したか	建築設計図には設備関連との調整がされていない部位があるので、電気・衛生・空調・通信設備と打ち合わせが必要である
屋上取付け金物	□金物類の確認は	建築としては屋上点検口・フェンス・外壁クリーニング用吊環・ルーフドレーンなどがあり、業者からカタログや製作図を取り寄せて検討する
架台・基礎ハト小屋	□防水納まり	コンクリート製の架台・基礎・ハト小屋等がある場合は、立ち上がり部の防水納まりの検討をする
水勾配	□水勾配とルーフドレーンの検討は	躯体図作成時に検討されているが、各架台基礎の配置を考慮して、再検討する
床目地	□目地のピッチ・割付けの確認は	床が押えコンクリートの場合は、目地割付けが必要である
パラペット	□防水納まりの確認は	躯体図作成時に検討はされているが、仕上げ等の寸法が判別出来るようにしておく事が必要である
		笠木がある場合は、カタログなどを取り寄せ、納まりを検討しておく
雨水処理	□側溝は必要ないか	ルーフドレーンの位置・箇所数によっては、側溝が必要な場合もある
屋上緑化	□屋上緑化計画について確認したか	ビオトープ（バイオトープ）について都市のヒートアイランド現象を防止する一つの方法で、屋上を緑の庭園にする工事が今後増えると予測される。施工に付いては、メンテナンスも含め注意が必要である

3. 計画図に表現される内容と記載方法

屋上の仕上げ図は防水の納まり、断熱層、押えコンクリート、排水勾配、外周パラペット断面納まり、その他建築取付け金物類について描き込むが、設備については別途、打ち合わせが必要である。

1. 屋上階伏せ平面図
パラペット・屋上点検口・フェンス・吊環・ルーフドレイン・防水押えコンクリートの伸縮目地・水勾配・設備機器の据付基礎の詳細・避雷針基礎・空調屋外機基礎・ハト小屋。

2. 断面詳細図
縮尺1／50では表現の難しい部分、パラペット（防水立ち上がり納まり）・屋上点検口・フェンス・吊環・ルーフドレイン等の納まり詳細。

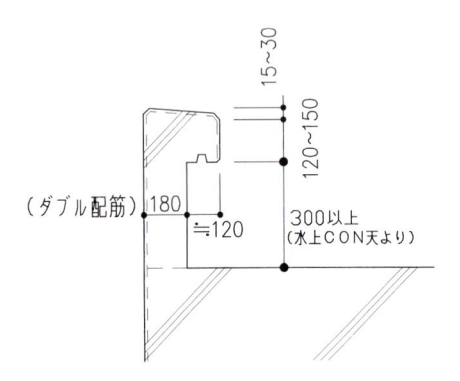

（ダブル配筋）180　≒120　15～30　120～150　300以上（水上CON天より）

● パラペットなどの立ち上がり形状
立ち上がり部分の形状は防水収まりや、将来のメンテナンスなどを検討する。

3-2 屋上仕上げ詳細図

4. 屋上仕上げ詳細図作成のポイント

防水の納まりについては、標準詳細図を参考として当て嵌める方法で良いが、特殊な納まりについては雨漏りの原因にもなりやいので、工事監理者とも打ち合わせが必要である。

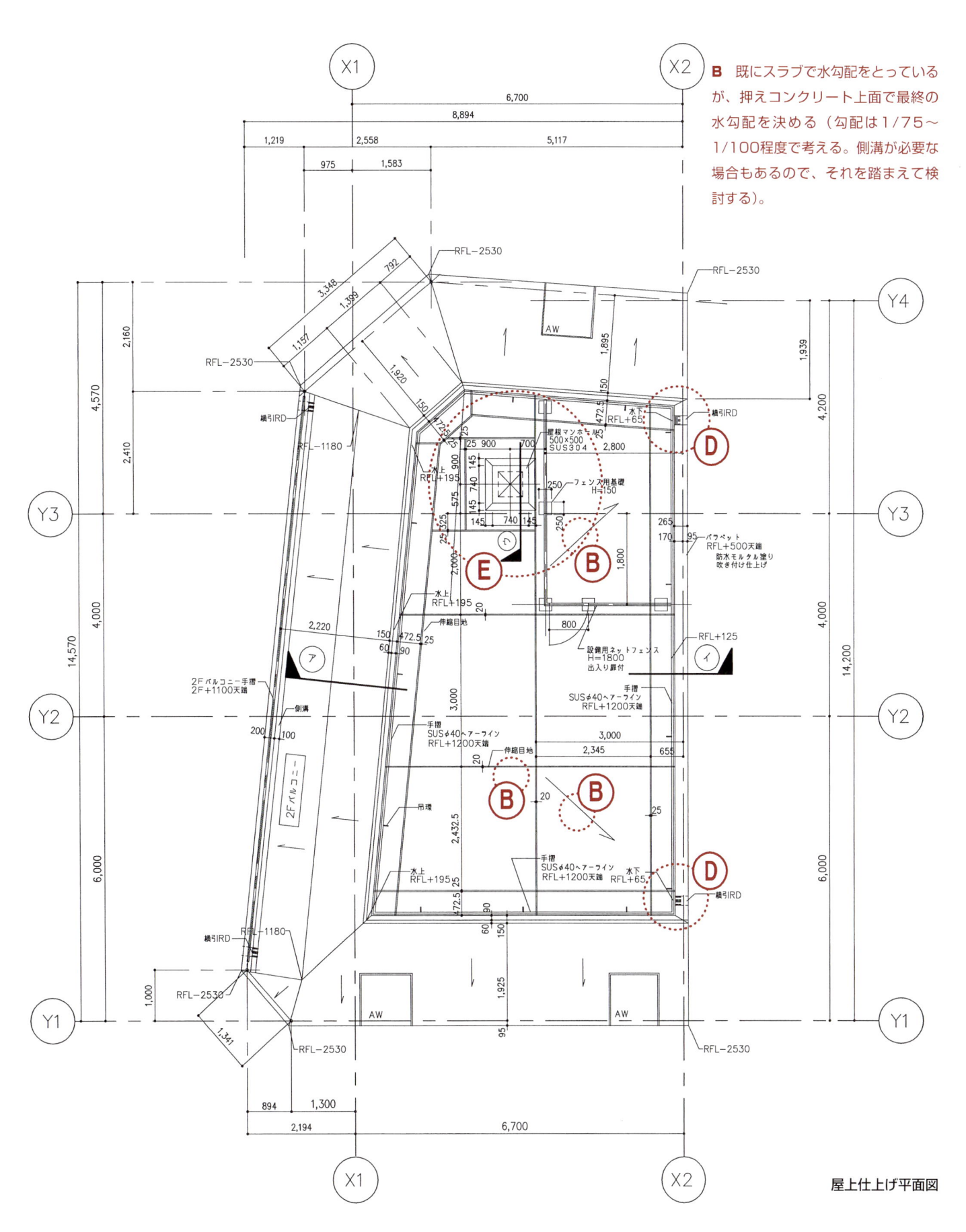

B 既にスラブで水勾配をとっているが、押えコンクリート上面で最終の水勾配を決める（勾配は1/75〜1/100程度で考える。側溝が必要な場合もあるので、それを踏まえて検討する）。

屋上仕上げ平面図

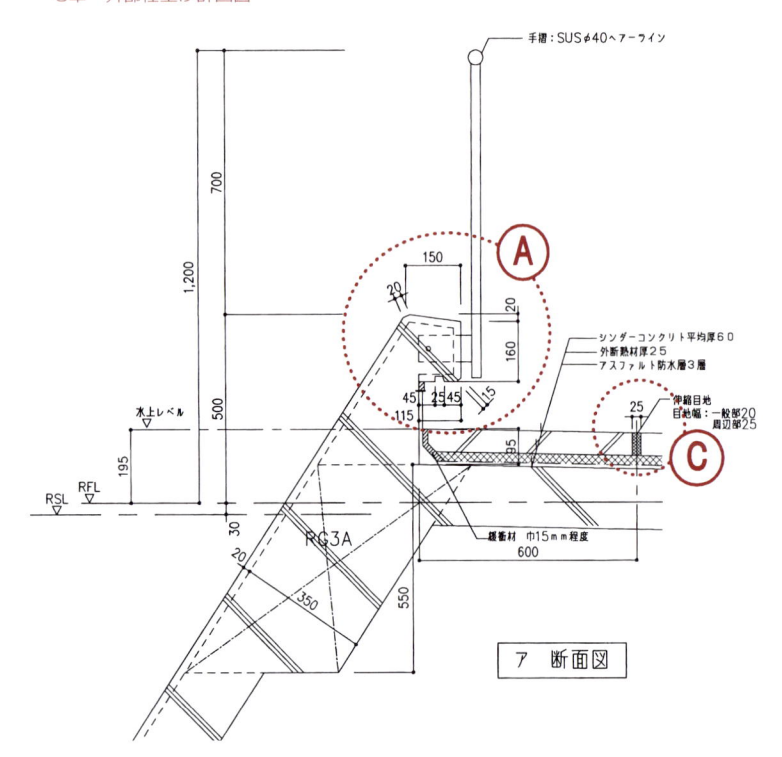

A 立上がり部の形状は、防水納まりや将来のメンテナンスなどを検討して決める。

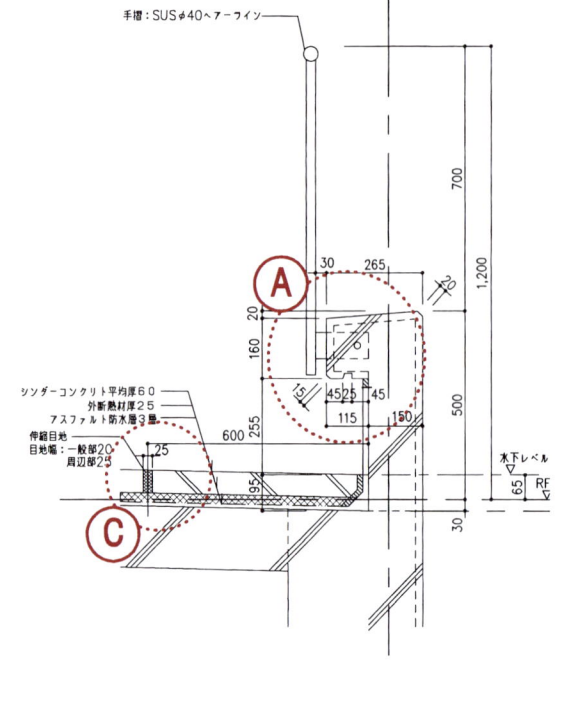

C シンダーコンクリートの伸縮目地の位置は、外周パラペットや内部の点検口立上り面から約600mm程度の所に周囲四方に入れ、その他は約2,500～3,000mmピッチで入れる。

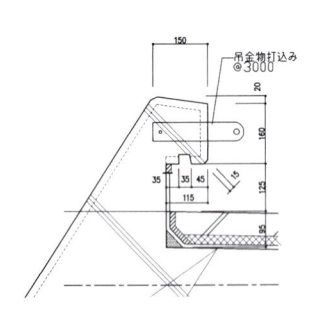

● 水上部分のパラペット形状は、道路斜線制限のため斜めとなっているが、ポイントとしては防水立上がり寸法が十分取れているか検討・確認が必要。

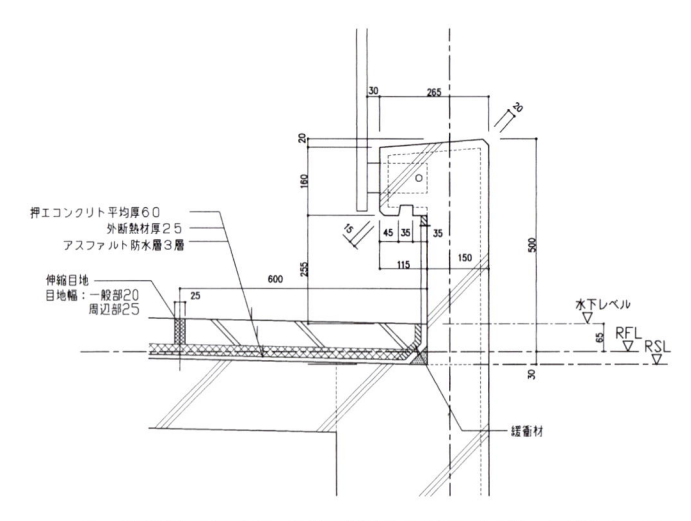

● 水下部分のパラペットは標準的な形状であるが、水が集まってくる場所で、またルーフドレインとの関係もあり、検討・確認が必要。

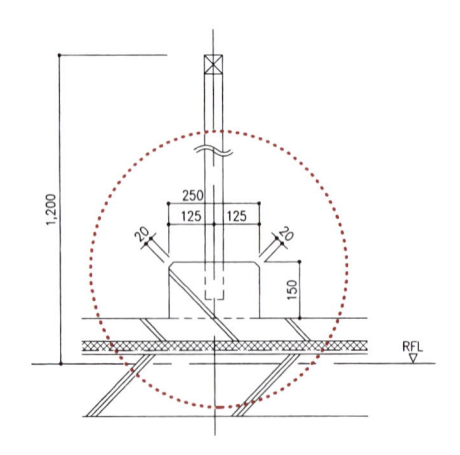

● フェンスの基礎は、フェンス埋め込み、鉄筋納まりを考慮しなければならない。

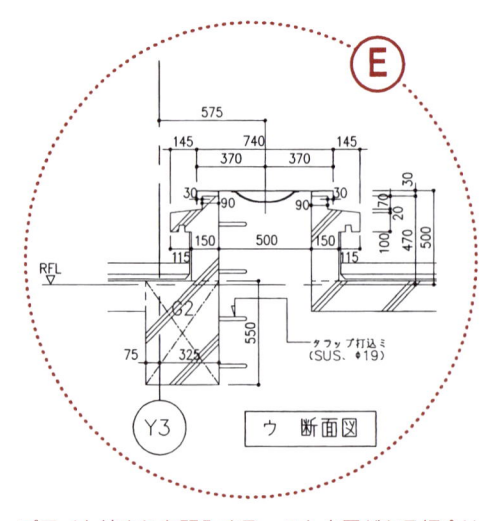

● トップライト納まりを記入する。ハト小屋がある場合は、その詳細も必要。

3-2 屋上仕上げ詳細図

ルーフドレイン：
種類として縦引きタイプと横出しタイプの2種類がある。メーカーにより多少、形状が違うのでカタログを取り寄せ、取付け詳細図を描く必要がある。また、梁やスラブレベルの調整が必要か検討・確認をする。

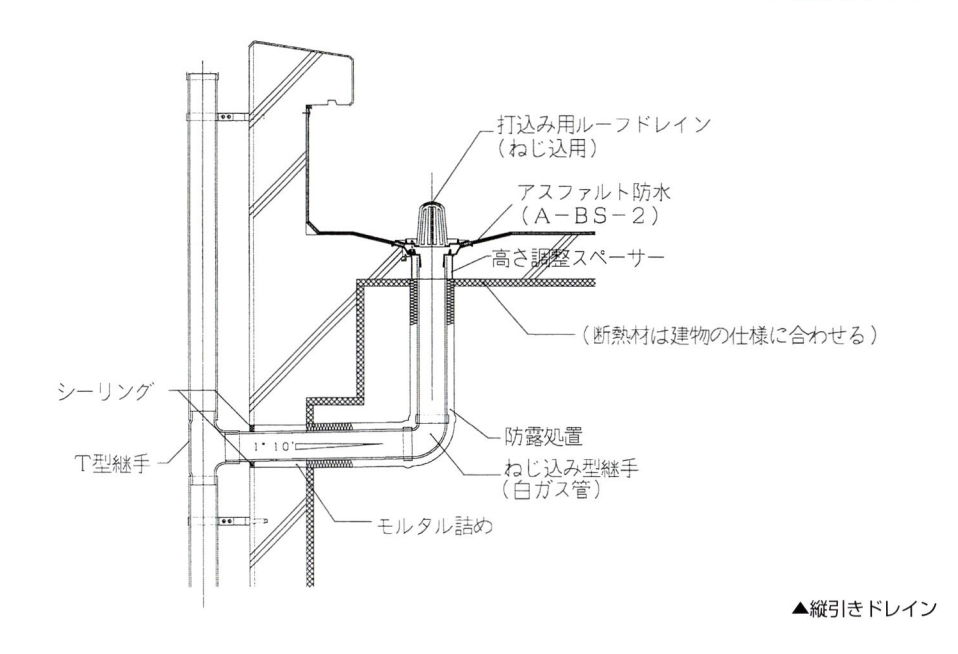

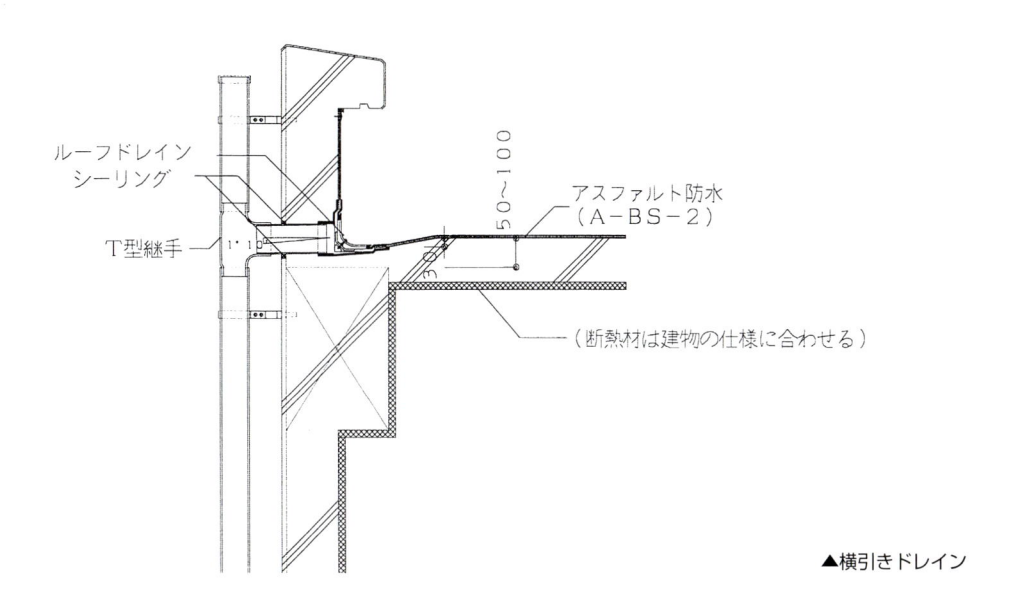

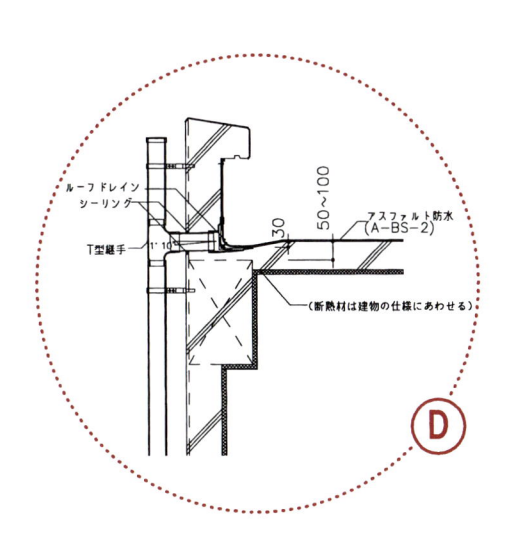

図中ラベル（縦引きドレイン）：
- 打込み用ルーフドレイン（ねじ込用）
- アスファルト防水（A−BS−2）
- 高さ調整スペーサー
- （断熱材は建物の仕様に合わせる）
- 防露処置
- ねじ込み型継手（白ガス管）
- モルタル詰め
- シーリング
- T型継手

▲縦引きドレイン

図中ラベル（横引きドレイン）：
- ルーフドレイン
- シーリング
- T型継手
- アスファルト防水（A−BS−2）
- 50〜100
- （断熱材は建物の仕様に合わせる）

▲横引きドレイン

D 横引きルーフドレイン打ち込みに関しては、梁レベルの検討が必要である。

■ 図中の解説以外の注意点

- 緩衝材の厚みは15mm程度とする。
- 防水立ち上がりと床の入隅下地処理
  外周パラペット立ち上がり部、およびハト小屋などの立ち上がり部の壁と床取り合い入り隅は、モルタルで防水下地を造る。
- 押えコンクリート面の水勾配
  既にスラブで水勾配をとっているが、押えコンクリート上面で最終の水勾配を決める（勾配は1/75〜〜1/100程度で考える）。

5. 屋上仕上げ詳細図完成図

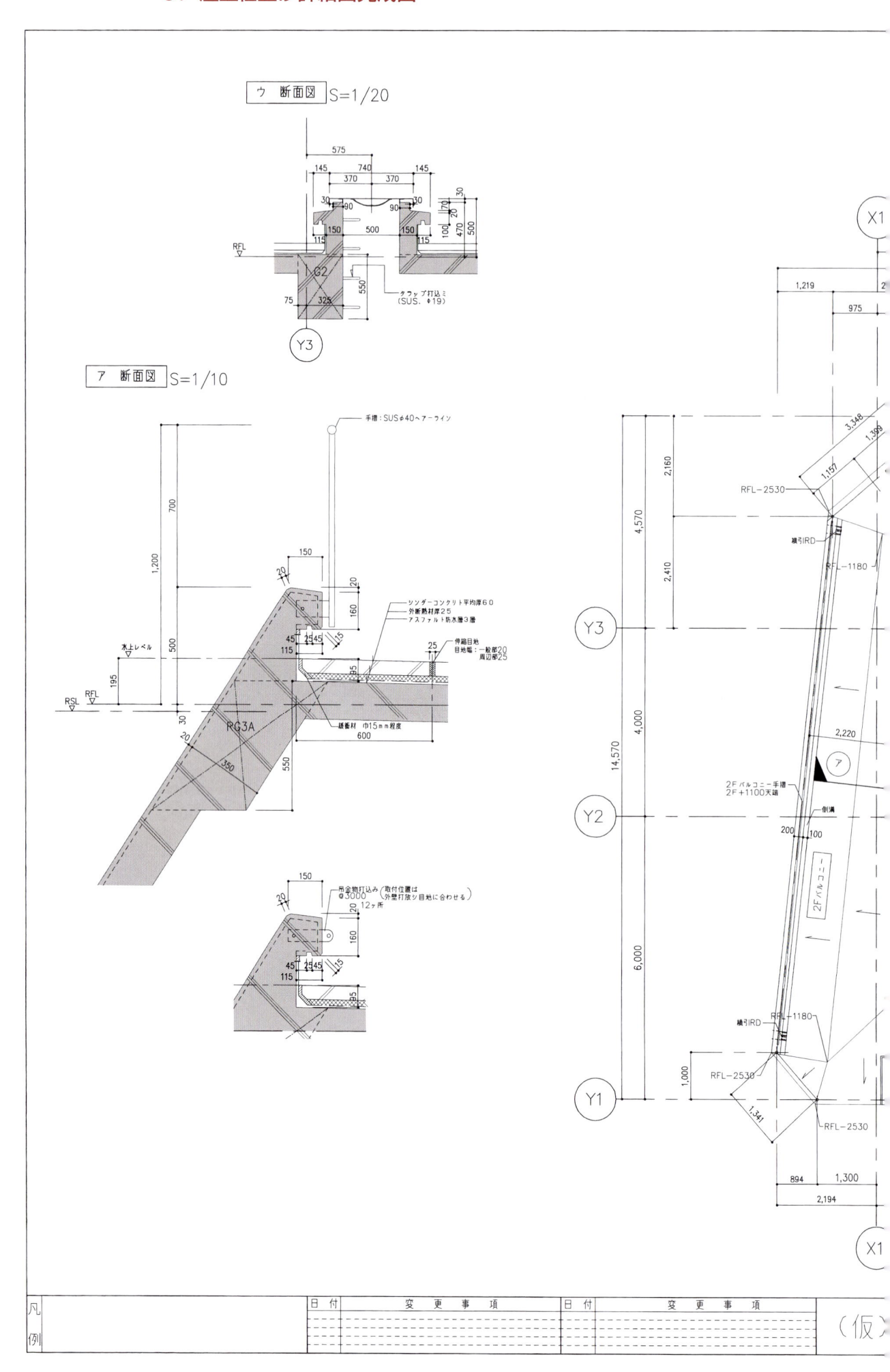

3-2 屋上仕上げ詳細図

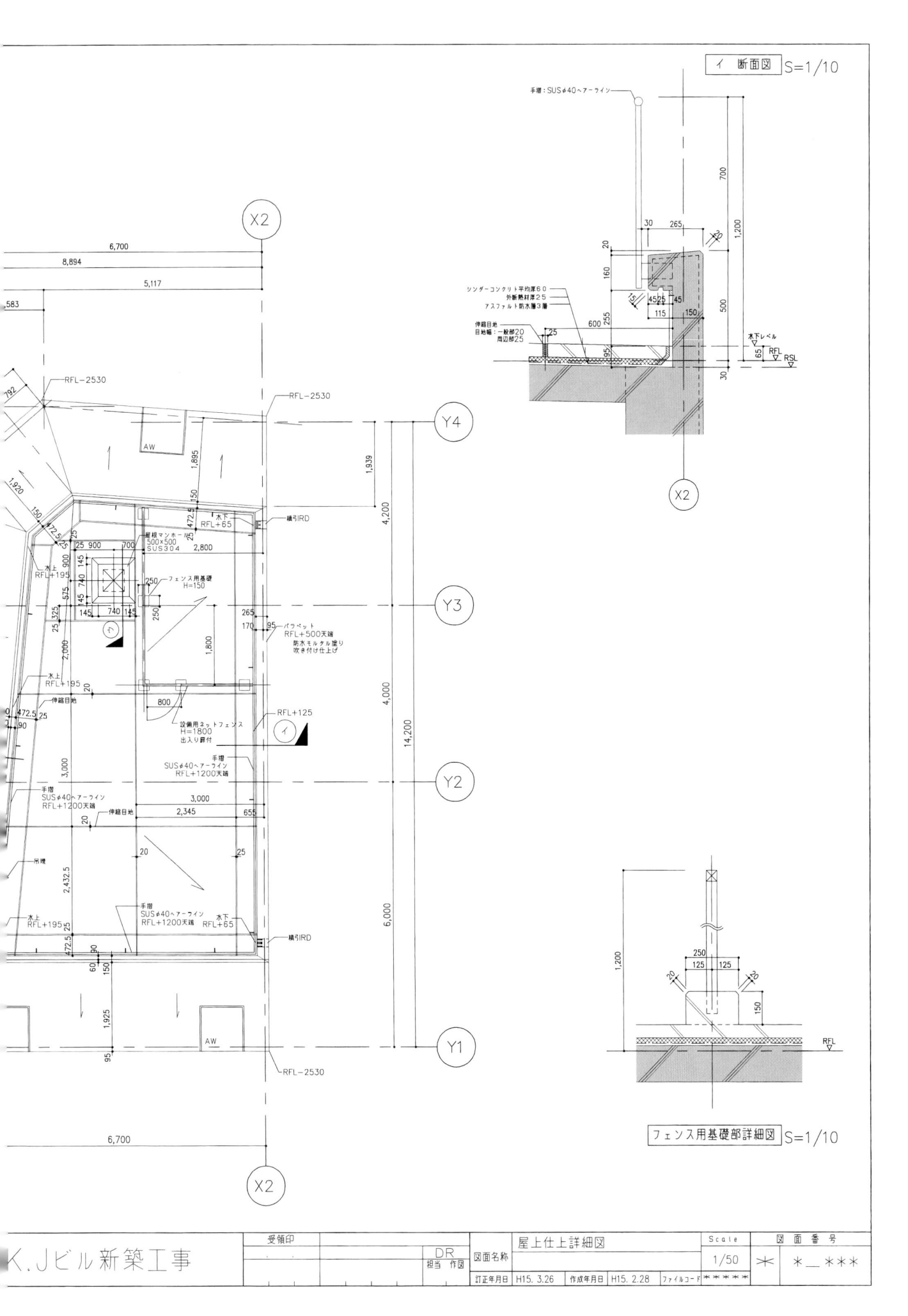

屋上仕上詳細図

内部仕上げ計画図

第4章

1. 平面詳細図
2. 天井伏せ図
3. 便所詳細図

1 平面詳細図

1. 平面詳細図とは

図面に描き込む内容は、建築・設備（電気・衛生・空調・防災その他）に関連するものを網羅し、業者間での調整などが行われる図面である。また、取り合いによっては設計変更となる部分も出てくるので、工事監理者と打ち合わせをし決定して行く。

2. 事前に検討・確認が必要な項目

工事に携わるほとんどの業者に関係してくるので、細かな寸法表示が要求される。検討確認には時間もかかり、関係者全体で同時に進めていくのが望ましい。(下表参照)

■ 事前に検討・確認が必要な項目のチェックシート

検討項目	確認事項	内　容
設備調整	□ 電気・衛生・空調・防災・他との調整は	設備（電気・衛生・空調・防災）との打ち合わせを行い、問題点を事前に把握・検討しておく
		設備壁取り付き材等によっては、壁欠き込み・壁フカシが必要な事もあるので確認が必要
		天井高さ、その他設備との取り合い
各仕上げ材	□ 各仕上げ材の仕様は把握しているか	各仕上げ材の仕様について調べ、見本やカタログ等を揃え、工事監理者（設計者）と打ち合わせをする
	□ 仕上げ材・下地材の確認は	寸法と施工方法を検討し、仕上げ寸法等の確認をする
	□ 床仕上げレベルと天井高さを確認は	床の仕上げレベル、天井高さを確認する（設備との打ち合わせが必要）
下地材	□ 乾式間仕切りの仕様は	LGS、木軸等の種別、厚さの確認をする
天井	□ 天井高さの確認をしたか	天井高を設定の際、建具や造付け家具等との関係をチェック
建具	□ 建具取付け位置の確認をしたか	建具と建具の干渉を検討する
		引戸などの場合は、戸袋・引き残しの検討をする
		排煙サッシのある場合は、オペレーターボックスの取付け位置の確認をする
設計図	□ 部分詳細を描いて検討したか	什器・備品の納まりと、室内有効内寸法を検討しておく
		表現の難しい部位は、部分平面詳細図・部分断面詳細図が必要である
仕上げレベル	□ 床仕上げレベル・天井高さを確認したか	床の仕上げレベル、天井高さを確認する（設備との打ち合わせが必要）
外周壁	□ 断熱材工法の検討は	居室仕様の部屋では外周壁に、断熱材を打ち込む（または吹付け）場合があるので確認をする
仕上表	□ 下地材・仕上げ材を明記したか	各部屋ごとの仕上表を作成する（床・巾木・壁・天井、その他の下地材・仕上げ材、レベルなどの明記をしておく事）
内部間仕切壁	□ 耐火壁、遮音壁の確認をしたか	内部間仕切壁で、耐火壁・遮音壁仕様がある場合は、仕様の確認・検討打ち合わせが必要である

3. 計画図に表現される内容と記載方法

まず、建築的な納まり（外壁タイル割り・躯体調整・建具）をたたき台に作図する。
壁など仕上げグレードに応じて展開図を起こし、設備との調整を図る。

1. 平面図

躯体	柱・外壁・間仕切り壁・など
仕上げ材	床　御影石・タイルカーペット・階段ノンスリップ
建具	外壁付・間仕切壁付き（取付けレベルの記入）
備品・什器類	カウンター・陳列棚・ミニキッチン等
ＰＳ・物入れ	
室外	集水桝（外構部）
仕上表	床・巾木・壁・天井・床仕上げレベル・天井高さ・その他（備品）

2. 展開図

展開図は必要（壁仕上げが複雑で平面のみでは不明瞭な場合）に応じて作図するが、モデル建築では作図をしていない。

（基本的には平面詳細図と仕上げ表で判断可能であるが、壁仕上げが２種類以上の部屋等では展開図を描いた方がよい）

3. 詳細図

建具・シャッターレールの取合い納まり

ハイグレード仕様の部屋、または和室等は、1／20スケールで別詳細図（展開図を含む）を描く事もある。

道路境界縁石と犬走り（一般的には外構図になる）

4. 平面詳細図作成のポイント

描き込まれる内容が多いので作図に手間取るが、まず打ち合わせ・確認、資料の取り寄せをして、建築的納まりを中心に作図を行い、各設備の担当に検討・調整をさせながら最終図にしていくのが一般的で調整作業も早く出来る。

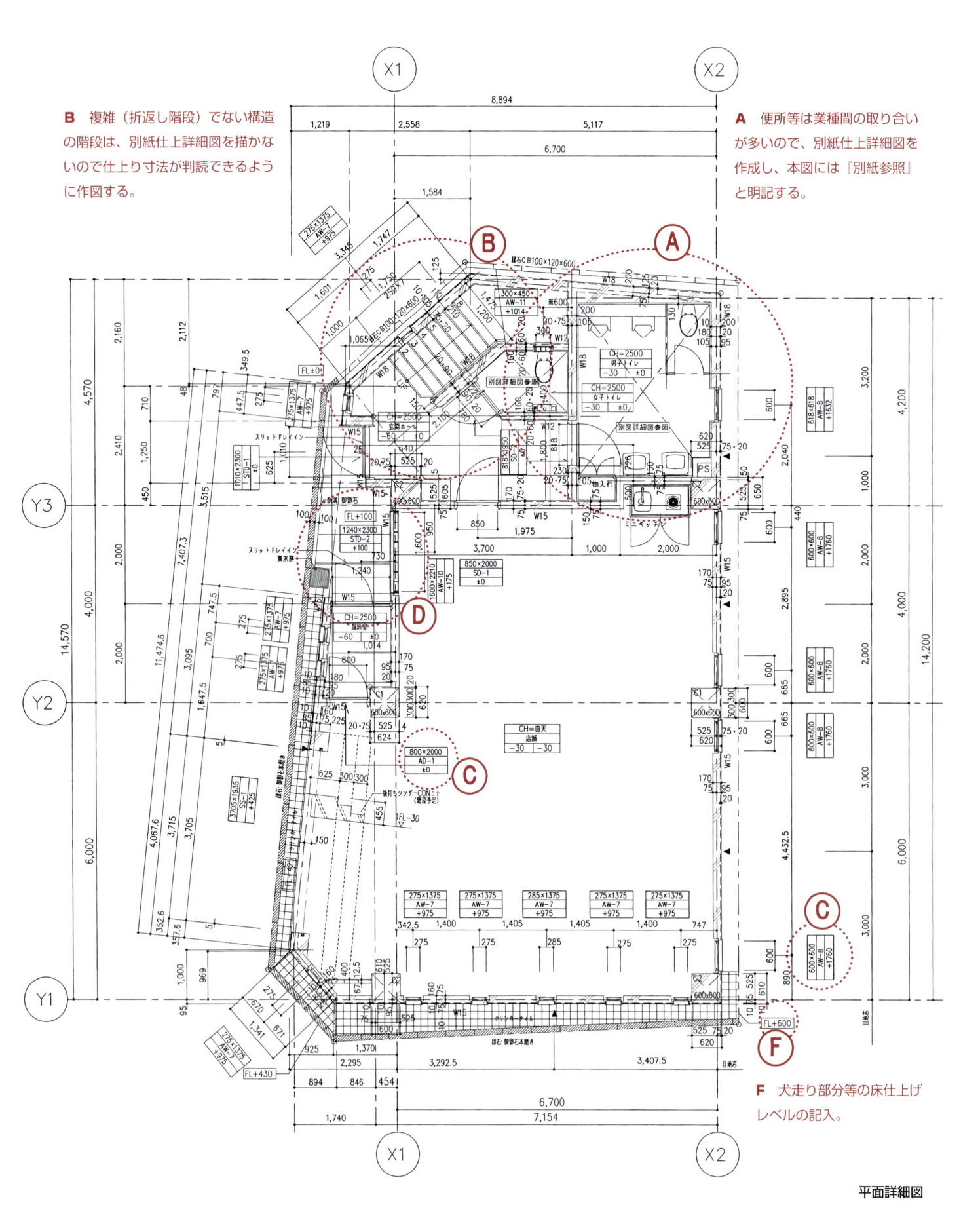

B 複雑（折返し階段）でない構造の階段は、別紙仕上詳細図を描かないので仕上り寸法が判読できるように作図する。

A 便所等は業種間の取り合いが多いので、別紙仕上詳細図を作成し、本図には『別紙参照』と明記する。

F 犬走り部分等の床仕上げレベルの記入。

平面詳細図

4-1 平面詳細図

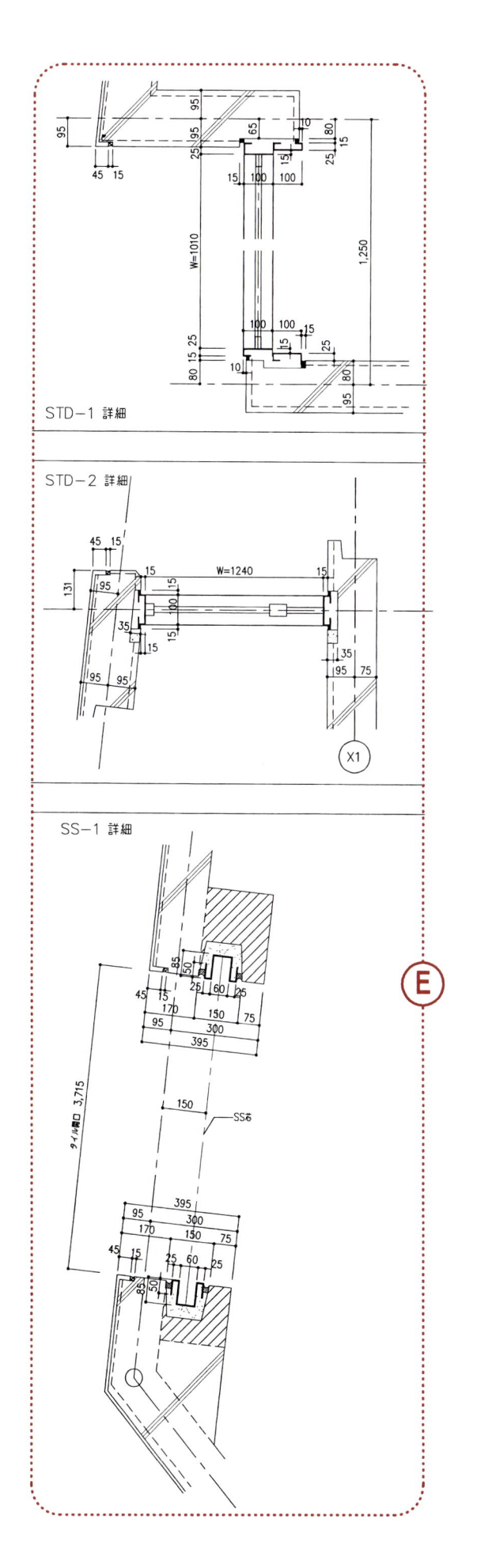

STD-1 詳細

STD-2 詳細

SS-1 詳細

E 取り合いが複雑な場合は、詳細を描く。

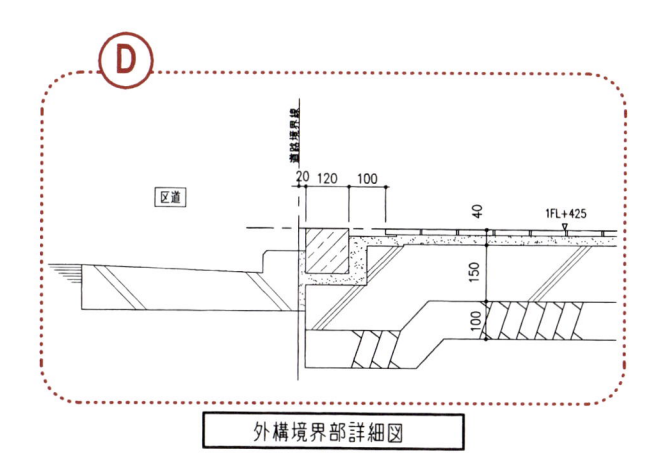

外構境界部詳細図

D モデル建物のように外構部分の面積が少ない場合は、外構詳細も含め作図する。

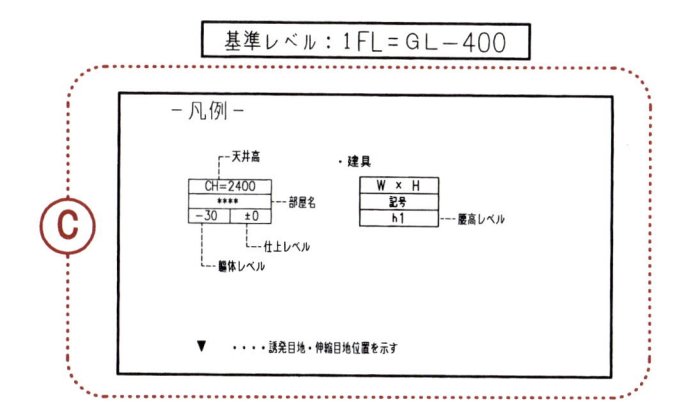

基準レベル：1FL＝GL－400

－凡例－

C 建具類は建具符号を用い、W・H寸法と腰高の寸法を記入する。（P69・**3.**参照）

■ 図中の解説以外の注意点

● 外壁付の建具位置寸法を記入する際に、外壁タイル割図を確認しながら作図するが、躯体図を先に描いている場合は、もう一度躯体図と整合しているかチェックする。
● 扉に関しては開き勝手を描く（戸当り、ノブ等が支障のないようチェック）。
● 窓に関しては、天井、カーテンBOXなどとの取り合いをチェックする。

5. 平面詳細図完成図

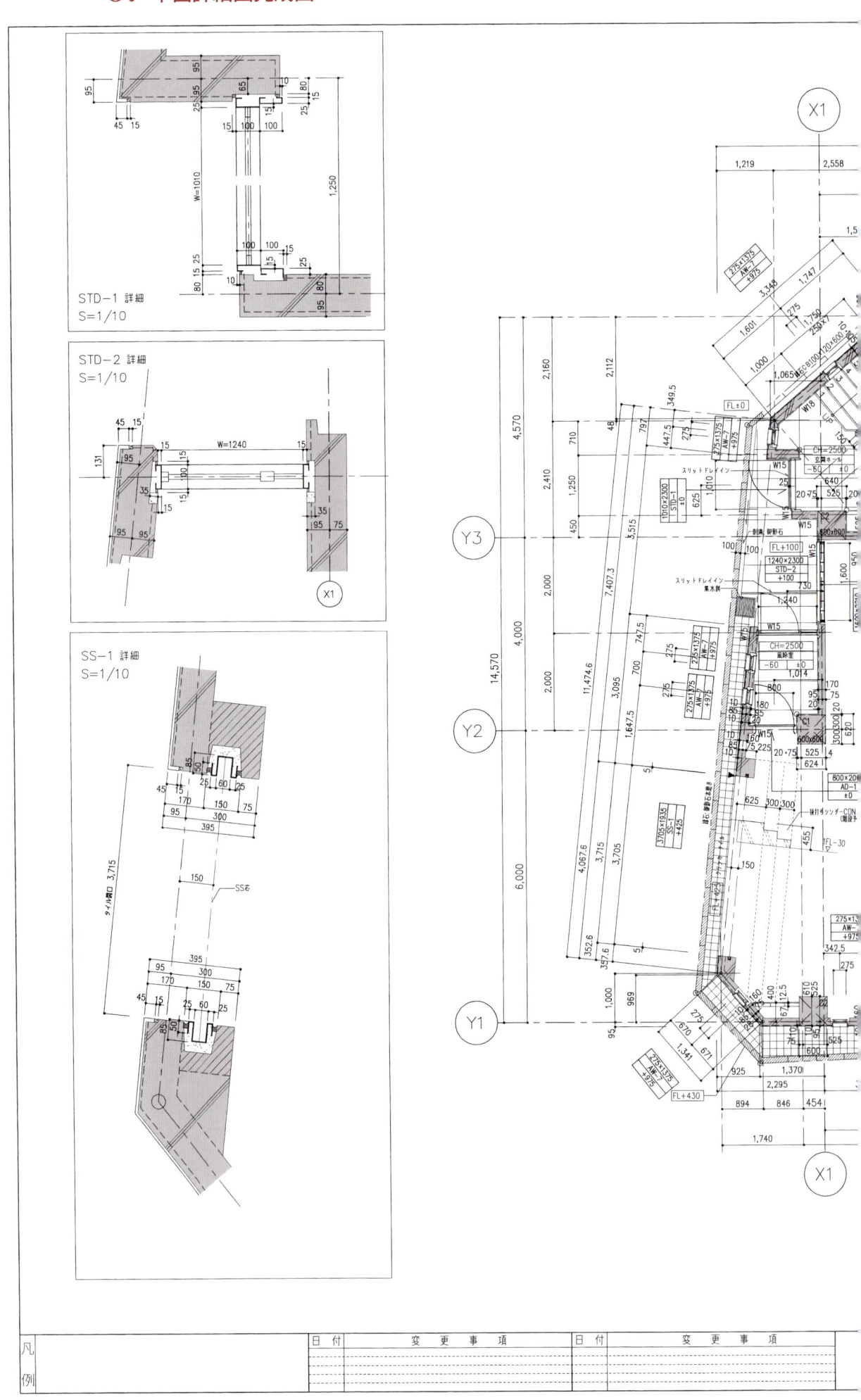

4-1 平面詳細図

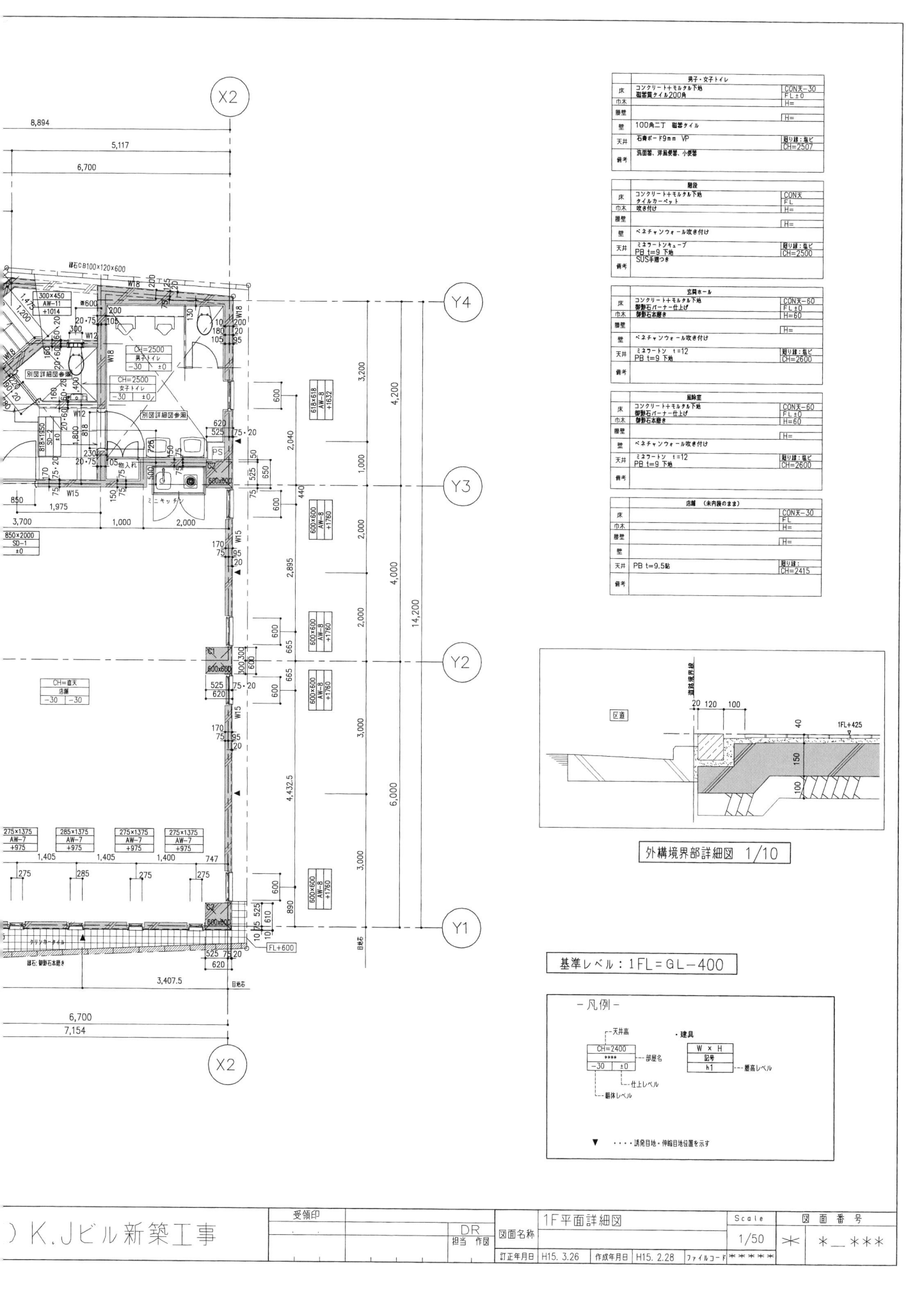

男子・女子トイレ		
床	コンクリート＋モルタル下地 磁器質タイル200角	CON天-30 FL±0 H=
巾木		H=
腰壁		H=
壁	100角二丁 磁器タイル	
天井	石膏ボードt9mm VP	廻り縁：塩ビ CH=2507
備考	洗面器、洋風便器、小便器	

階段		
床	コンクリート＋モルタル下地 タイルカーペット	CON天 FL H=
巾木	吹き付け	
腰壁		H=
壁	ベネチャンウォール吹き付け	
天井	ミネラートンキューブ PB t=9 下地	廻り縁：塩ビ CH=2500
備考	SUS手摺つき	

玄関ホール		
床	コンクリート＋モルタル下地 御影石バーナー仕上げ	CON天-60 FL-60 H=60
巾木	御影石本磨き	
腰壁		H=
壁	ベネチャンウォール吹き付け	
天井	ミネラートン t=12 PB t=9 下地	廻り縁：塩ビ CH=2600
備考		

風除室		
床	コンクリート＋モルタル下地 御影石バーナー仕上げ	CON天-60 FL±0 H=60
巾木	御影石本磨き	
腰壁		H=
壁	ベネチャンウォール吹き付け	
天井	ミネラートン t=12 PB t=9 下地	廻り縁：塩ビ CH=2600
備考		

店舗（未内装のまま）		
床		CON天-30 FL H=
巾木		H=
腰壁		H=
壁		
天井	PB t=9.5貼	廻り縁： CH=2415
備考		

外構境界部詳細図 1/10

基準レベル：1FL＝GL－400

- 凡例 -

建具
W × H
記号
h1 --- 腰高レベル

CH=2400
**** --- 部屋名
-30 ±0 --- 仕上レベル
        --- 躯体レベル
        --- 天井高

▼ ・・・ 誘発目地・伸縮目地位置を示す

K.Jビル新築工事　　1F平面詳細図　　Scale 1/50

2 天井伏せ図

1. 天井伏せ図とは

天井裏には照明用等の電気配管・給排水管・空調用ダクト・防災用配管などの設備配管や機器類があり、天井面にはそれらの器具類が配置されている。

それらの設備器具の性能面を検討し、配置調整されて天井目地との関連を含めて描かれる図面である。

2. 事前に検討・確認が必要な項目

建築以外天井に取り付く機器の業者すべてが関係しているため、天井高さ等の打ち合わせ、建築意匠的な納まりを検討後、作図を行う。(下表参照)

■ 事前に検討・確認が必要な項目のチェックシート

検討項目	確認事項	内　　容
躯体・構造	□ 梁型・下り天井の確認は	露出した梁型や下り天井等がある場合は、その部位の仕上げ検討・確認が必要
		天井高さは、床の仕上レベルからの高さが分るようにする
仕上げ材 下地材	□ 仕上げ材・下地材の確認は	仕上げ材の寸法、厚さの確認、および下地ボード等の有無を確認する
部屋と材料	□ 張り方の確認は	部屋の長短辺方向と張り方、および目地の有無と寸法、千鳥張り、目透し張り等の確認をする
仕上げ代	□ 天井高さの確認は	天井高さと梁下端とのスペースを確認する（天井材＋下地）
納まり	□ 建具・カーテンBOXとの取り合いは問題ないか	天井仕上げラインと、建具・カーテンBOXとの取り合い、納まりを確認する
廻り縁	□ 天井と壁の取合いの検討は	一般的に壁と天井の取合い部は廻り縁（見切り縁）を使って納めるが、その種類によって天井高さを検討しなければならない場合がある
設　備	□ 設備業者との打ち合わせ・調整はしたか	天井内の設備配管が納まらない事があるので、天井高さの設定は、設備各担当者と擦り合わせが必要（後に設計確認）
		機器類の配置は、全体的に配置し機能やデザイン等にも気配りをして、偏らないように考慮する
		点検口は使い勝手を確かめ、数を出来るだけ少なくする
シャッター 防煙垂壁	□ シャッター・防煙垂壁の位置と割付けの調整は	シャッター用点検口・防煙垂壁等がある場合は、その取付け位置と割付けの調整が必要
担当者	□ 天井インサート（上階スラブ）	天井伏図（割付図）を参考にして天井インサートの（上階スラブ）ピッチ図を描く場合もある

3. 計画図に表現される内容と記載方法

　使用される天井材による部屋全体の割付け、壁との取り合い形状（廻り縁等の納まり）、上がり天井の位置と形状等を描き入れる。

1. 平面図
・基本的には、平面詳細を使用する（不要部分の削除作業）。
・天井割付け
・上がり天井位置
・仕上表

2. 断面詳細図
・カーテンボックス取り合い断面
・上がり天井部断面

3. 建築で作成後、設備で記入するもの
　これまでの慣例で、建築で天井伏せ図（割付図）は描かれるが、その後は設備中心で進められ、下記の器具・機器類等が記入される（シャッター用点検口、防煙垂壁等は建築が記入する）。
・天井照明器具（蛍光灯・その他）
・空調器具（吹き出し口・換気口）
・消防機器（スプリンクラー）
・防災器具（警報器・感知器・避難口表示灯・その他）
・放送器具（スピーカー）
・その他　　（点検口）

4章　内部仕上げ計画図

4. 天井伏せ図作成のポイント

天井は室内からの見栄えだけでなく、図面作成時は天井裏の躯体とのスペースが、各設備機器のための配線や配管に十分確保されているか確認が必要となる。

建築の天井下地が組めるだけでは、その目的は達成されていないので注意が必要である。

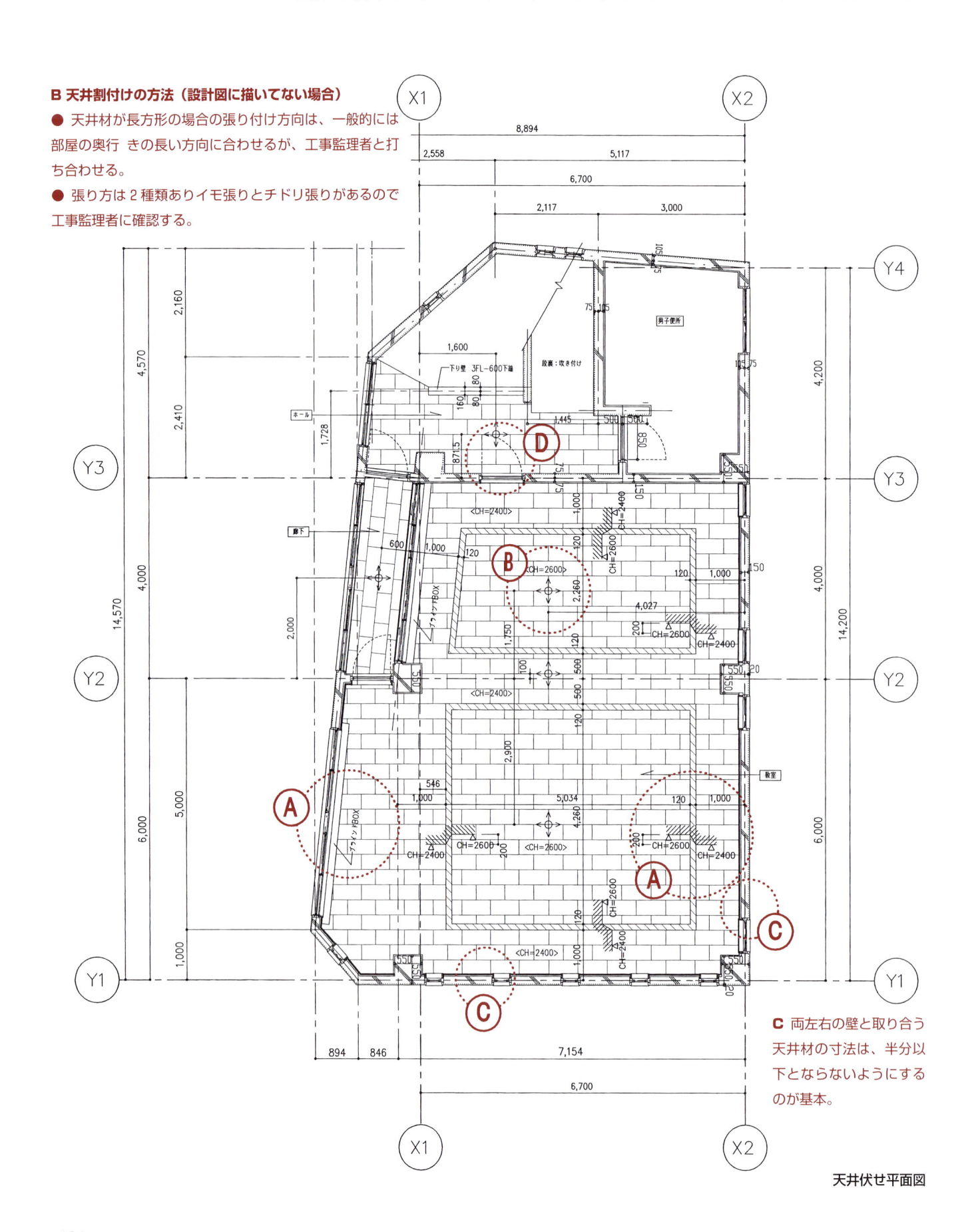

B 天井割付けの方法（設計図に描いてない場合）
● 天井材が長方形の場合の張り付け方向は、一般的には部屋の奥行きの長い方向に合わせるが、工事監理者と打ち合わせる。
● 張り方は2種類ありイモ張りとチドリ張りがあるので工事監理者に確認する。

C 両左右の壁と取り合う天井材の寸法は、半分以下とならないようにするのが基本。

天井伏せ平面図

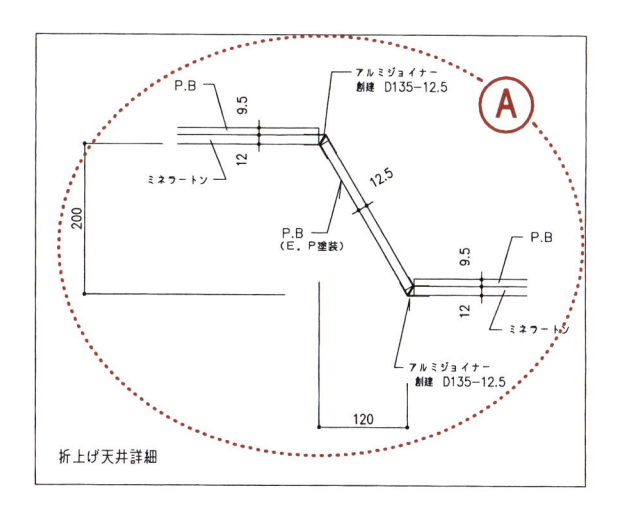

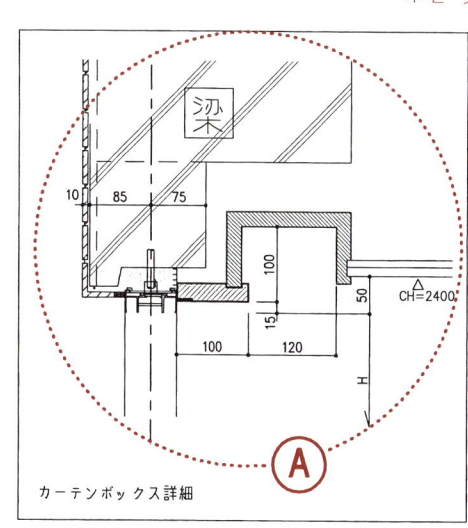

4-2 天井伏せ図

A 天井段差部やカーテンBOXとの取り合いなど、詳細部については断面詳細を作成する。

● 天井仕上げは、設計上の天井高さ寸法に（軽鉄下地骨組(38+19mm)＋下地ボード(9mm)＋仕上ボード12.5mm）にクリア寸法(10～20mm)を足した値が、躯体（スラブ下端や梁下端）と接触しないかをチェックする。

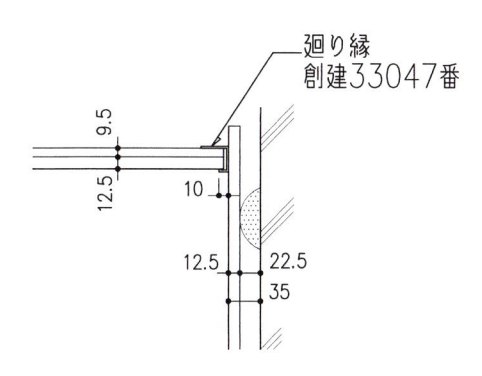

● 天井と壁の取り合い
　部屋の全体の割付けは、部屋の内法の芯（1/2）に、天井仕上げ材（ボード）芯を合わせるか、張り目地芯を合わせるかを選択する。

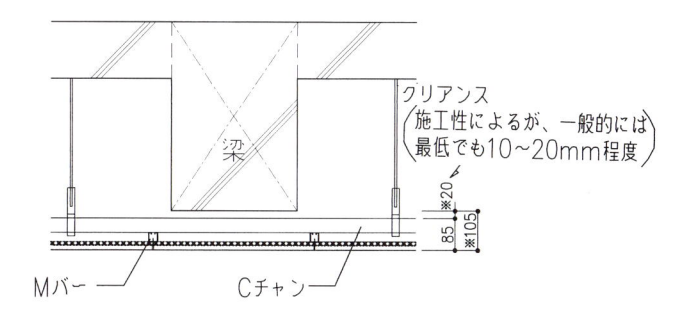

● 一般的な天井材の寸法

	厚さ（mm）		幅 × 長さ（mm）
プラスターボード	9.5	12.5	910×1820　910×2400
フレキシブルボード	6.0	8.0	910×1820
化粧石膏ボード	9.0		455×910　910×910
岩綿吸音板	9.0	12.0	300×600
リブ付吸音板	15.0	18.0	300×600

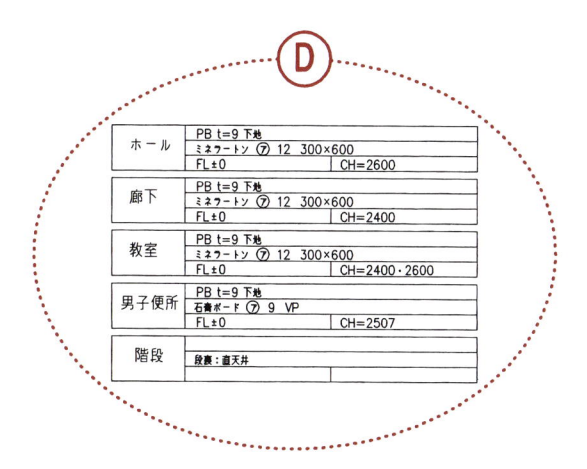

D 仕上表には 必ず 床の仕上げレベルを記入し、そこからの有効天井高を明記する。

■ 図中の解説以外の注意点

● 扉の開き勝手は、天井の割付けおよび設備機器の配置などと関係するので、絵面は残しておいたほうがよい。
● 各設備担当者と天井高さ寸法についての打ち合わせ・確認をする（天井内の配管やダクトなどが有るので、躯体と天井下地の間のスペースを確認する）。
● 設備機器の取付けがあるので、作図後は設備業者との調整が必要である（設備業者→設備機器記入）。

5. 天井伏せ図完成図

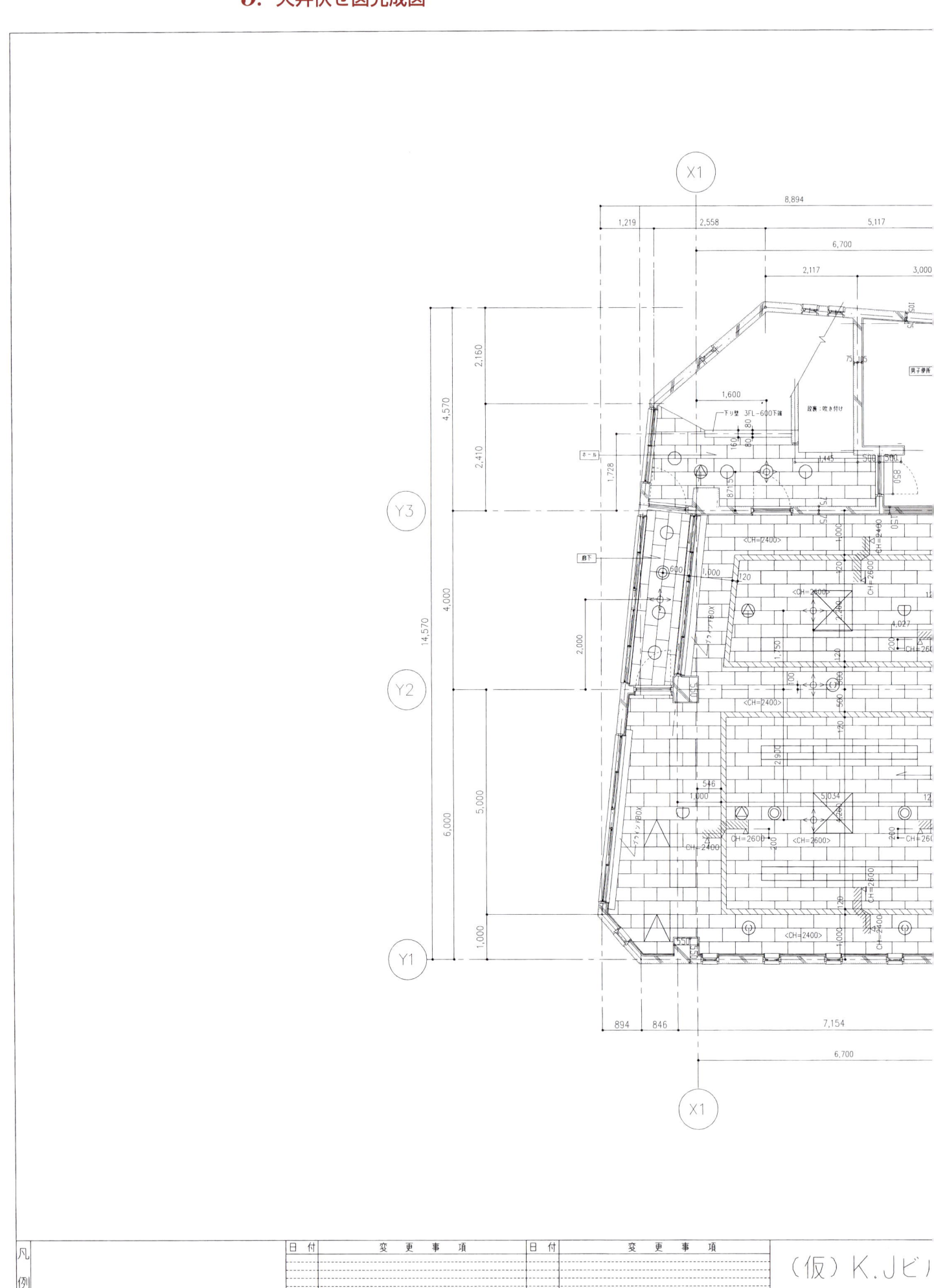

4-2 天井伏せ図

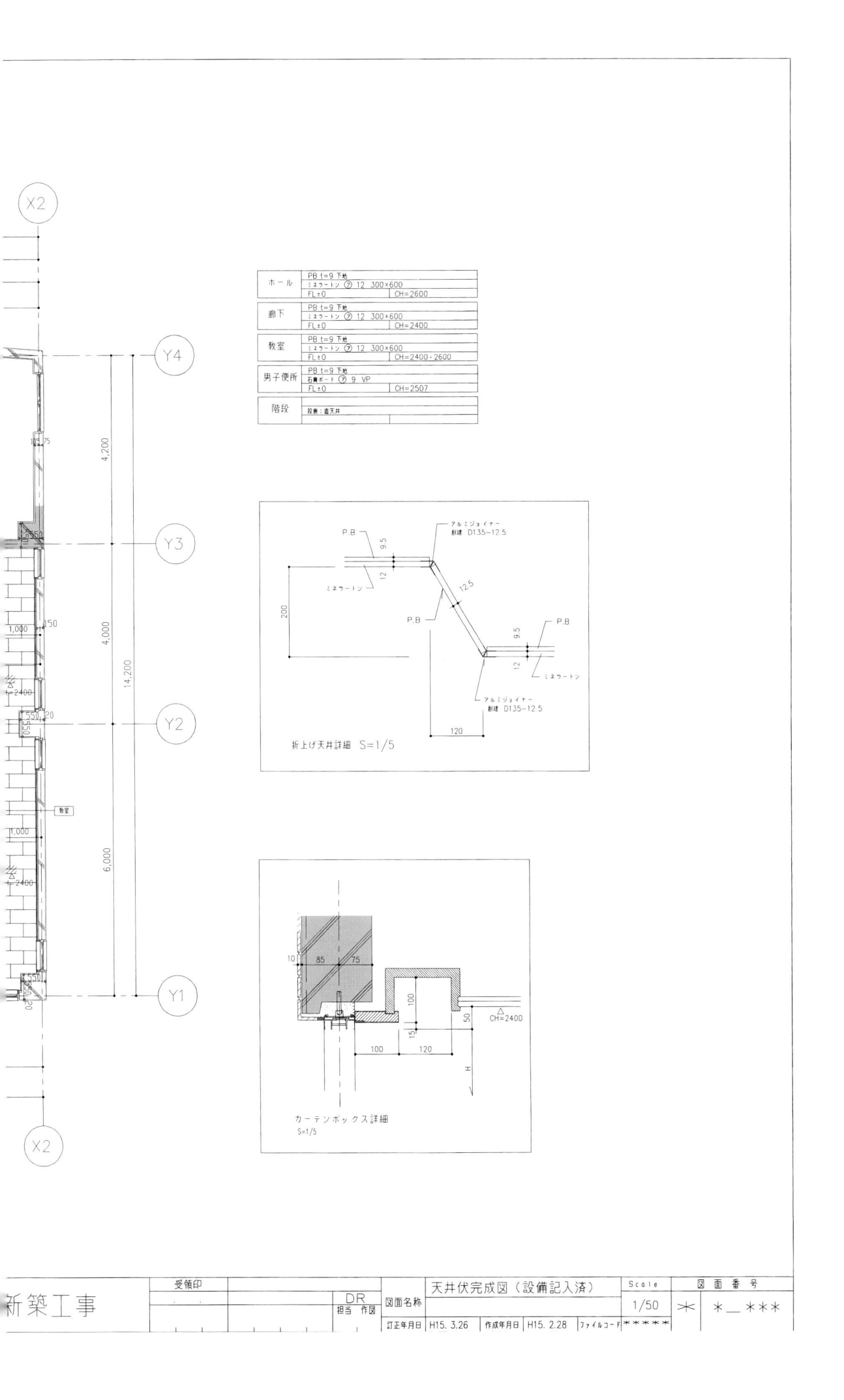

ホール	PB t=9 下地 ミネラートン ⑦ 12 300×600	
	FL±0	CH=2600
廊下	PB t=9 下地 ミネラートン ⑦ 12 300×600	
	FL±0	CH=2400
教室	PB t=9 下地 ミネラートン ⑦ 12 300×600	
	FL±0	CH=2400・2600
男子便所	PB t=9 下地 石膏ボード ⑦ 9 VP	
	FL±0	CH=2507
階段	段裏：直天井	

折上げ天井詳細　S=1/5

カーテンボックス詳細　S=1/5

	新築工事	受領印		DR 担当 作図	図面名称	天井伏完成図（設備記入済）	Scale 1/50	図面番号 ＊＿＊＊＊
					訂正年月日 H15.3.26	作成年月日 H15.2.28	ファイルコード ＊＊＊＊	

3 便所詳細図

1. 便所詳細図とは

便所は狭い割りに作業工程数が多く、異なる業種が短期間に入れ替わるので、工程上ネックとなり易い部屋である。施工図もより多くの関係者が繰り返し検討する必要がある。建築・設備との取り合いを考慮しながら作図する図面である。

作図完成後、設備業者がそれを基に検討する。

2. 事前に検討・確認が必要な項目

モデル建築では、壁の仕上げは100角タイル（98+2mm目地）なので、壁のタイル割り、それによるトイレブースの位置・寸法を確認する必要がある。

壁タイルと天井との取り合い納まり、壁タイルと床との取り合い納まり、壁出隅部のタイル納まりなどがある。

設備との調整は、配管立ち上げ用ライニング、床付き便器などがある。（下表参照）

■ 事前に検討・確認が必要な項目のチェックシート

検討項目	確認事項	内　容
防水納まり	□床の防水の有無の確認は	アスファルト防水の場合は、躯体ＲＣ壁立上り部に防水立ち上げ用の欠き込み（壁フカシ）が必要となる（断面欠損が生じるので注意）
仕上げ	□床・壁・天井との納まりの確認は	壁がタイルの場合、割付けによって天井高さの調整（設計高さより高くする）が必要となる（床タイル割付図が必要な場合もある）
	□タイル厚と下地モルタル厚の検討は	タイル厚を確認し、下地モルタルと仕上げ厚さの検討をする
タイル割付け	□壁がタイル貼りの場合の検討は	水平割付け（両端の壁との取り合い等）の検討が必要
	□出隅・入隅部分の納まりの確認は	タイルの飲込み方によって、目地数やタイル割付けが変わるので注意する
	□床と取合う壁の特殊タイルはあるか	タイルの貼り方において、サニタリータイルなど特殊な納まりがないか確認をしておく
設備調整	□各設備機器取付け位置の確認は	設備機器の取付け方によって、納まりが変わる場合があるので注意する（ランニング甲板の高さ等）
	□設備配管についての検討は	設備配管が構造部材とのからみで納まらない場合があるので設備と打ち合わせ検討しておく必要がある
トイレ	□トイレブースの納まりの検討は	トイレブースが先行施工か後施工かについて、設計図または工事監理者に確認し、詳細図に明記し設備業者にも周知させる
	□HDCPトイレの場合の内部スペースの検討は	車椅子回転寸法のチェック、および介護者のためなどのスペースの確保が必要である
		手摺り位置、箇所の確認および出入口の有効巾を確認する

3. 計画図に表現される内容と記載方法

　壁の躯体以外にライニングブロック、配管ＰＳの壁ブロックなどがあるが、いずれも壁タイル割りが絡んでいるので注意する。
　トイレブースは、業者作成の製作図から描き移す。
（設備機器は設備チェック時に、メーカーから出されている部品データにより記入する）

1. 平面図
・壁タイル割付け（割付け寸法）
・床タイル割付け（床排水位置・勾配）
・入り口建具・その他の建具
・トイレブース
・展開面の表示
・設備機器（一般的には設備業者が記入）

2. 展開図
・壁タイル割付け（床レベル・天井高さ）
・入り口建具・その他建具
・トイレブース・鏡
・設備機器（一般的には設備業者が記入）

3. 詳細図
・床・巾木・壁・天井の取り合い
・ライニング甲板の納まり

4. 便所詳細図作成のポイント

モデル建物では床の防水がない仕様となっているが、防水がある場合は、床躯体（スラブ・梁）のレベル下げ調整や、仕上げ時の床勾配等の検討もしなければならない。

近年の便所は洋式が多く掃除に水を必要としないので、床や壁の仕上げにタイルを使わないケースがある。この場合は設備との調整が主となる。

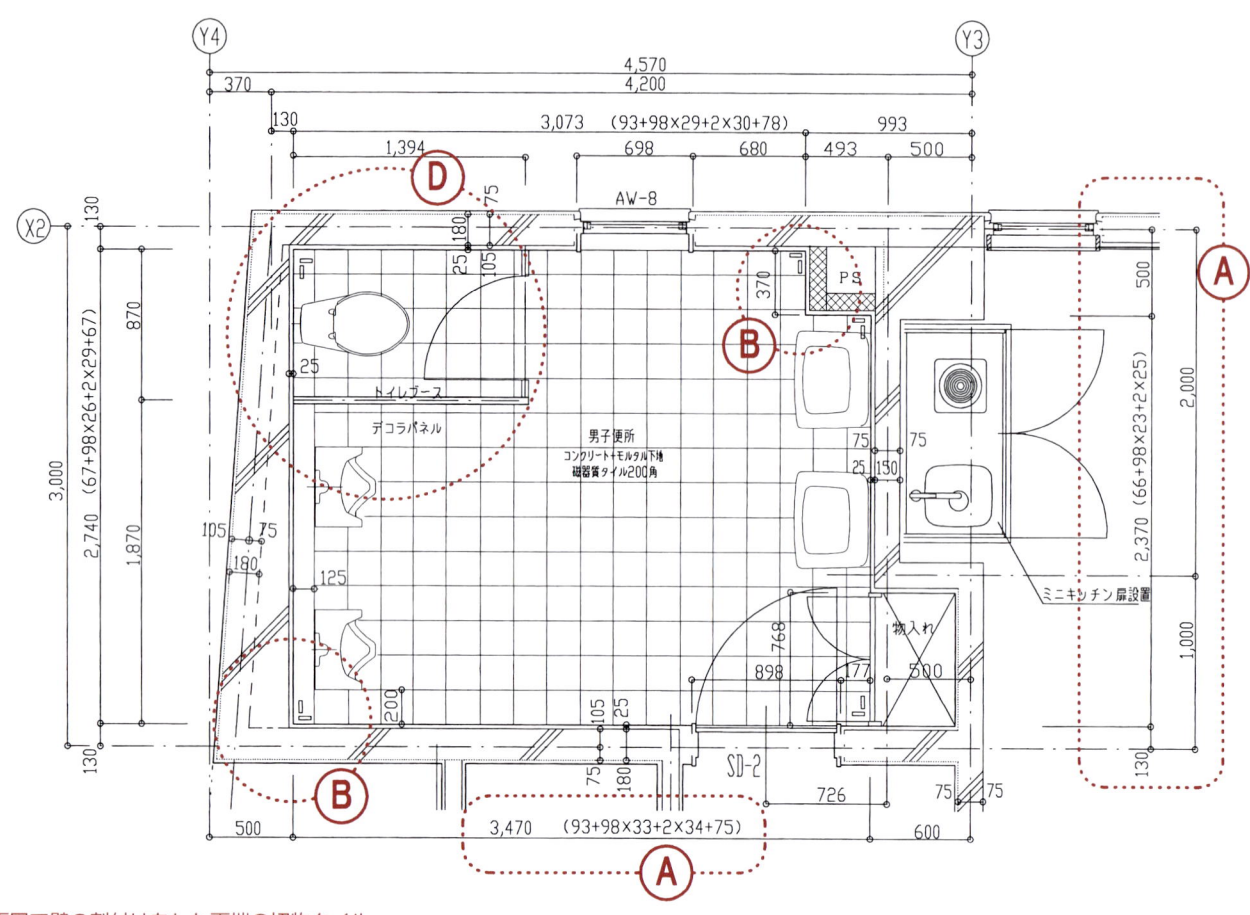

便所詳細平面図

A 平面図で壁の割付けをした両端の切物タイル寸法が、展開図と左右が逆になっていないか確認をする。

B 壁タイルの割付けは 出隅・入隅部のタイルの納まりを決め、タイル枚数・目地数を確認する（出隅部のタイルは一般的に出隅用のタイルを使う）。

D トイレブースは、先付けか後付けかによって施工方法が変わるので、確認が必要である。

C 天井高さは、床と巾木、壁と天井の納まりを検討して決める。
一般的に設計図に明記してある天井高さ寸法は、タイル割付けまでは考慮していないため、タイル割りをした高さ寸法を出し、工事監理者（設計者）に確認する。

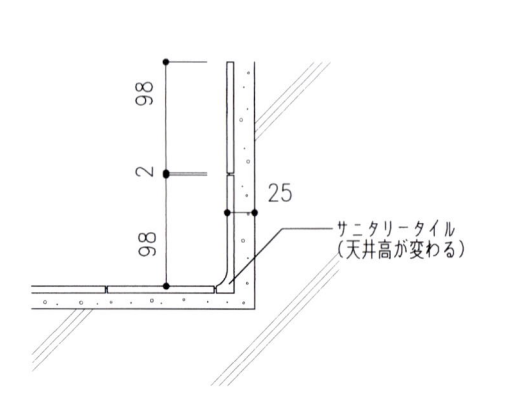

● 巾木をサニタリーで考えた場合

● 出隅部の基本納まり

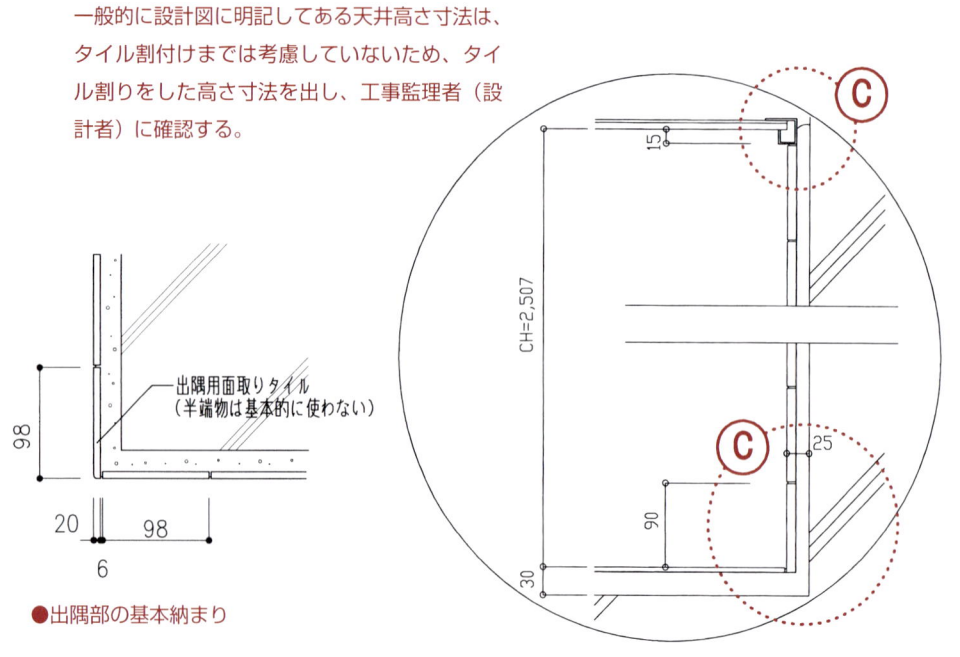

4-3 便所詳細図

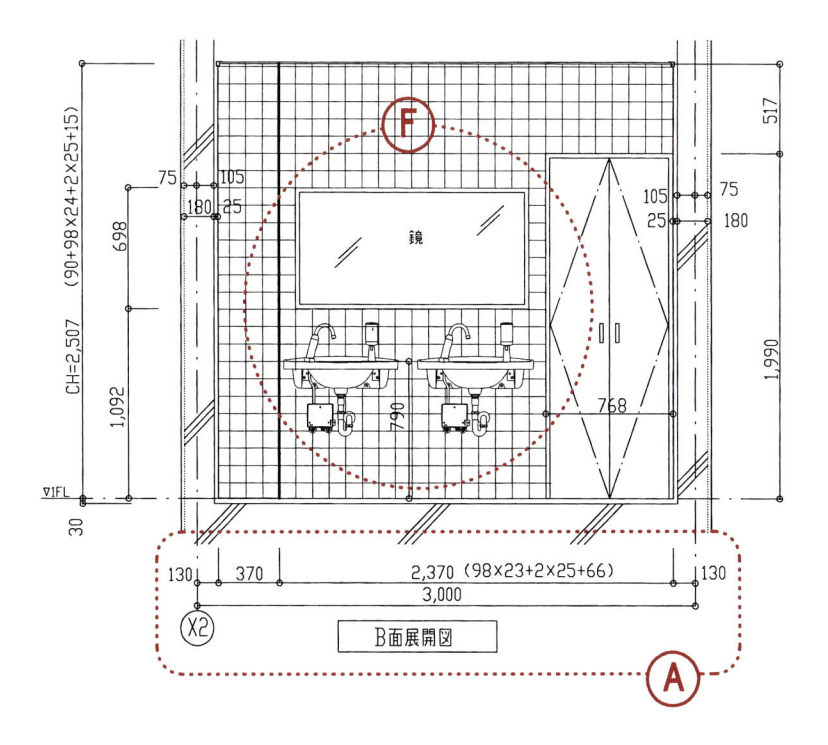

E ライニング高さは、設備機器の取付け高さによって決まる（設備と事前打ち合わせをする）。

F 設備機器の位置、高さによって鏡等の取付け位置が決まる（設備機器の取付け納まりは、業者との打ち合わせが必要）。

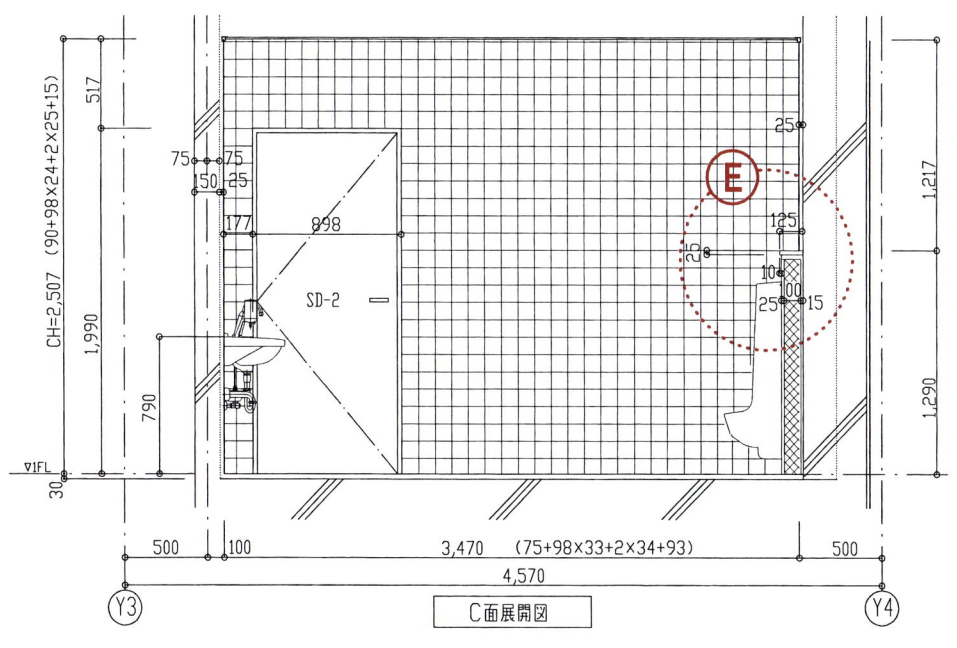

■図中の解説以外の注意点

※ 壁タイルの割付け計算の検討に当たって
●壁タイルの縦割は、床・巾木、壁・天井の納まりを検討後、割付け計算をする。
●壁タイルの横割は、出隅、入隅部の納まりを検討後、割付け計算をする（この時タイル見本があれば、厚み寸法を確認する）。
●建具の取付け位置、W・H寸法、およびトイレブース、ライニング甲板、設備機器、鏡などの取付け位置や寸法が割付け目地に合わせられるかチェック検討する。

※ 設備業者との打ち合わせ確認事項
●室内にPS（パイプシャフト）等がある場合、最低有効寸法を確認する。
●各設備機器のメーカーの品番と取付け位置などの打合せ、確認する。
●天井高さは、壁のタイル割により設計寸法と異なるが、天井裏には電気・設備の配管などがあるため納まるか確認する。
●設備機器に付随する給排水管が、床下の梁とぶつからないか確認、検討する。

141

5. 便所詳細完成図

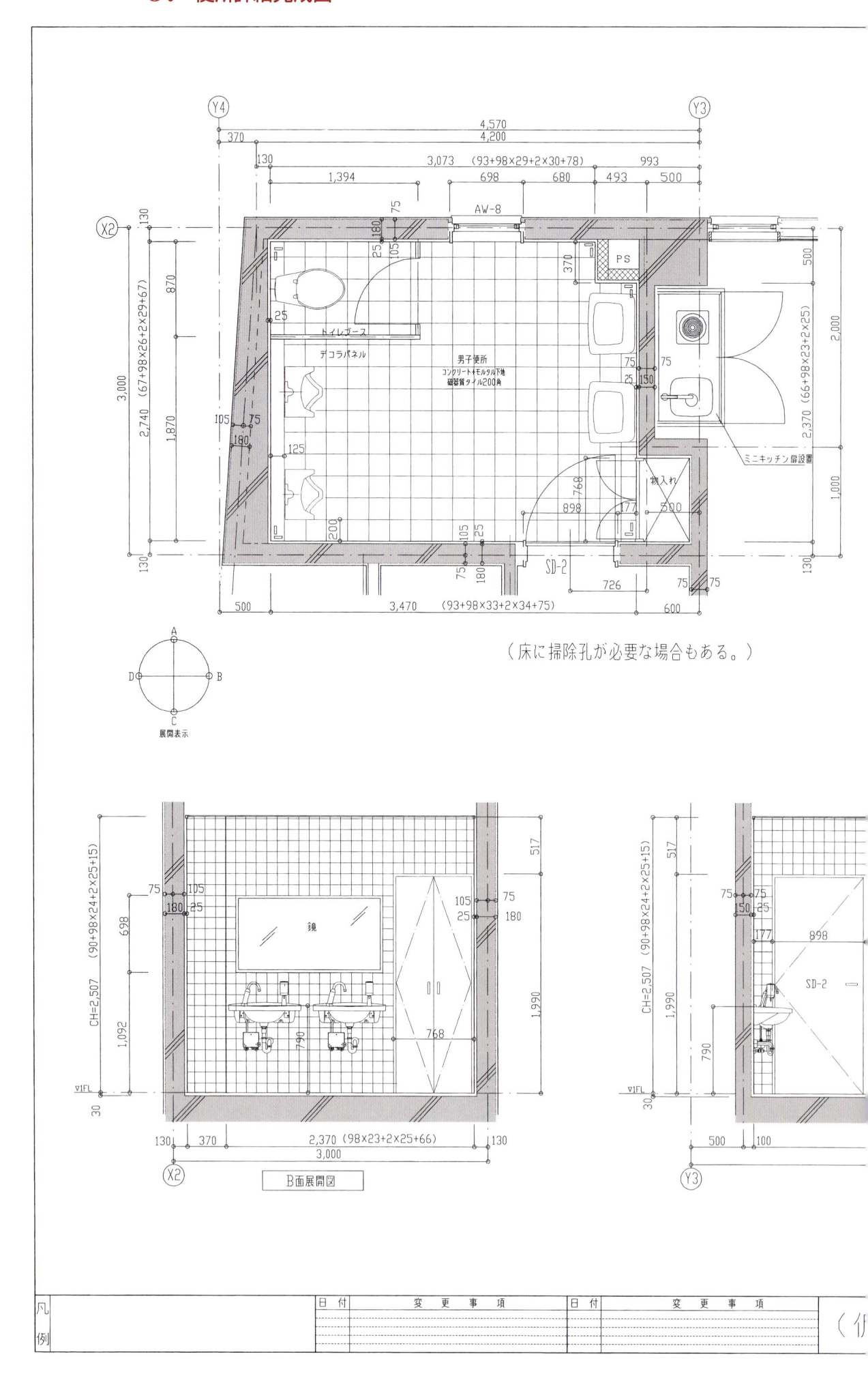

（床に掃除孔が必要な場合もある。）

B面展開図

4-3 便所詳細図

	男子トイレ	
床	コンクリート+モルタル下地 磁器質タイル200角	C□N天-30 FL±0
巾木	SUS巾木	H=90
腰壁		H=
壁	100角磁器タイル	
天井	石膏ボード9.5mm VP	廻り縁：塩ビ CH=2507
備考	洗面器、洋風便器、小便器、鏡	

A面展開図

詳細図 1/5

C面展開図

D面展開図

K,Jビル新築工事

図面名称：男子便所詳細図
Scale：1/30
作成年月日：H14.10.10

防水仕上げ計画図

第5章

1. 防水標準詳細図

1 防水標準詳細図

1. 防水標準詳細図とは

防水の納まりの良し悪しは、長年の経験と実績の結集が標準詳細図として一般的に評価されている。したがって、標準詳細図を採用する事で建物の品質が一定レベルに保持される。

2. 事前に検討・確認が必要な項目

設計仕様であらかじめ記載されているが、建物の各防水部分において、求められる耐久性・納まり・メンテナンスの容易性などにより再度検討が必要である。

また、専門工事業者と打ち合わせを行い、標準詳細図を変更したりして建物と整合させる事が必要である。（下表参照）

■ 事前に検討・確認が必要な項目のチェックシート

1. アスファルト防水のチェックポイント

検討項目	確認事項	内　容
防水下地	□ 入隅・出隅は面取り加工が必要であることを確認したか	アスファルトは急激な曲げは割れに繋がるので、入隅部はモルタルで≒50mm程度の面取り施工する（隅切モルタル）。出隅部はモルタルで≒30mm程度の面取り施工する（面木いれ）
	□ 打ち継ぎ箇所の処置は	施工上の打ち継ぎについては、防水への影響について検討をし、工事監理者とも確認をする（防水工法等）
	□ 下地の水勾配について確認したか	水勾配が正確に取れていないと、常に水が溜まる結果となり、防水層そのものの耐久性を悪くするので注意する
立上がり部	□ 押えの仕様を確認したか	高温になる事が考えられる場合は、押えレンガ等で垂れ下がりを考慮する。その他の場合はケイカル板等の仕様でも良いが、上端は必ず金物を使用し、かがみ込みを防止する
	□ 立上げ寸法を確認をしたか	防水立上がりの寸法は床の水勾配を考慮して、最低でも躯体で300mm以上取ることがが望ましい（あご下端まで）
押えコンクリート	□ 伸縮目地のピッチは	目地巾25mm程度とし、@2,500mm～@3,000mmピッチとする
ドレーン	□ 材料選択の検討・確認は行ったか	ドレーン部分の納まりの検討が必要（あまり隅に寄せると実際の納まりに無理が生じるので注意する）
		防水仕様による材料を選び、出来れば工事監理者の承諾が欲しい。また、取付けは躯体施工時に直下埋め込みとする
		屋上においては設備機器からの排水があるかの確認も必要
基礎	□ 建築用・設備用	基礎の大きさにより、押えコンクリートの上からでよいか躯体直結型かの検討を要する。いずれの場合も、とりまとめて防水納まりについて図面上で検討が必要である
		基礎そのものの補強鉄筋については検討しなければならない

2. シート防水および塗膜防水のチェックシート

検討項目	確認事項	内　　容
防水下地	□ 下地処理	不陸調整が必要である 入隅は直角、出隅は面取りが必要である
	□ 下地形状の確認は	アスファルト防水施工が困難な場合に採用される事もある （補修等が発生した場合、メンテナンスが容易に出来るよう考慮しておく）

■ 防水の種類

防水は使用材料から見て大きく下記の3種類に分けられる。

また、使用場所によりそれぞれ屋根10年、壁7年、浴室5年の保証期間が定められているので、選択には設計仕様、施工場所による性能（保証期間含む）、完成後のメンテナンス性などを検討する必要がある。

（それぞれの特徴を下表に示す）

1. アスファルト防水

防水工事用のアスファルトの塊を高温で溶かし接着剤のようにして、シート状の材料（アスファルトルーフィング）を張り付け防水層を形成する。通常、シートを何層か張り合わせることによって防水の信頼性を高めている。

歴史もあり信頼性のある工法だが、高温を扱うため危険である。また臭いを発生し、アスファルト自体で汚れるという問題があるため、屋上等の限られた場所での採用が多い。

2. シート防水

ゴム系や樹脂系（塩化ビニル樹脂など）のシート状のものを、それぞれ専用の接着剤などで張り合わせて防水層を形成する。

ゴム系は、基本的に接着剤を使用して下地やシート同士のジョイント（接合部）を張り合わせる。

樹脂系は、シート同士を高熱を加えることによって溶かして張り付ける。

ゴム系・樹脂系ともに、薄いシートのため下地の突起などで穴があき易いという難点がある。

3. 塗膜防水

液状のウレタンゴムを屋上やベランダなどに刷毛やローラーなどを使用して防水層を形成する。継ぎ目のないシームレスな防水層に仕上げることができ、複雑な形状の屋根やベランダでも施工が可能である。

● 防水の種類と特徴

防水の種類	使用材料	押え工法	耐久性	使用場所	
				下　地	場　　所
外部アスファルト防水	アスファルト	有り	◎◎◎	コンクリート・PC	屋上　勾配1／75－1／10
	改質アスファルト				
	ストレッチルーフィング＋砂付ルフィング	無し	◎◎	コンクリート・PC	屋上・地下外壁
内部アスファルト防水	アスファルト	有り	◎◎◎	コンクリート・PC・CB	厨房・便所・浴室
シート防水	合成ゴム系	無し	◎	コンクリート・PC・ALC版	屋上バルコニー　勾配1/50
塗膜防水		無し	○	コンクリート	機械基礎・屋上ハト小屋

（◎◎◎：非常に高い　　◎◎：高い　　◎：高いが保護がないため注意　　○：使用場所に注意）

5章　防水仕上げ計画図

4. 防水標準詳細図作成のポイント

1. 屋上パラペット部分の防水納まり例

[モルタル押さえの場合]

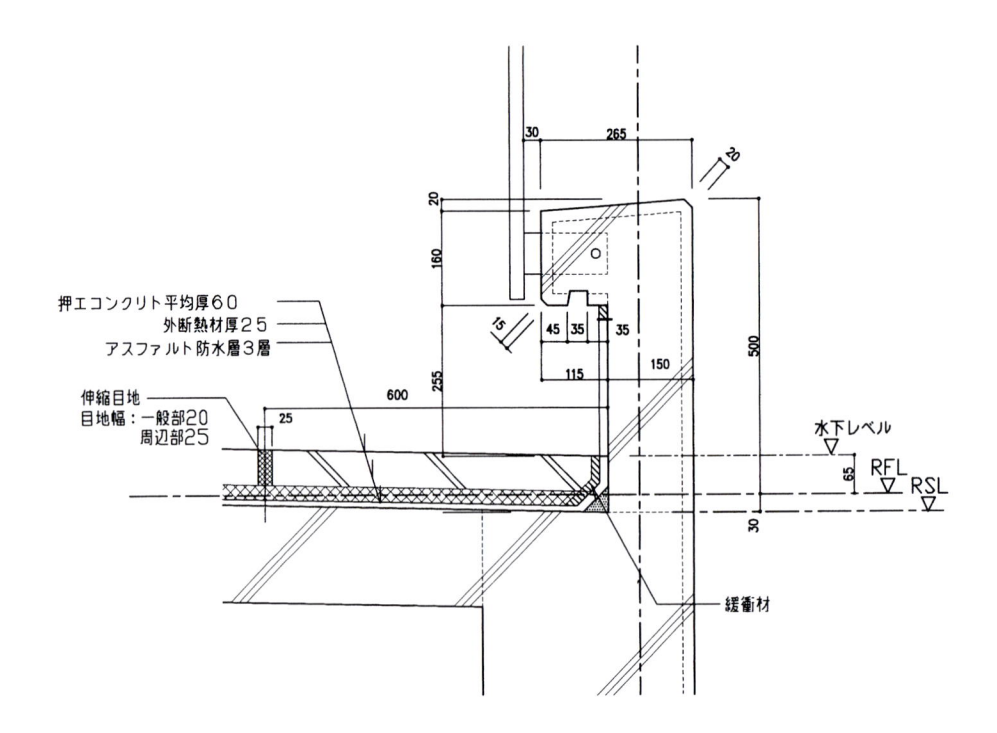

押エコンクリト平均厚60
外断熱材厚25
アスファルト防水層3層

伸縮目地
目地幅：一般部20
　　　　周辺部25

水下レベル
RFL
RSL

緩衝材

[屋上アスファルト防水立上がり部]

レンガ・ブロック

（タテ使い）

立上がり部分の防水押えとしては最良であるが、コストと時間を要する。

左図：主に直防水に使用される。施工が簡単である。

右図：直防水・押え工法防水の両方に使用される。現在では、この工法が最も多く用いられている。

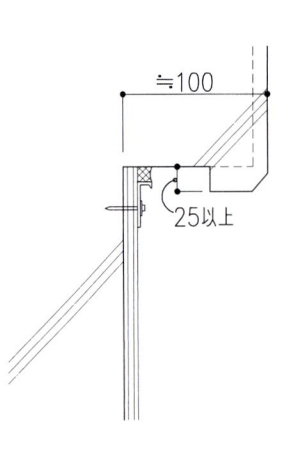

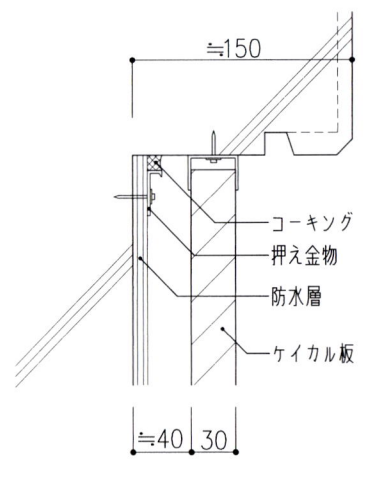

25以上

コーキング
押え金物
防水層
ケイカル板

5-1 防水標準詳細図

[屋上防水押え笠木]

左図：防水押え用のあごがない場合の施工例。

右図：R階からの立上がり壁部分の一般的施工例。

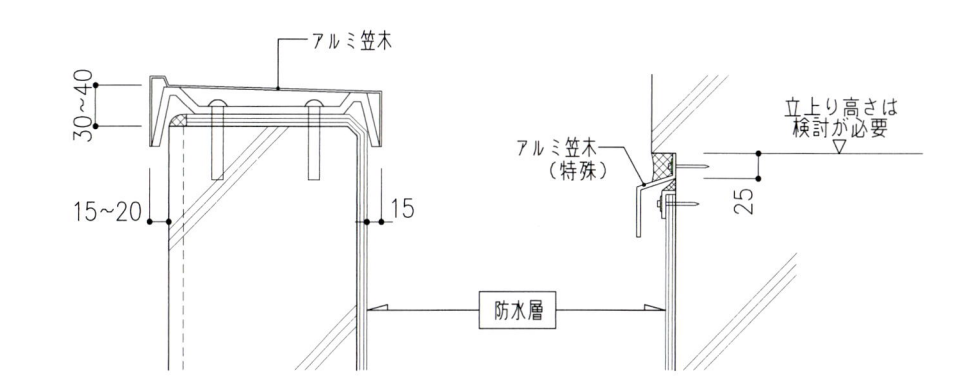

[外断熱工法仕様]

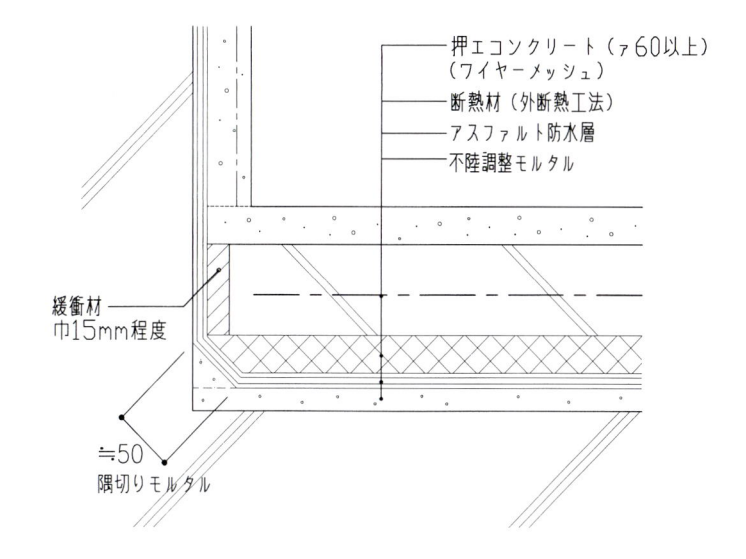

アスファルト防水押え工法の基準納まり。

149

2. 室内防水の納まり例／便所・浴室のアスファルト防水

[便所・浴室の壁立上り部]

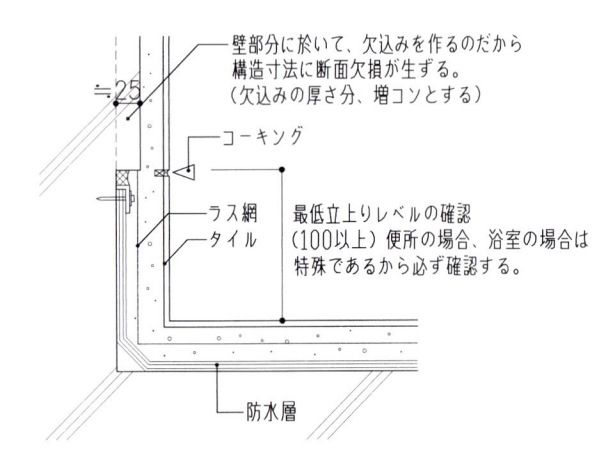

壁部分に於いて、欠込みを作るのだから構造寸法に断面欠損が生ずる。
（欠込みの厚さ分、増コンとする）

≒25
コーキング
ラス網
タイル
防水層

最低立上りレベルの確認
（100以上）便所の場合、浴室の場合は特殊であるから必ず確認する。

壁仕上げがタイルの場合は、防水立上がりの押え部分とコーキング位置（高さ）の検討をしなければならない。

[FRPバスタブとの納まり]

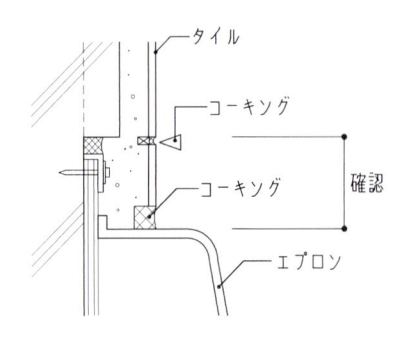

タイル
コーキング
コーキング
確認
エプロン

エプロンと防水立上がり押え部分、およびコーキング部分の納まりを検討しなければならない。

[在来浴槽／現場作成浴槽]

コーキング
検討・確認が必要（最低でも200以上）
浴槽
仕上材
押エコンクリート
防水層
エプロン
洗場

床全面、壁立上がり部の一部が防水範囲となるので、ライニングの納まりと壁立上がり防水の納まりを検討して施工しなければならない。

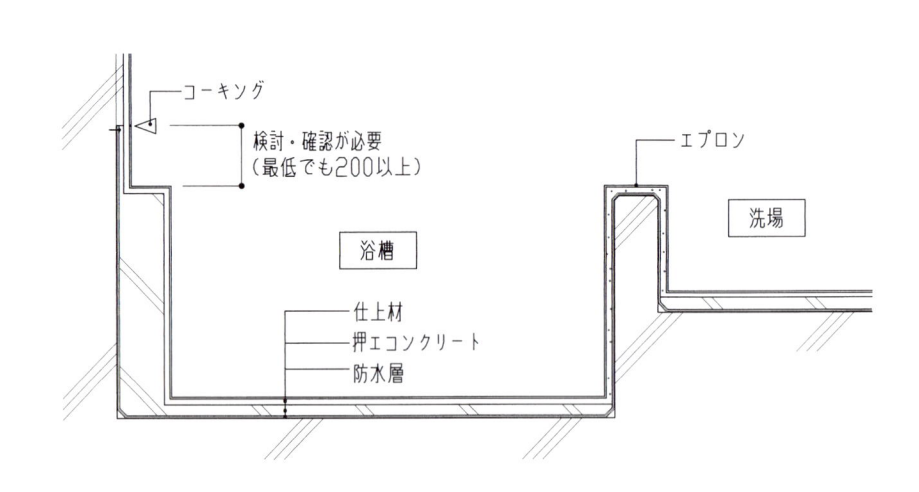

[浴室出入り口の納まり]

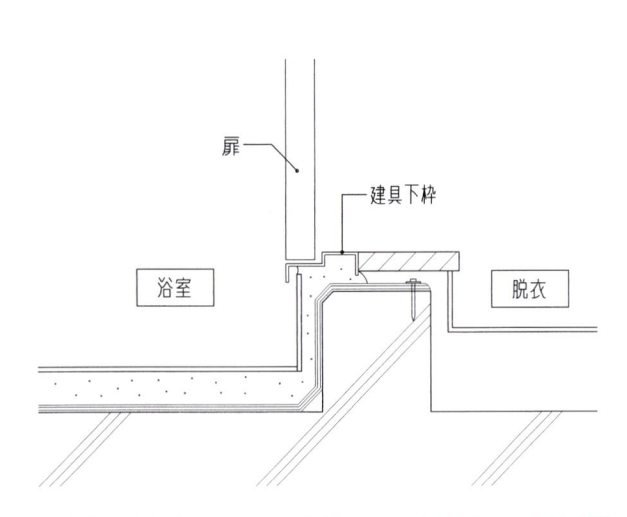

扉
建具下枠
浴室
脱衣

出入口部分の防水納まりは、扉の取付けレベルを検討して、脱衣室側等に水漏れしないように検討しなければならない。

[便所壁ライニング部の納まり]

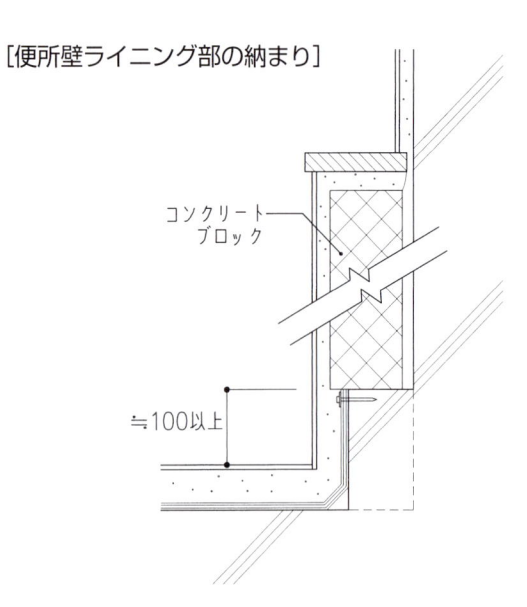

コンクリートブロック
≒100以上

設備配管との取り合いの検討が必要である。

3. その他防水工事／モルタル防水・防水モルタル

[バルコニー]

マンション等のバルコニーでモルタル防水仕様の場合は、壁立上り部・側溝部に欠き込みが必要な場合があるので注意する事。
(塗布防水仕様の場合は、一般的に壁欠き込みは不要である)

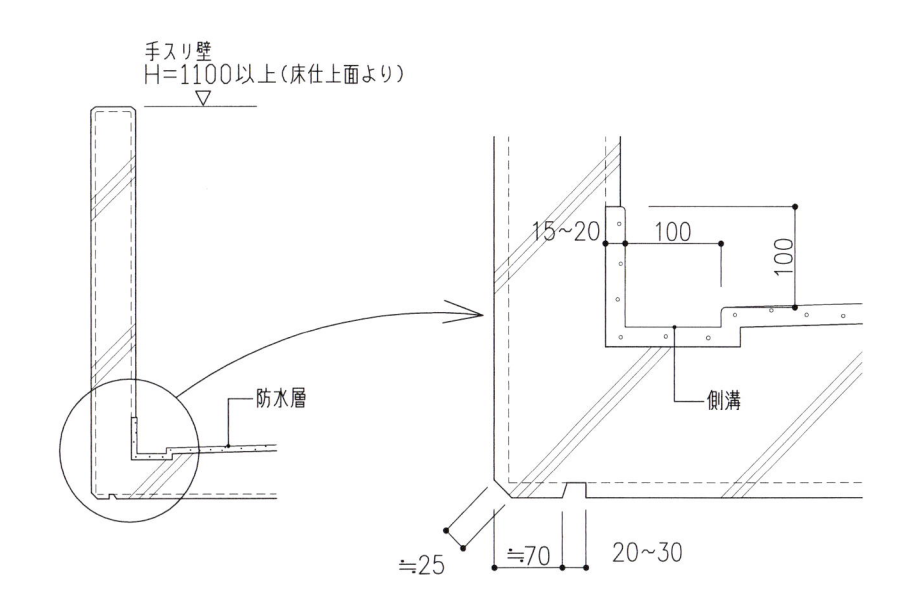

手スリ壁
H=1100以上(床仕上面より)

防水層
側溝

[地下二重壁]

外周壁の防水範囲は、外部からの浸水度合いにより、防水の範囲(高さ)が決まるが、いずれにしても内部の部屋の仕様が漏水を許されない仕様であれば、防水、かつ二重壁が必要となる(塗布防水でも可能な場合もある)。
(二重壁内の水を湧水槽へ流すための水抜きパイプが必要である)

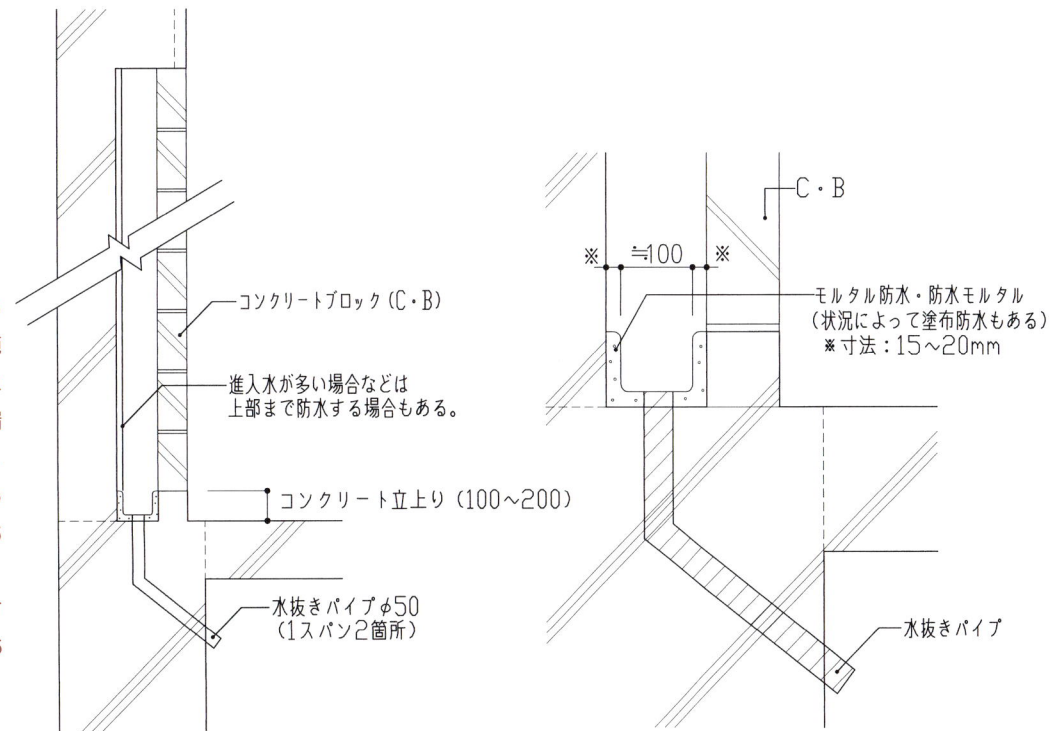

コンクリートブロック(C・B)
進入水が多い場合などは上部まで防水する場合もある。
コンクリート立上り(100〜200)
水抜きパイプφ50（1スパン2箇所）

モルタル防水・防水モルタル（状況によって塗布防水もある）
※寸法：15〜20mm
水抜きパイプ

//

専門工事業者作成施工図

第6章

1. 専門工事業者作成図について
2. 建具製作図
3. その他の金物製作図
4. 製作図に関するその他の注意点
5. エレベーターに関する建築工事

1 専門工事業者作成図について

建具工事などのように専門工事業者が工場にて製作し、それを現場に搬入して取り付けるといった、製作物に関しての施工図（製作図、取付図）は、通常専門工事業者が作成する。

元請の現場担当者は、設計図書を基にその製作図をチェックするとともに、他の施工図との整合性を確認し、最終的には設計者（監理者）の承認を得るといった作業となる。

1. 事前に検討・確認しておく項目（作図開始準備）

1. 仕様書の確認

鋼製建具に限らず、製作物に関しては、仕様(性能)などが設計図書や変更指示書により細かく指定されることが多いので、それらを確認しておく。

仕様については、設計図のほかに特記仕様書、標準仕様書などがあり、その中の各工事ごとに指示が出ている。日本建築学会が発行している「建築工事標準仕様書・同解説（JASS）」は一般的な仕様書なので、その中の当該工事項目も目を通しておく。

2. 作図から現場取り付けまでの工程について

製作が遅れると、直接全体工程に影響を及ぼすので、現場搬入・取付けの時期、およびその製作までに要する時間は必ず確認・把握しておく。

一般的には、下記のような流れとなるが、それぞれに要する日数は必ず専門工事業者ごとに確認しておく。

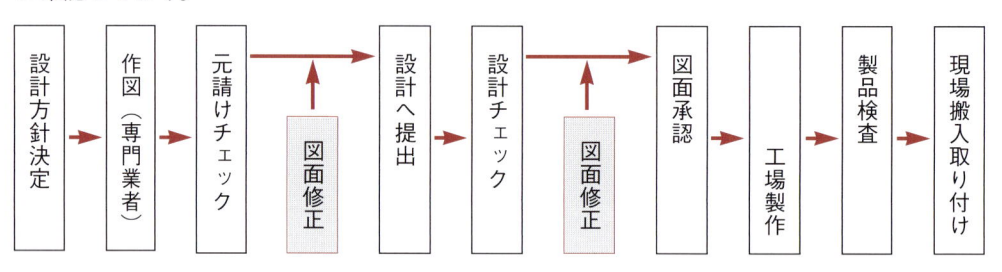

設計方針決定 → 作図（専門業者）→ 元請けチェック → 図面修正 → 設計へ提出 → 設計チェック → 図面修正 → 図面承認 → 工場製作 → 製品検査 → 現場搬入取り付け

（※）原則は図の様になるが、元請のチェック図をそのまま設計・監理に提出し、設計者がそれをチェックし、承認に要する時間の短縮を図るなど、臨機応変に対処することが望ましい。

3. 製作・承認工程表について

全体工程表の中に、それと対比したこれらの製作工程を、製作物の種別に書き入れたものを「製作・承認工程表」という。

前もってこの工程表を作っておき心積もりするとともに、設計者にも提出し、承認時期の心構えをしておいてもらうようにすることが肝要であり、一般的である。

2. 作図開始に当たって

1. 設計方針の確認

物によっては、設計図の内容が不十分であったり、設計方針の変更があったりするので、作図開始に当たっては、設計・監理者に設計方針を確認する。

2. 必要資料の準備

業者からも必要資料の要求があるが、一般的には設計図（場合によっては構造図も）、仕様書の必要部分の抜粋・変更指示書などを渡し作図をスタートさせる。

2 建具製作図

　製作物の中でも金属製建具工事は、躯体工事から仕上げ工事に移る際、最初に取付けをする工事であり、工程的に重要な工事である。

　また、躯体とともに建物や部屋の輪郭をかたち造る工事でもあるので、それ以降の仕上げ工事に直接絡んでくるため、周囲の納まりや他の施工図との整合性も含め十分に検討されなければならない。

1. 建具製作図の種類

1. 金属製建具
1) アルミ製建具製作図
2) スチール製建具製作図
3) ステンレス製建具製作図
4) シャッター製作図
5) 金属カーテンウォール製作図

2. その他の建具
1) 木製建具製作図
2) 可動間仕切り等の特殊建具製作図など

（本書ではアルミ・スチール・ステンレスおよびシャッターの建具について説明する）

2. 設計図書および製作図について

1. 設計図書
　設計図書には、設計図の他に特記仕様書、標準仕様書があり、設計図の建具関連には、キープラン（配置図）、建具表（リスト）がある。

　また、この他に各種詳細図などにも建具に関する表示、他との取り合い、納まりなどが出ていることがあるので注意する。

2. 製作図
　専門業者が作成する製作図には、全体を表した仕様書、キープラン（配置図）と、個々には、姿図、および現寸で描かれた縦断面、横断面の詳細図がある（シャッターの場合は大きくなるので必ずしも現寸では描かれない）。

　設計図書を基に、これらの専門業者によって描かれた製作図をチェックする。

　また、製作工場においては、これらの図面を基にバラ図を作り製品を加工組み立てするとともに、現場においては取り付けの際に持ち歩く図面ともなるので、他の図面を見なければ分からないといった事のないよう、十分な情報を記載しておく。

● バラ図：製作物はさまざまな部品の構成により出来上がっている。その一つ一つの独自の部品について形状、寸法、材質、および要求精度や仕上げについて記載された図面。

3. 建具製作図の共通チェックポイント

　金属建具製作物には、各建具共通のチェックポイントがある。この項ではその各建具共通のチェックポイントを掲載する。

1. 仕様書（仕様確認書）

　一つの建物を計画するに当たっては、建設する場所や建物用途に応じて一定の条件が存在する。そのため各々の建具には共通した仕様が生じ、その共通仕様が施工図に反映されているか確認することが大切である。(下表参照)

■ 仕様書（仕様確認書）確認のチェックポイント

検討項目	確認事項	内容
物件名	□ 工事名称等の記入は正確か	工事名称、所在地、発注者、設計者、施工者が正しく記入されているかを確認する
仕様材料	□ 使用材料に間違いはないか	鋼板などの使用材料の種類・規格などの確認をする
建具性能	□ 設計図にある要求性能を満たしているか	建具性能としては、耐風圧、気密、水密、遮音、断熱などがある。これらの項目を仕様書、個々の建具図に記入があるか、また、要求されている性能を満たしているかを確認する
	□ 要求グレードを満たしているか	
材料の表面処理	□ 設計図で要求されている処理がなされているか	スチールの場合は、鋼板のメッキの種類および下地処理の方法、防錆塗料の種類・仕様を設計図書と照らし合わせ確認する。通常、専門工事業者はここまでであるが、工場にて仕上げ塗装を行う場合は、塗装の種類、色などを設計者（監理者）との打ち合わせ・承認が必要。アルミの場合はアルマイトなのか電解着色なのか、また、その色はシルバー色なのかカラーなのかなどを確認する。ステンレスの場合は鏡面、ヘアーライン、カラーステンレスなどの確認をする
	□ 特に指示がない場合に適切な処理がなされているか	
	□ 塗装の種類、色は確認されているか	
	□ アルミの表面処理に間違いはないか	
建具金物金具	□ 建具金物のメーカー・品番などが記入されているか	錠前など建具金物類のメーカーを確認する。個々の金物については詳細図のリストにて確認するが、基本的な建具金物に関してはサンプルを提出し、設計者の承認が必要
	□ 入手の難しい特殊な物はないか	
マスターキーシステム	□ マスターキーが必要とされているか	マスターキーの有無、系列などを確認し、アルミとスチールなど他業者にわたって同系列がある場合、業者間の調整をとる
	□ 系列に間違いがないか	
網戸	□ 網戸が取り付くようになっているか	アルミサッシなどの窓に取付ける網戸の有無と、その材質・仕様などを確認する
	□ 材質、仕様が明確になっているか	
工場先打ちシール	□ 工場先打ちシールがあるか	現場施工では打てないシール、製品組み立て途上でシールを打つ場合があるが、その有無と材質・色などを確認する
	□ シールの種類・色が適切であるか	
工事区分	□ 他業種との取り合いがないか	電気錠などのように他業種（設備工事等）と取り合っている場合があるので、その工事区分を明確にしておく
	□ 施工区分が表示されているか	
養生方法	□ 養生方法に注文はないか、問題はないか	サッシを現場搬入する際に、工場にて前もって養生をしてくるが、現場の事情によって養生方法が異なってくる場合があるので確認をしておく
搬入方法・時間制限	□ 搬入時の制限がないか	製品を現場搬入する際に、道路事情等により搬入車両の大型・小型や時間等の制限がある場合は明確にしておく。車から荷降ろしするとき、仮置き出来るのか、また、直接取付け場所まで運ぶのか、そしてその場合の揚重方法なども打ち合わせしておいたほうが良い
	□ 荷卸しの場所は考えられているか	
	□ 小運搬の必要はないか	

2. キープラン（配置図）

基本的には設計図のキープランと同じであるが、建具番号に枝番号が出てきたり、設計変更などにより変わってくる部分も出てくる。それらの変更や下記の事柄が反映されているかをチェックする。(下表参照)

■ キープラン（配置図）確認のチェックポイント

検討項目	確認事項	内　　容
平面図が最新設計図との整合性	□ 階数等の表示に間違いはないか	階数の表示、方位の表示、室名が必ず入っていることも確認する
建具記号・番号、員数	□ 設計図との食い違いがないか	設計図のキープラン、建具表との食い違いがないかの確認をし、合計枚数の確認もしておく。数が多くなってくると、キープランと建具表との相互間での食い違い、実際との食い違い、落とし、など結構あるものである。業者によっては、それぞれの員数を記入した建具一覧表も作成してくるので、数量は必ずチェックする。
	□ 員数・数量に間違いがないか	
扉の開き勝手、親子扉の左右の向き	□ 設計図との食い違いがないか	据付け家具との関係、寝室のベッドとの関係などで支障がないかを確認する。また、これらを変更する場合、照明のスイッチなどとの取り合いで不具合が発生することがあるので必ず、電気・設備との確認を取っておく
	□ 部屋の使い勝手上の問題はないか	
	□ 設備・電気との取り合いで、機能上の問題はないか	
延焼、防火区画	□ 防火区画等による制約に問題はないか	延焼の恐れのある範囲、防火区画などがある場合、それが記入されているか確認する
	□ 防火区画が表示されているか	
防火戸	□ 防火戸の種類に問題がないか	上記項目の防火区画と併せ、乙種防火戸、甲種防火戸などの表示がなされているかのチェックをする。網入りガラスがある場合、その表示もしておいたほうが良い
	□ 表示がなされているか	
	□ ガラスの表示がなされているか	
消防の進入口	□ 消防の非常進入口がないか	消防の非常用進入口がある場合▼マークで記されているかを確認する
	□ 表示されているか	
マスターキーの系列ブロック分け	□ ブロック分けが表示されているか	チェックがある程度進んだ段階で、設計者の確認の基、ブロック分けを確定し、配置図に表示する

3. 姿図（平面・立面図）

姿図においては、建具全体を眺め、寸法、取付け位置、取り付く位置の状況、金物などの取付け状況などを確認する（通常は縮尺１／３０程度）。(下表参照)

■ 姿図（平面・立面図）のチェックシート

検討項目	確認事項	内容
建具記号、番号、室名、数量	□ リストの表示に間違いがないか	各建具の姿図にはこれらを記入したリストも付いてくるので、建具金物も併せチェックすると良い
建具の向きや開き勝手	□ 建具の向きや開き勝手に間違いがないか	壁のどちら側についているかも確認する 外壁サッシの場合は、内部、外部の表示確認もする
幅、高さ（有効開口寸法）	□ W、H寸法が記入されているか □ 寸法に間違いがないか	この図面にはただ、W、Hとしか記入しない場合もあるが、必ず個々の寸法を記入するようにした方が良い
建具取付け位置	□ 建具取り付け位置に間違いがないか □ 寸法が表示されているか、間違いがないか	最寄の通り芯などの基準線から、建具位置の寸法の記入確認をする
取付け高さ	□ 取付け高さに問題はないか □ 高さ寸法が記入されているか □ 寸法に間違いがないか	ＦＬもしくはＳＬからの寸法の記入・確認をし、扉で隔てられた双方の部屋の床仕上げ高さの違いの有無なども確認する。このときに、天井との取り合いの有無なども確認し、必要に応じ天井ラインの記入・確認をする
取り付く躯体・壁の寸法、仕上げ厚	□ 取り付く壁との取合いに問題がないか □ 壁の寸法が間違いなく記入されているか	確認すると取り付かない場合や防火区画等の問題が発見される事もあるので注意を要する
建具金物類の取付け位置・高さ	□ 建具金物類の取付け位置等に間違いがないか	穴あけ、切り欠き、裏板補強、バックセットなどの絡みがあるので、金物の種類、メーカー名とも照らし合わせ確認する 常時閉鎖となる両開きの防火戸などでは、2枚の扉の閉まる順序を調整するための"順位調整器"の取付け確認も忘れないように
錠前のシリンダー、サムターンなどの向き	□ シリンダー、サムターン等の向きに間違いがないか	通常は部屋内側がサムターン、外側がシリンダーとなる
ガラス	□ ガラスの種類、厚みなどが間違いなく表示されているか	ガラスの種類、厚み、固定方法（ガスケット、シールなど）をチェックする
網戸	□ 網戸はないのか	網戸がある場合の記入確認
建具の防火・遮音などの仕様	□ 防火戸などが間違いなく表示されているか	建具の防火・遮音などの仕様の記入確認
電気錠の有無	□ 電気錠が表示されているか	電気錠の表示とともに、電気配線用の扉内の配管取付とその工事区分の記入確認をする
戸当たりゴム、床付け戸当たり	□ 戸当たり等が必要ないか □ 取付け位置が表示されているか	床付け戸当たりは建具とは直接取り合わないが、実際にはスペース的に取り付かなかったり、後になると忘れるという事もあるので確認のうえ記入しておく
排煙窓	□ 開閉装置はどうなっているか	排煙窓の場合、開閉のためのレリーズ配管取付けや、開放ボタン・巻き上げ装置の取付け位置などの確認

4. 詳細図（原寸図）のチェックポイント

詳細図においては、建具枠・扉などの詳細形状、枠に取り合う躯体・壁の仕上げの詳細取り合い状況などを主眼にチェックする。(下表参照)

■ 姿図（原寸図）のチェックポイント

検討項目	確認事項	内　　容
建具記号、番号	□建具記号、番号に間違いがないか	建具記号、番号の確認
幅、高さ（有効開口寸法）	□W、H寸法に間違いがないか	姿図と同じく詳細図にもW、Hの寸法の記入確認をする
	□W、H寸法基準に食い違いがないか	W、H寸法は有効寸法を表す
躯体・壁の寸法、仕上げ厚	□取り合う躯体・壁の寸法が間違っていないか	仕上げ状況・寸法等が実際と食い違っていないか。防火区画にある場合、枠との取り合い部で区画が途切れていないか、などもチェックし、モルタルなどの充填の有無を確認する
	□天井との取り合いはないか	
	□建具が取り付くのは防火区画線上ではないのか	枠が天井と取り合う場合もあるので、その天井の仕上げラインの記入、納まりなども忘れずにチェックする
	□建具の周囲も防火区画が形成されているか	防火戸の場合、建具と接する天井内でも区画が形成されていなければならないので、その状況・納まりが必ず書き込まれていることを確認する。消防検査では、細かい隙間まで検査されるので注意が必要
	□取り合い部に防火区画上の隙間はないか	
枠形状・詳細寸法	□詳細寸法が適切であるか	枠見込み、チリなどの寸法が適切であるか、強度的にも問題がないか等を確認する。この枠形状は意匠上、設計者より注文が出る場合がある
	□意匠上問題はないか	
枠と躯体との空き寸法（躯体開口寸法とのクリアランス）	□クリアランスは適切であるか	併せて躯体欠き込み形状も確認し、躯体図ともリンクされているかは必ず確認する
	□躯体図との食い違いはないか	
外部に接するサッシの場合、水切りの有無、材質、納まり	□水切りは躯体と問題なく取り合っているか	躯体への呑み込み寸法もチェックし、欠き込み（ぬすみ）などを躯体図にも反映させる
	□躯体図にも反映されているか	
額縁の有無、材質、形状、納まり	□額縁は必要ではないか	額縁が本工事か別途工事なのかの表示の確認をする。また、たとえ別途工事であっても額縁取付用のアングルピースなどは本工事として必要であり、室内の仕上げとの納まりを考えられた額縁の絵は作図に入れておく
	□額縁の材質は何か	
	□本工事なのか別途工事なのか	
	□仕上げとの取り合いに問題はないか	ブラインドボックス、カーテンボックスなども同様
窓の場合、結露水の処理方法	□結露が発生しないか	受皿をつけるのか、排水処理がなされているのか、自然蒸発で良いのか、などを確認する
	□結露水の処理に問題はないか	
ガラスの表示	□ガラスの表示はされているか	種類、厚み、固定方法（ガスケット、シールなどの記入）の記入確認
	□固定方法は表示されているか	
シール類の位置、大きさ	□シールの寸法等が表示されているか	シールの大きさが性能的に適切であるか。また、本工事か別途工事なのかの表示もチェックする
	□本工事なのか別途工事なのか	
扉枠の下枠のモルタル充填表示	□モルタル充填表示がされているか	床に埋め込まれる下枠（沓摺り）はモルタル充填が必要

防音サッシの機能	☐ ロックウールの充填等が表示されているか	ロックウールの充填やＡＴゴムの取付け状況やそれが正常に機能するか、などのチェックをする
	☐ 開閉時に問題はないか	
	☐ 正常に機能するか	建具自体に十分な遮音性能があっても、枠廻り（枠取り合い部）に欠陥があっては何もならない。ホテルなどの遮音性能が要求される建物などでは、特に枠廻りの納まりに注意が必要である
	☐ 枠廻りに隙間等の防音上欠陥となる物はないか	
特殊ヒンジなどの納まり	☐ 開閉時に問題なく作動するか	扉の自重なども考え、性能的にそれが正常に作動するのか。また、寸法上、扉の開閉時に枠とせったりするようになっていないかなどをチェックする
	☐ 扉の重量に耐えうるか	
漏水	☐ 漏水の危険性はないか	外壁に取り付くサッシの場合、特に入念に漏水の危険がないかをチェックする
	☐ 必要箇所のシールは打つようになっているか	室内外を問わず、防水と取り合う場合は、その納まりを十分に検討すると共に、防水面よりサッシ下端までの立ち上がり高さの確保をする
	☐ 防水との取り合いに問題はないか	どうしても十分な立ち上がり高さが確保できない場合はフラッシング取付けなどの措置をとる
	☐ 防水面からサッシ下端までの高さが確保されているか	エントランスホールなどで、床からサッシが立ち上がっていて内外部の床高さが同じである納まりをよく見かけるが、このような場合は要注意であり、水が廻り込まない様、十分な検討が必要である

4. 他の施工図との整合性

1. 躯体図との整合性

　金属製建具は躯体工事がある程度進んだ段階で、真っ先に取付けが開始される工事であり、躯体図には建具取り付け開口の正確な位置、寸法・形状が要求されるので、躯体に取り付く金属建具類の製作図の作図・チェックは早めにスタートさせる必要がある。

　しかし、製作図の承認を待っていては躯体工事に間に合わなくなることもあるので、特に外壁に取り付くサッシの枠の基本的な形状、取付け方の方針は早く決定し、躯体開口寸法、躯体の欠き込み形状・寸法のパターンを決め、躯体図も並行チェックしながら寸法を書き込んでゆく。

2. 外壁タイル割付図との整合性

　外壁がタイル張りの場合、サッシ取り付け位置・高さはタイル割付けによって決まってくるので、外壁に取り付く金属建具の位置・寸法を決定する前にタイル割付図を作成し並行チェックしながらそれぞれの施工図を決めてゆく。

　サッシ開口の躯体の抱き部分のタイルの折り返しは、たとえば、タイルの役物90度曲がり1枚分でよいのか、もう1枚張るのかなどの基本的パターンも決め、躯体の欠き込み寸法を決定する。

　これらのタイル割付図、躯体図、金属建具製作図は互いに密接な関係にあり、これらだけで外観の大部分を決定してしまう重要な要素でもあるので、これらの施工図は現場の早い時期にスタートさせ、互いに並行チェックしながら決定してゆく事が肝要である。

　また、タイル割付けの状況によっては意匠図で示された有効開口寸法をタイルの端数分変更せざるを得ない状況が発生する場合があるが、外壁の建具有効開口寸法は法的な必要採光面積に影響するので、その場合設計者への確認が必要である。これらのことは、外壁が石張り、金属パネルなどの場合も同様である。

3. 便所の壁タイル割付図との整合性

　便所の壁はタイル張りであることが多いが、外壁のタイル割りと同様、タイル割付図を起こしてから、建具寸法・取付け位置を決定する。

　また、この便所に窓があり外壁もタイル張りの場合、このサッシの取付け位置・寸法は双方のタイル割付けに制約され、タイトな納まりとなるので入念な検討が必要となる。

4. 平面詳細図との整合性

　各部の詳細な納まりや詳細な寸法を検討するために、必要な部位、場合によっては全体の平面詳細図を作成することがある。この平面詳細図に建具を入れてゆくと、他の仕上げ工事との取り合いが明確になり、扉の開き勝手の具合い、建具の正確な位置・寸法などが確定出来る。
1) 据え付け家具との関係や、寝室のベッドの位置・大きさを想定しての扉の位置・開き勝手を確認する。
2) 床付けの戸当たりやドアークローザーなどの取り付け位置に、問題がないかなどをチェックする。
3) 照明のスイッチ・コンセントなどの位置に影響するので、建具の位置・寸法を描き入れた平面詳細図を電気・設備の係にチェックしてもらう。
4) 廊下などの展開図を起こすことはまれであるが、廊下に並んでいる各室の扉の高さが統一されていないといったこともあるので注意が必要である。

5. アルミ製建具製作図

アルミ製建具の場合外壁に取り付くことが多いので、特に下記の点に注意が必要である。
(下表参照)

■ アルミ製建具製作図のチェックシート

検討項目	確認事項	内　容
形材の確認	□ 形材の形状が設計図にあっているか	アルミサッシの場合、通常はメーカーの持っている型での押出形材を使用するが、その品番・形状などを確認しておく
	□ 規格の形材となっているか	また、現場の規模などによっては新しく型を起こす場合があるが、その場合、時間もかかるので早めに設計者とも打ち合わせをし承認を取る
要求性能	□ 要求性能が満たされているか	耐風圧、気密、水密、遮音などの要求性能が満たされているか
他施工図との整合性	□ W、H寸法に他の施工図と食い違いはないか	外装タイルなどの割付けとの整合がとれているか
防水性能	□ 漏水の問題はないか	外部からの漏水対策は問題がないか
結露対策や結露水の処理	□ 結露水の処理は問題ないか	外壁躯体の断熱と結露防止対策として、発泡ウレタン吹付けなどを施すことが一般的であるが、サッシ枠周りのモルタルなどを後詰めした部分も施すようになっているかも忘れずにチェックする
	□ 枠廻りも確実に断熱処理がなされているか	
ガラスに関する表示	□ ガラスの表示に間違いがないか	ガラスに関する表示にも間違いがないか(ガラス工事では他に施工図がなく建具図がこれを兼ねる)

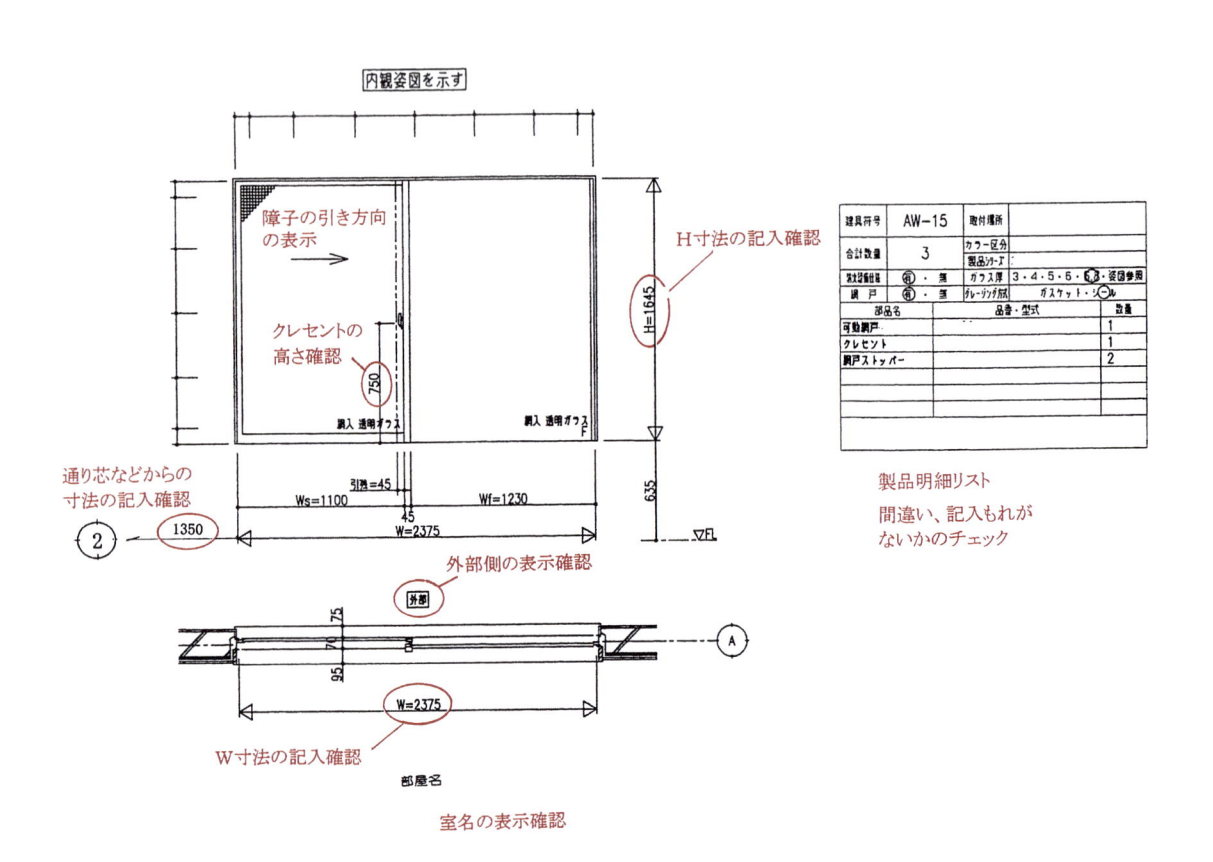

▲アルミサッシ姿図

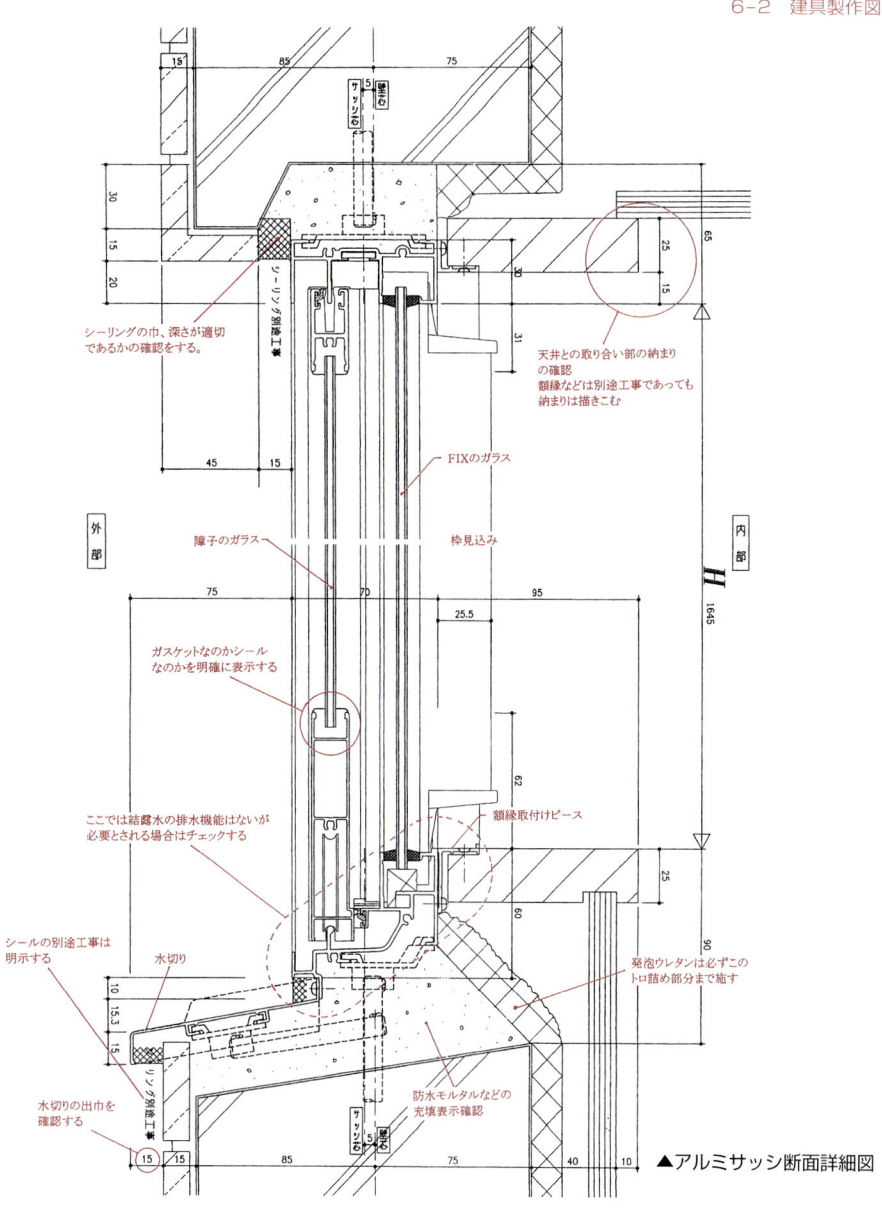

6-2 建具製作図

シーリングの巾、深さが適切であるかの確認をする。

天井との取り合い部の納まりの確認
額縁などは別途工事であっても納まりは描きこむ

FIXのガラス

障子のガラス

枠見込み

ガスケットなのかシールなのかを明確に表示する

ここでは結露水の排水機能はないが必要とされる場合はチェックする

額縁取付けピース

シールの別途工事は明示する

水切り

発泡ウレタンは必ずこのトロ詰め部分まで施す

水切りの出巾を確認する

防水モルタルなどの充填表示確認

▲アルミサッシ断面詳細図

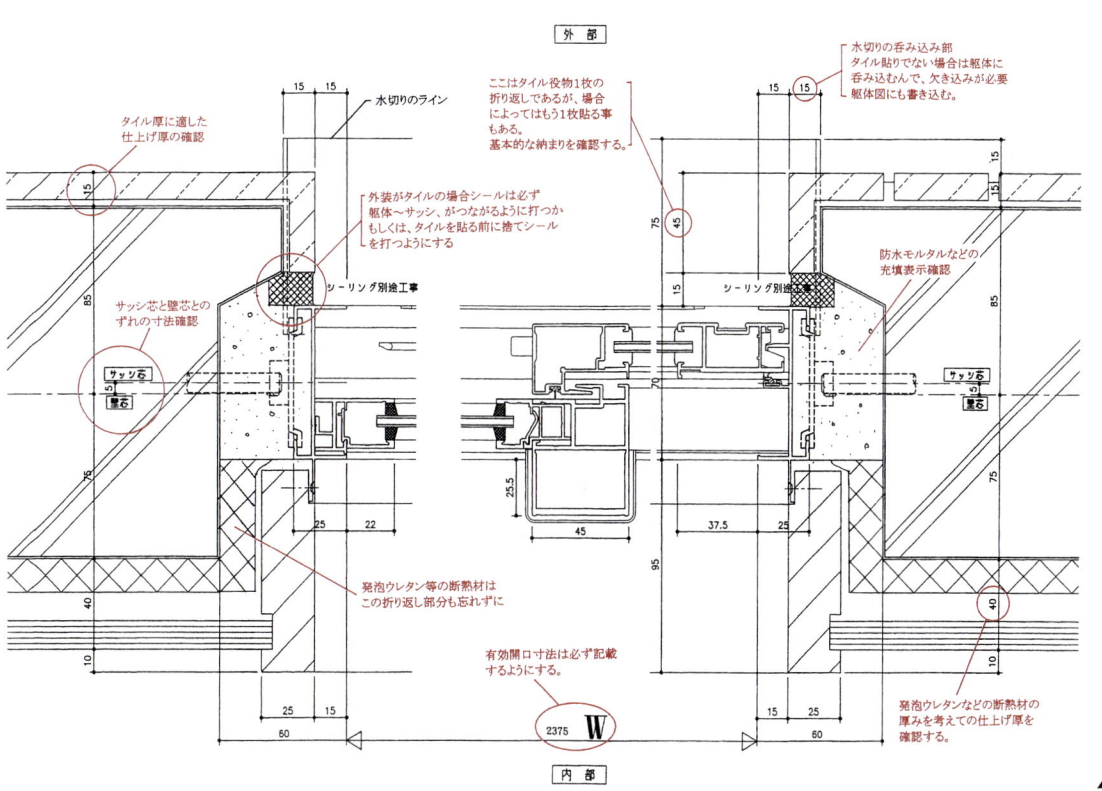

タイル厚に適した仕上げ厚の確認

ここはタイル役物1枚の折り返しであるが、場合によってはもう1枚貼る事もある。基本的な納まりを確認する。

水切りの呑み込み部タイル貼りでない場合は躯体に呑み込んで、欠き込みが必要躯体図にも書き込む。

外装がタイルの場合シールは必ず躯体～サッシ、がつながるように打つかもしくは、タイルを貼る前に捨てシールを打つようにする

サッシ芯と壁芯とのずれの寸法確認

防水モルタルなどの充填表示確認

発泡ウレタン等の断熱材はこの折り返し部分も忘れずに

有効開口寸法は必ず記載するようにする。

発泡ウレタンなどの断熱材の厚みを考えての仕上げ厚を確認する。

▲アルミサッシ平面詳細図

6. スチール製建具製作図

スチール製建具は、主に出入り口の扉として使われる場合が多く、外部のスチールガラリや設備配管などの点検口としても使われる。

材質上防火戸としての性能、機能を要求されることが多いので、特にこれらの性能・機能や下記のことに注意をしてチェックする。

■ スチール製建具製作図のチェックシート

検討項目	確認事項	内　　容
要求性能	□ 要求性能が満たされているか	防火、遮音などの要求性能が満たされているか
	□ 音漏れに問題はないか	特に機械室などからの音漏れに問題はないかなどもチェックする
機能	□ 開閉に問題はないか	開閉などの機能に支障はないか
製作	□ 曲げ加工等に問題はないか	鋼板を折り曲げて作るので、曲げ幅・角度など無理がないか
防火区画	□ 防火区画となっていないか	取り付く壁などと一体となって防火区画を形成することが多く、
	□ 枠廻りに問題はないか	その場合、建具のみならず枠の周囲も問題ないかもチェックする
床レベル	□ 扉の両側でレベル差はないか	双方の部屋の床レベルに違いがないか。あった場合は下枠でそ
	□ レベル差が適切に処理されているか	れが吸収・処理されているか
施錠	□ 施錠の種類等に間違いはないか	施錠の種類・機能に間違いがないか

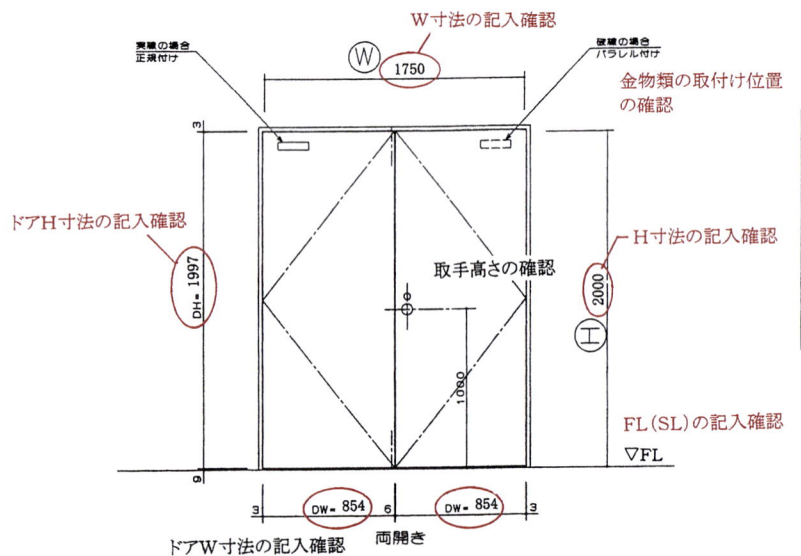

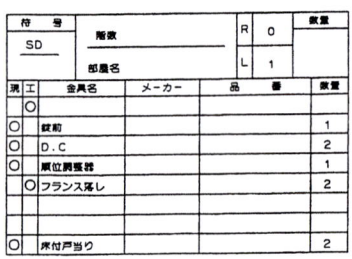

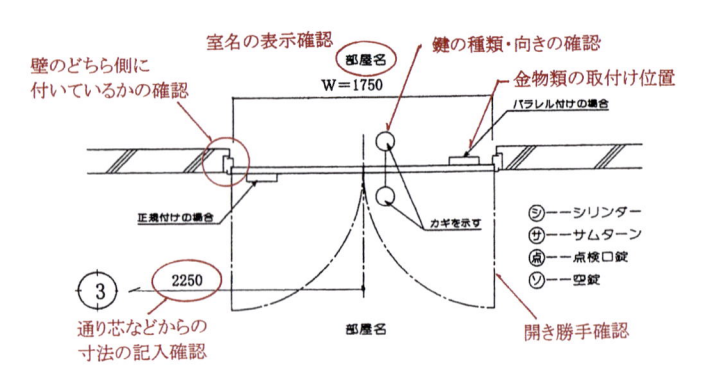

▲スチールドア姿図

6-2 建具製作図

スタッド壁の場合

防火区画の場合
特に隙間等が
ないか
防音サッシの場合
音漏れがないか
のチェック

大枠の場合

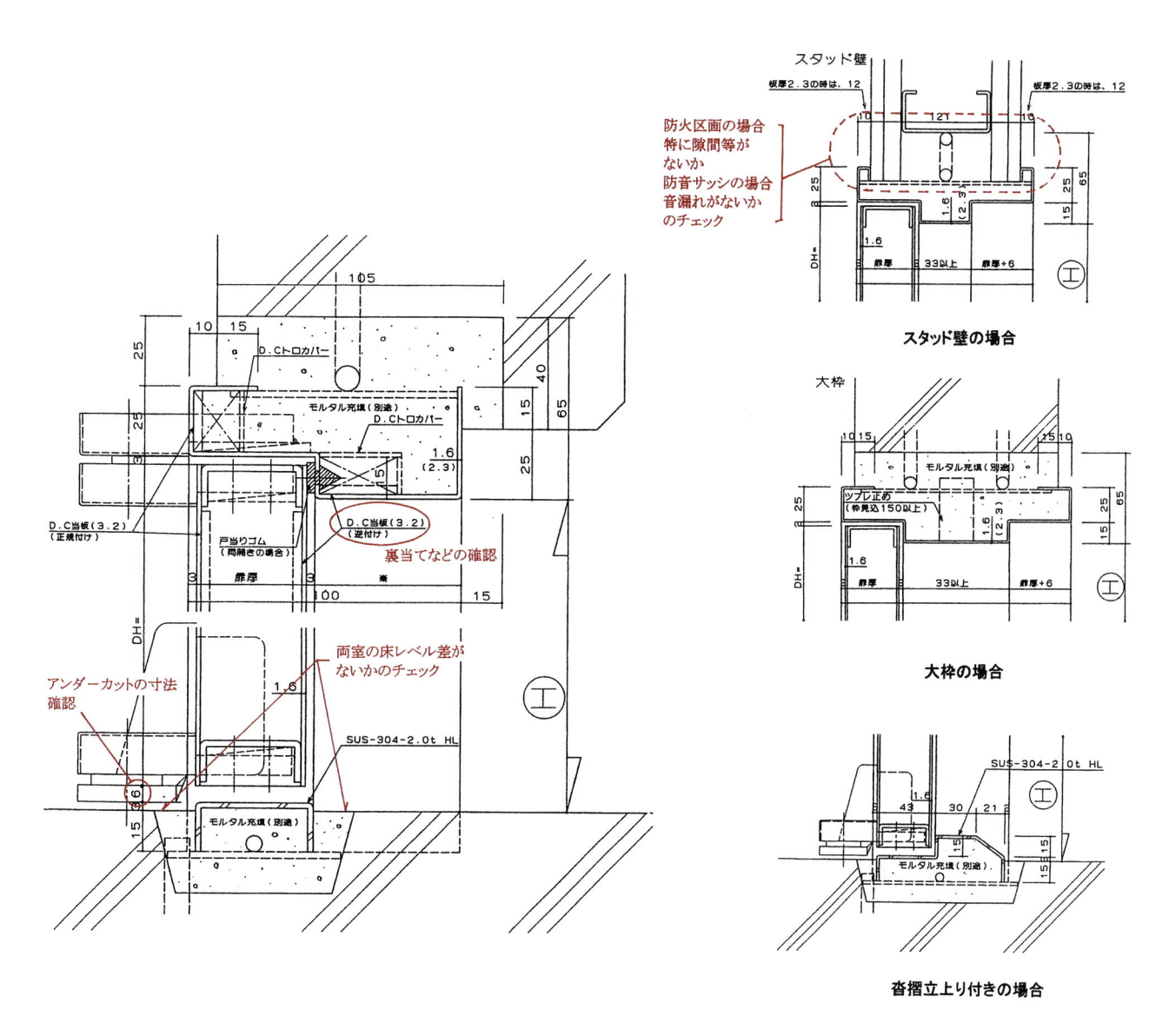

沓摺立上り付きの場合

▲スチールドア断面詳細図

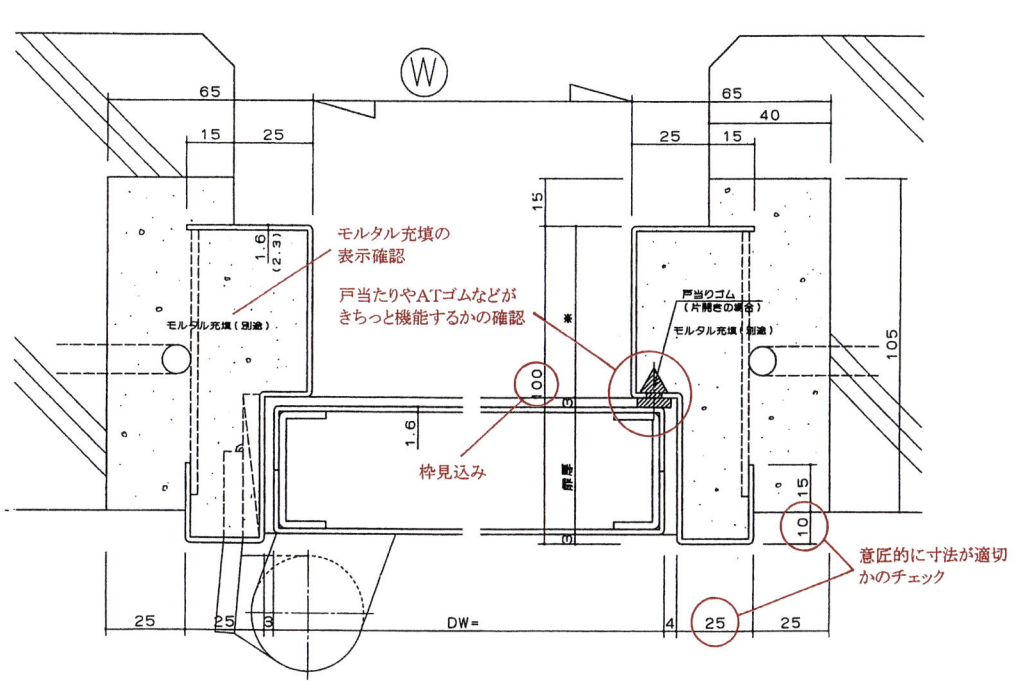

裏当てなどの確認

両室の床レベル差が
ないかのチェック

アンダーカットの寸法
確認

モルタル充填の
表示確認

戸当たりやATゴムなどが
きちっと機能するかの確認

枠見込み

意匠的に寸法が適切
かのチェック

▲スチールドア平面詳細図

7. ステンレス製建具製作図

　　ステンレス製建具はスチール製建具に比べ高価であり、1階外部の扉やエントランスのサッシなどのように意匠的効果の必要なところに多く使われ、また、耐水性に優れているので、特に雨がかりの多い場所などにも使われる。
　　項目としてはスチール製建具と共通であるが、その他下記の点に注意する。(下表参照)

■ ステンレス製建具製作図のチェックシート

検討項目	確認事項	内　容
枠のディテール	□ 意匠上問題はないか	特に設計者が注目するところであるが、意匠を追及するあまり、強度を損ねないよう注意は必要である
	□ 加工に無理がないか	
	□ 表面仕上げの選択に問題ないか	鏡面仕上げは傷がつきやすく目立つので、使用場所によっては注意が必要である
エントランスの自動扉	□ 自動扉として機能上の問題はないか	エントランスなどでは自動扉として使われることが多いが、その場合、ドアエンジンなどの納まりや機能上の問題がないかセンサーの感度や取付け位置に問題がないか
	□ センサー等の取付け位置に問題はないか	
ガラスとの整合	□ ガラスの強度、固定方法に問題はないか	大きなガラスの嵌め殺しサッシの場合、ガラスの強度、厚みその固定方法(吊り方)に問題がないかなど、ガラスも併せてチェックする

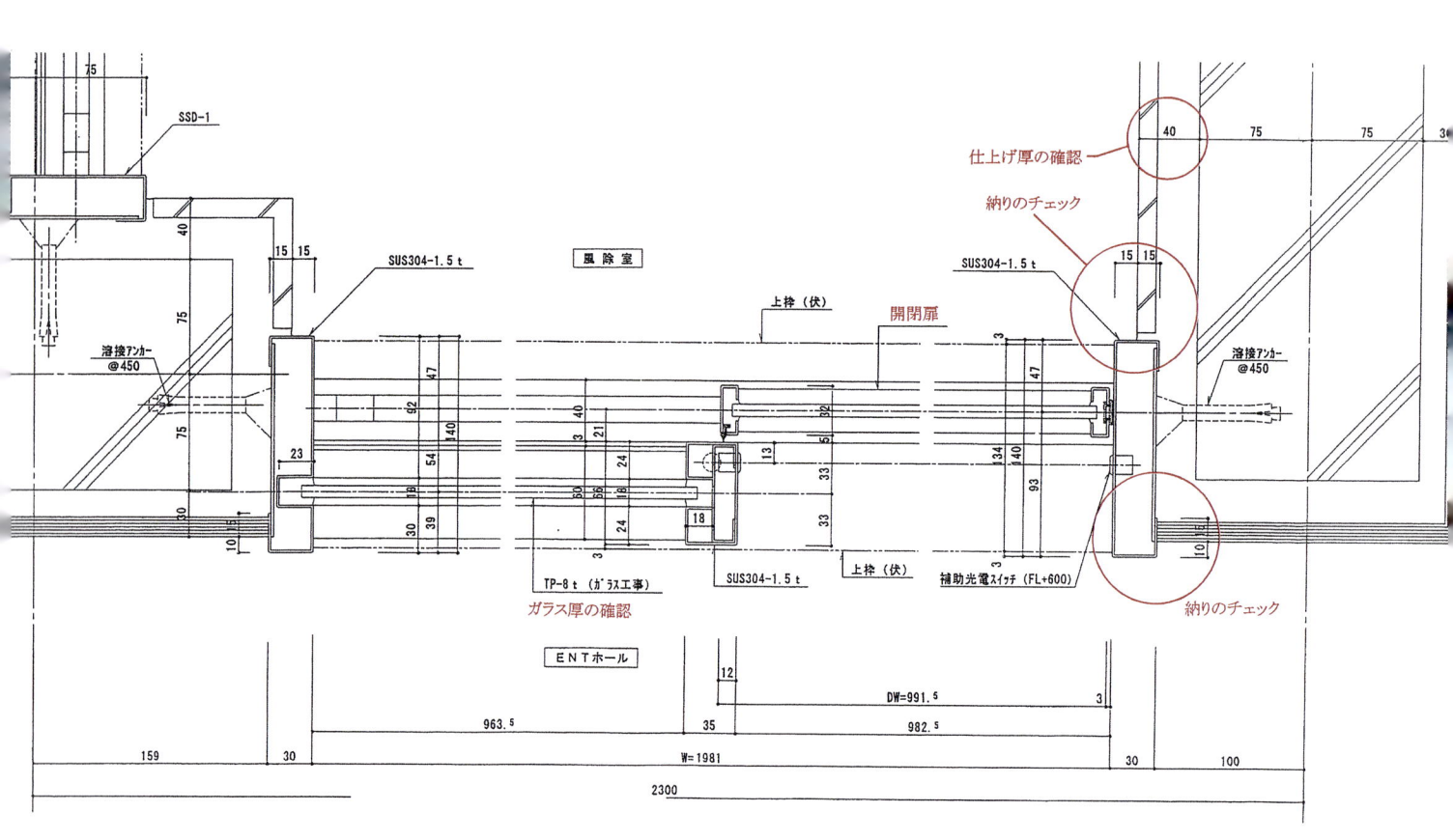

▲ステンレスサッシ平面詳細図

6-2 建具製作図

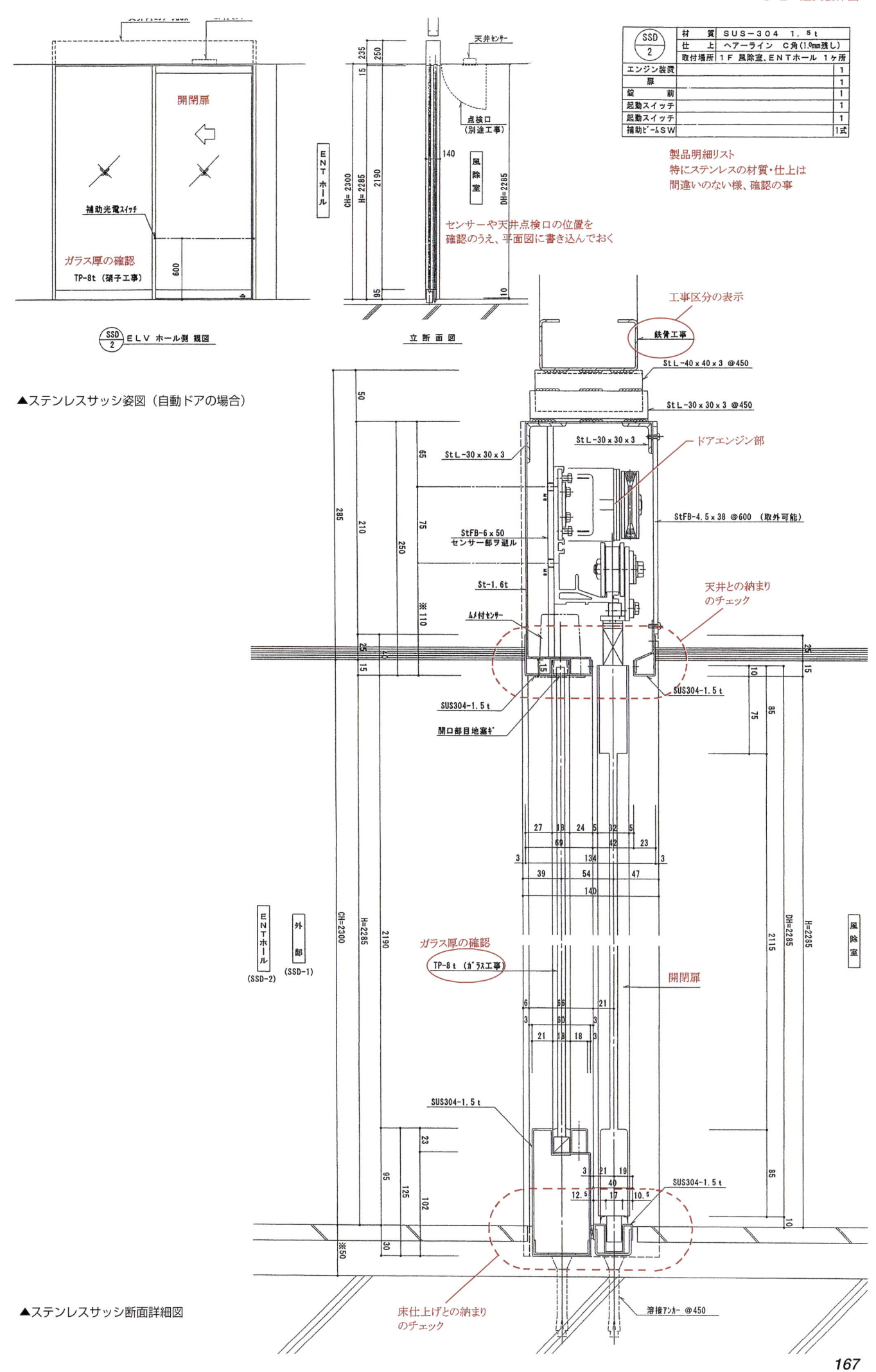

SSD 2	材質	SUS-304 1.5t
	仕上	ヘアーライン C角(1.9mm残し)
	取付場所	1F 風除室、ENTホール 1ヶ所
エンジン装置		1
扉		1
錠 前		1
起動スイッチ		1
起動スイッチ		1
補助ビームSW		1式

製品明細リスト
特にステンレスの材質・仕上は
間違いのない様、確認の事

ガラス厚の確認
TP-8t (硝子工事)

SSD/2 ELVホール側 姿図

立断面図

センサーや天井点検口の位置を
確認のうえ、平面図に書き込んでおく

▲ステンレスサッシ姿図（自動ドアの場合）

工事区分の表示
鉄骨工事

StL-40×40×3 @450
StL-30×30×3 @450
StL-30×30×3
ドアエンジン部
StFB-4.5×38 @600 (取外可能)
StFB-6×50 センサー部ヲ避ル
St-1.6t

**天井との納まり
のチェック**

SUS304-1.5t
ムメ付センター
SUS304-1.5t
開口部目地鏝ギ

ガラス厚の確認
TP-8t (ガラス工事)

開閉扉

SUS304-1.5t
SUS304-1.5t

溶接アンカー @450

▲ステンレスサッシ断面詳細図

**床仕上げとの納まり
のチェック**

8. シャッター製作図

シャッターは他の建具と違って、扉などのように頻繁に開閉が行われる事がなく、防火、防災、防犯（戸締り）などの意味合いが強い。非常事態発生時や必要なときにのみ開閉されるといった目的で使われることがほとんどである。

また、物も大きく重量もあるので、軽量シャッター以外は手動での開閉が出来ない。したがって、建具の共通チェック項目の他に性能的、機能的なチェックが重要な要素となってくる。(下表参照)

■ シャッター製建具製作図のチェックシート

検討項目	確認事項	内容
性能・機能	□防火シャッター等の要求性能が間違っていないか	特に煙感知器連動などの防火シャッターはどういう機能が必要になっているかを確認しておく
	□機能上の問題はないか	はさまれ防止などの停止装置などもあるので、それらの機能をよく確認する
材質	□部材の材質は適正であるか	スチールシャッターであっても、ガイドレール、まぐさ、座板などは意匠上ステンレスの場合もある
天井内の懐	□天井内のスペースに問題はないか	スラット巻取りドラムや電動装置などが収まるスペースが確保されているかの確認をする
取り付けのための下地	□頑強な取付け下地はあるか	取付けのための躯体がない場合、鉄骨などで下地を組む必要がある。また、その場合、下地の工事区分も明確にしておく
	□下地の施工区分は明記されているか	
天井内の防火区画	□天井内の防火区画は形成されているか	防火シャッターの場合、天井内であっても、1.6mm以上の鋼板で造られたシャッターケースが必要となり、それが取付け下地と一体となって防火区画を形成されている事が不可欠なので、その確認は必ず行う
		下地のコンクリートがなく鉄骨などで組んだ場合、骨組みだけでなく、ラスモルタルを施すなどして隙間のない防火区画となっている必要があるので、注意が必要である
床の防火区画	□床内の防火区画は問題ないか	シャッター部分の床がＯＡフロアーなどの場合、シャッターが閉まった状態での区画が必要とされるので、床内の防火区画も忘れずにチェックする
天井点検口	□天井点検口の位置は適切か	電動シャッターなどの場合、その駆動装置などのための点検口が必要であり、また、その位置が点検可能な位置であるかもチェックする
		天井内の設備との確認・調整も必要である
スイッチボックス	□スイッチボックスの取付け位置は問題ないか	スイッチボックスの取付け位置・高さの確認する
寸法	□Ｗ、Ｈ寸法に間違いはないか	他の建具と同様、Ｗ、Ｈ（ＣＨ）寸法の記入確認を行う
仕上げとの取り合い	□壁・天井等の仕上げとの取り合いに問題はないか	ガイドレールと壁、まぐさと天井などの取り合いのチェックを行う
		シャッターは常時は開の状態で見えるので、部屋によっては、ガイドレールとのチリなど意匠上の配慮が必要である。

性能・機能などで種別としては下記の要素があるが、これらの要素の組み合わせが出てくるので、各々でそれぞれの要素・機能などをチェックする。

1) 電動、手動
2) 重量、軽量、リンクシャッターなど
3) 煙感知器連動などの防火シャッター

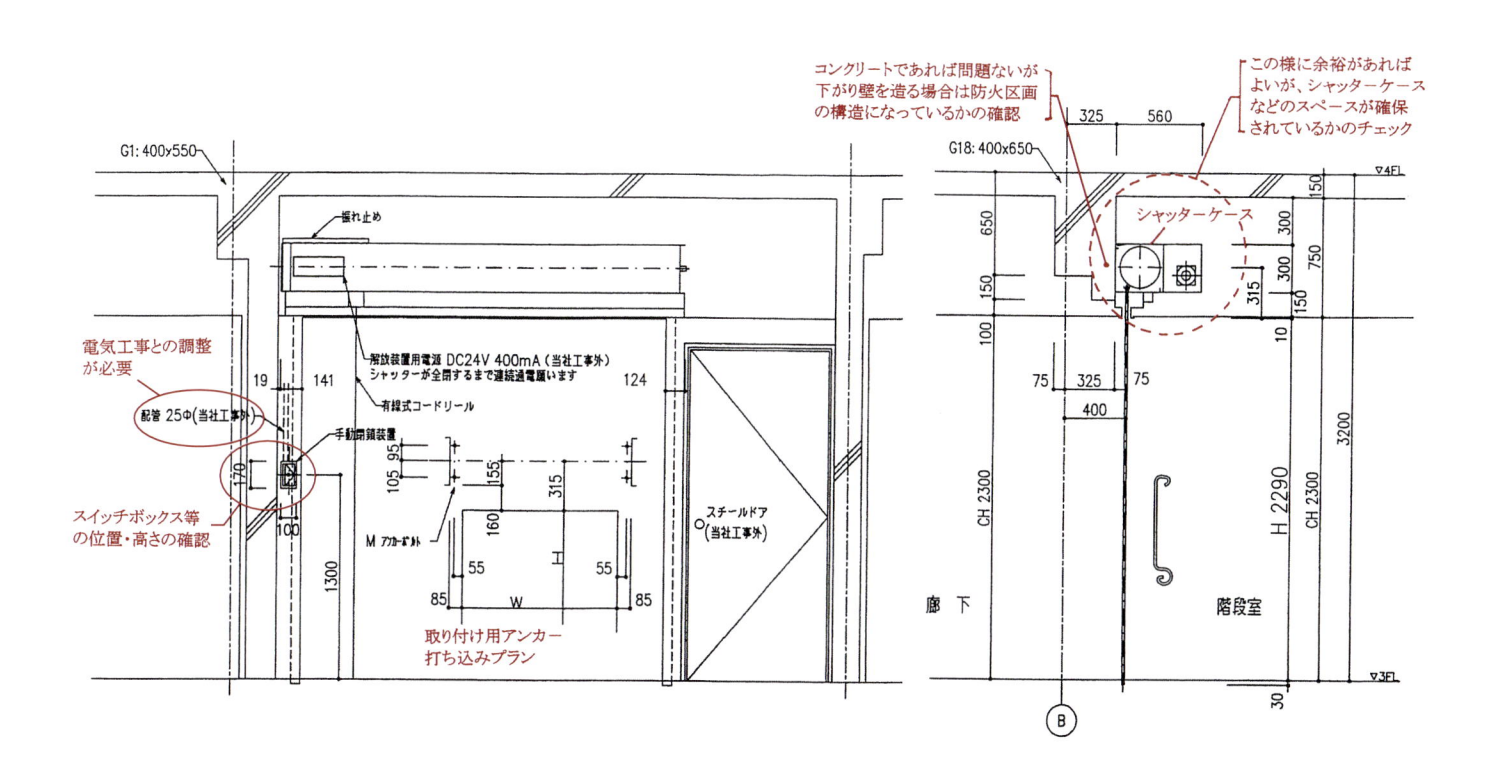

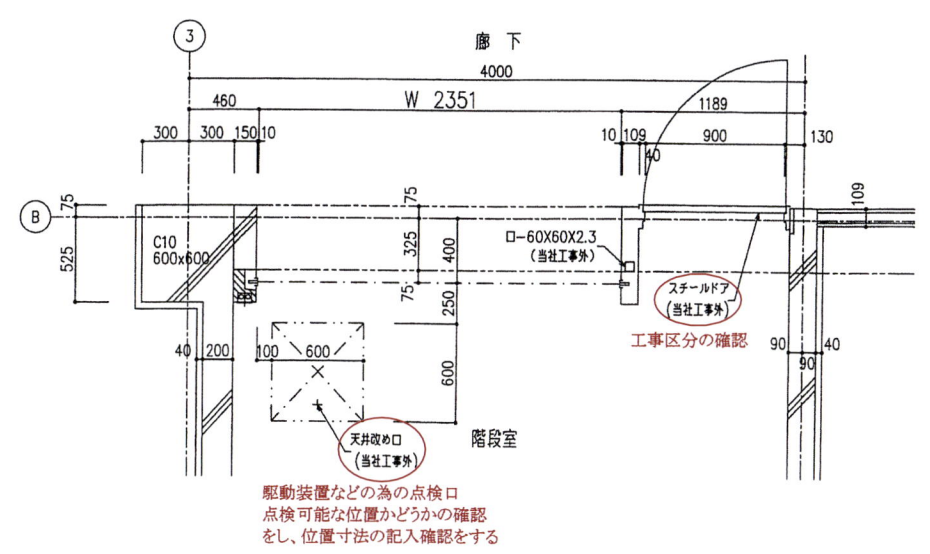

▲シャッター姿図（煙感知器連動防煙シャッターの場合）

6章　専門工事業者作成施工図

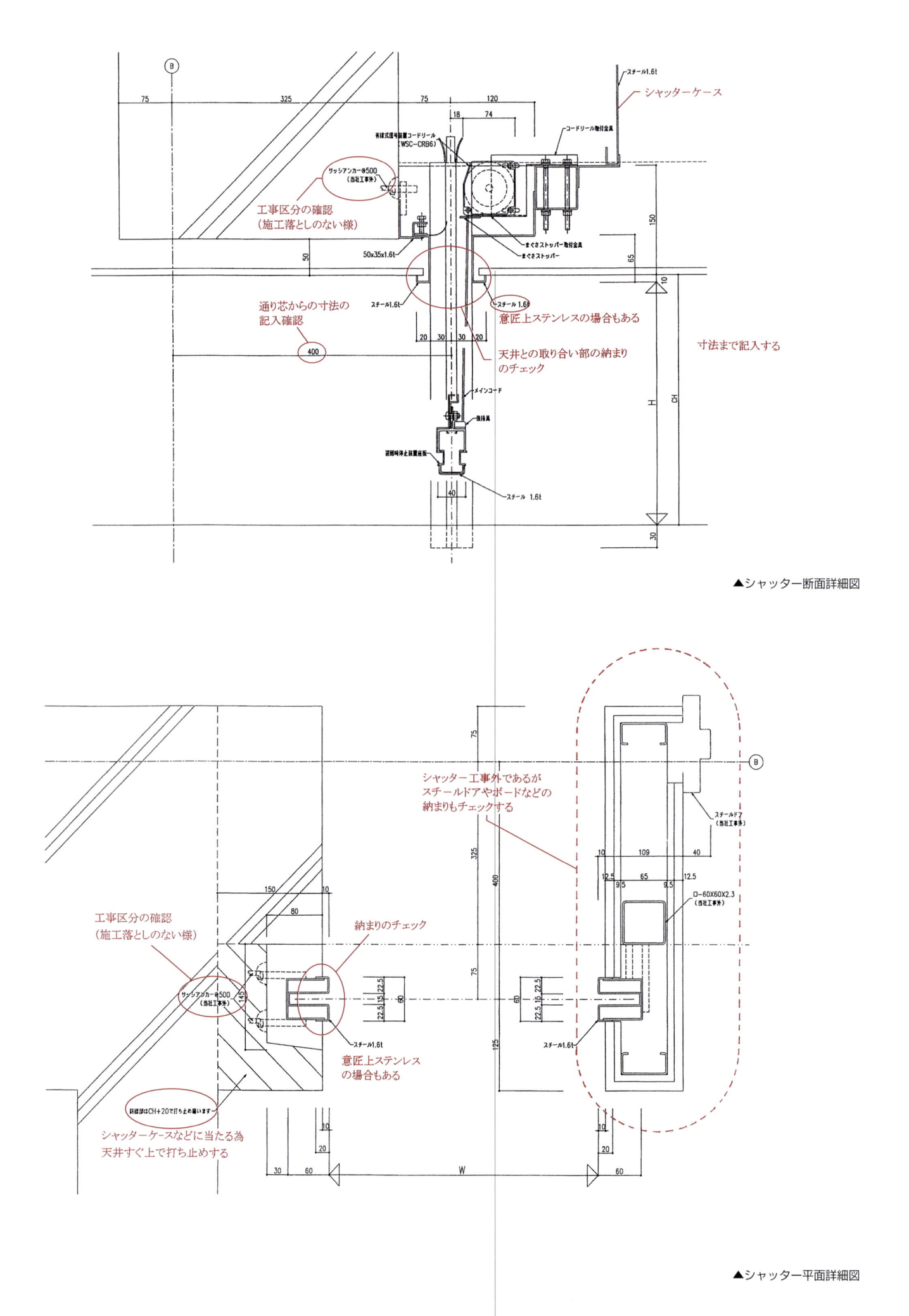

▲シャッター断面詳細図

▲シャッター平面詳細図

3 その他の金物製作図

1. その他の金物製作図

建具工事の他に、工場で製作してくるものとしては、手摺、ブラインドボックス、パネル類などの製作金物（金属工事）などがある。材質もステンレス、スチール、アルミなど様々であり、専門工事業者も複数に分かれることもある。

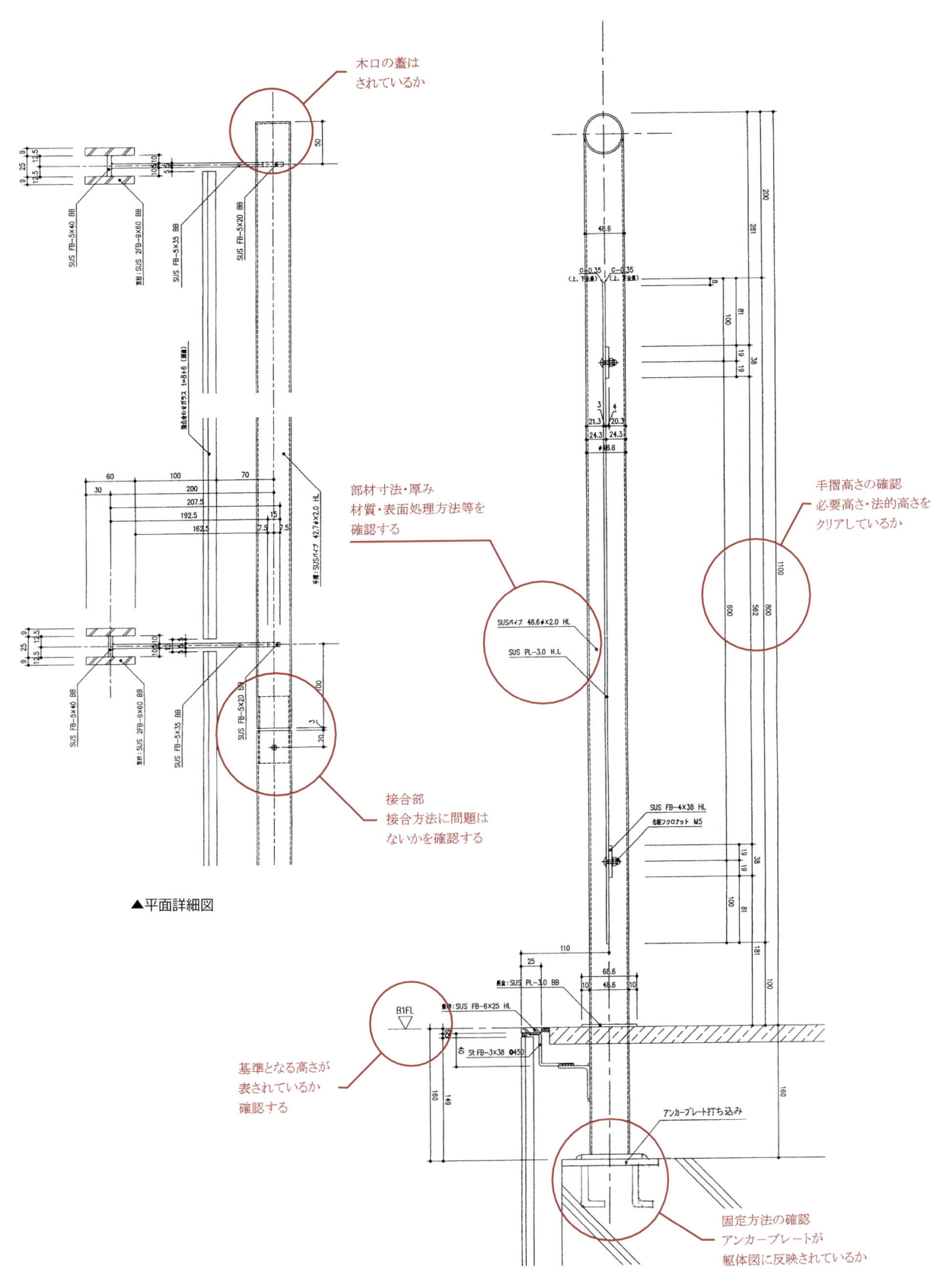

- 木口の蓋はされているか
- 部材寸法・厚み 材質・表面処理方法等を確認する
- 手摺高さの確認 必要高さ・法的高さをクリアしているか
- 接合部 接合方法に問題はないかを確認する
- 基準となる高さが表されているか確認する
- 固定方法の確認 アンカープレートが躯体図に反映されているか

▲平面詳細図

手摺製作図の一例

▲断面詳細図

2. その他の金物製作図のチェックポイント

これらの製作図のチェックのポイントも、基本的には建具製作図と同じであるが、下記の点に注意してチェックを行う。

■ その他の金物製作図のチェックシート

項　目	確　認　事　項	内　　容
仕様、材質	□仕様、材質が設計図と食い違いがないか	設計図書にうたわれている部材の仕様、材質等との照合・確認
表面処理	□表面処理の仕様に間違いはないか □適切な表面処理が行われているか □防錆処理は適切か	ステンレス、アルミ、スチィールそれぞれに、鋼製建具と同様、表面処理の仕様をチェックする。特に外部で使用されるスチール金物の場合、仕上げ塗装との相性も考え、防錆処理が適切に行われているかを確認する
製品寸法	□全体の寸法や各部材の寸法に間違いはないか	製品全体の寸法、各部材位置の寸法などをチェックする。手摺の場合、格子の間から子供がすり抜けないか、足がかりとならないか、などもチェックする
	□廻りとの取り合いに問題はないか	鋼製建具の場合、設計図に示された必要寸法（W、H）が優先であるが、製作金物の場合、廻りとの取り合いを優先的に考え、納まる寸法としてのチェックをする
	□法的制約を満たしているか	手摺などで隔てられた通路幅などは、法的制約を受ける場合があるので注意が必要である
取付け位置	□取付け位置は正しく記入されているか	通り芯など最寄の基準線からの寸法、およびFL（SL）などからの高さの記入・確認をする
使用部材の寸法・厚み	□使用部材の寸法・厚みに問題はないか	製品全体の強度に影響する事もあるので注意が必要である
部材同士の接合部	□部材同士の接合方法に問題はないか	溶接、突きつけ、目地分かれ等々があるが、その接合部の位置、納まり、強度的に問題ないかなどをチェックする
固定方法	□取付け時の固定方法に問題はないか □アンカープレート等の打ち込みが躯体図に反映されているか	アンカーを打って溶接なのかなど、製品の取付け・固定方法を確認し、ぐらつきがないかなどもチェックする。場合によっては、躯体に埋め込み用の欠き込みを設けたり、溶接用のアンカープレートを打ち込むといった事が必要な事もあり、その場合は躯体図への書き込みも必要となる
部材間でのシール	□部材間のシール等が適切であるか □漏水の危険性はないか □工事区分が明記されているか	シールの大きさが意匠的・性能的に適切であるか。また外部であれば漏水の危険ないかなども含めチェックする。工事区分（別途工事なのか）も明記する
現場搬入方法	□現場搬入方法に問題はないか	大きい物、長い物などでは、製品一体では搬入できない事もある。その場合、どの部分で分割するか、取付け時の接合方法なども検討が必要である
断熱処理、結露防止処理	□断熱処理、結露防止処理は必要ないか	金属パネルなどのように外部に接するところでは、断熱・結露防止の為に断熱材の裏打ちが必要な場合がある
漏水・遮音	□漏水，遮音上の問題はないか	金属パネルなどの場合、それだけで内・外部を隔てることがあるが、その場合、サッシと同様、入念に漏水の危険がないか、遮音対策上問題ないかなどをチェックする

4 製作図に関するその他の注意点

1. 他の製作図との整合・調整

　建具や製作金物が他業者の製作物と直接取り合ってくる事があるが、その場合は、その取り合い部の整合・調整が確実に行わなければならない。

　知らずのうちに互いに別々の基準に沿って図面が描かれ、実際に出来上がってきたら納まらない、取り付かない、といったこともあり得ることである。

　特殊な物、複雑な物などがあれば、それぞれの専門工事業者に来てもらい、調整打ち合わせを行うことも必要である。

2. 設備・電気との整合調整

　チェックポイントの項目でも述べたが、製作物と設備・電気が取り合ったり、別途工事として電気工事が必要であるといった事もあるが、その場合は、必ず設備・電気の担当者と整合・調整を図る事が必要である。

　設備・電気は工事の性質上、建築に追従した形をとるので、その取り合いに関してはよく現場を見て、知っているものである。

3. 分からない場合は専門業者に質問を

　疑問点・問題点があったら、自分だけで考えず、すぐ専門工事業者に質問をする事である。彼らはその名の通り、そのものに関しては深い専門知識を持っている。

4. 承認に際しては見直しを

　承認が行われたら、直ちに工場製作が開始され、間違いがあっても、現場にて取り付けが開始されるまでは、なかなかそれに気づかないものである。

　その時点で変更・造りり直しをしていたのでは、直ちに工程の遅れにつながり、コストにも影響する。

　承認に際しては、十分に見直しをする事が肝要である。

5 エレベーターに関する建築工事

　本書で採用しているモデル建築ではエレベーターは設置されていはいない。しかし、実務上ではエレベーター計画は多く、また施工計画上からも注意を要する事が多くあり重要である。そうした点から、以下にエレベーター計画時における、一般的な施工・管理面の注意点を掲載した。

1. 防災面からの注意点

1. 乗降ロビー

　エレベーターの乗降ロビーの確保と、火災発生時に昇降路が火煙にさらされることを防止するため下記についての注意が必要である。
1) 乗降ロビーは専用のロビーとし防火区画とすることが望まれる。
2) 専用ロビーが設けられない場合は、法定廊下最小幅等から昇降路の出入口まで、50cm以上の空間を確保することが必要。

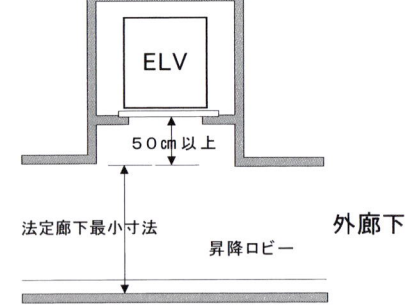

2. 昇降路の防火区画

　昭和56年建設省告示第1111号の廃止に伴い、エレベータ昇降路に竪穴区画が要求される場合は、エレベーターの乗場戸とは別に、建築工事にて防火設備を設ける必要がある。

3. 乗降ロビーの雨水対策

　昇降路の出入口を開放廊下に面して設ける場合は、下図に準じた雨水対策を施工する。また積雪寒冷地においては、地域の気象条件に応じた対策が必要となる。

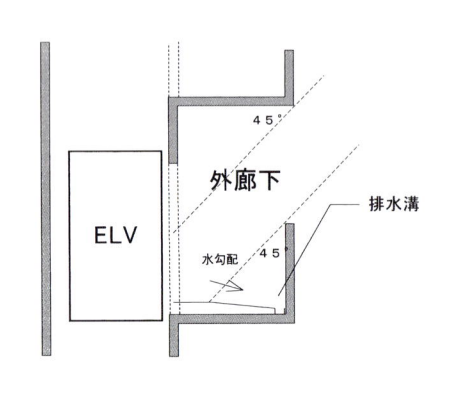

▲雨除用スクリーン
雨線内に昇降路の出入り口がすべて入れば、スクリーンは不用

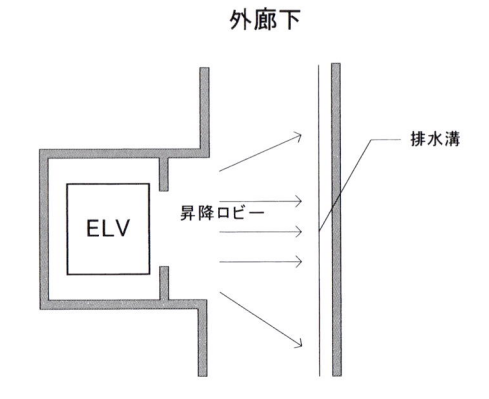

▲雨除用スクリーン
スクリーン幅は乗降ロビーの幅以上とする

2. 躯体面からの注意点

1. 昇降路の壁

1) 昇降路の壁または囲いは難燃材料で造り、覆うように施工とする。（令第129条の7）
2) 昇降路内側は平滑な壁面とし、RC壁の厚さは120m以上とする。

▲昇降路平面図

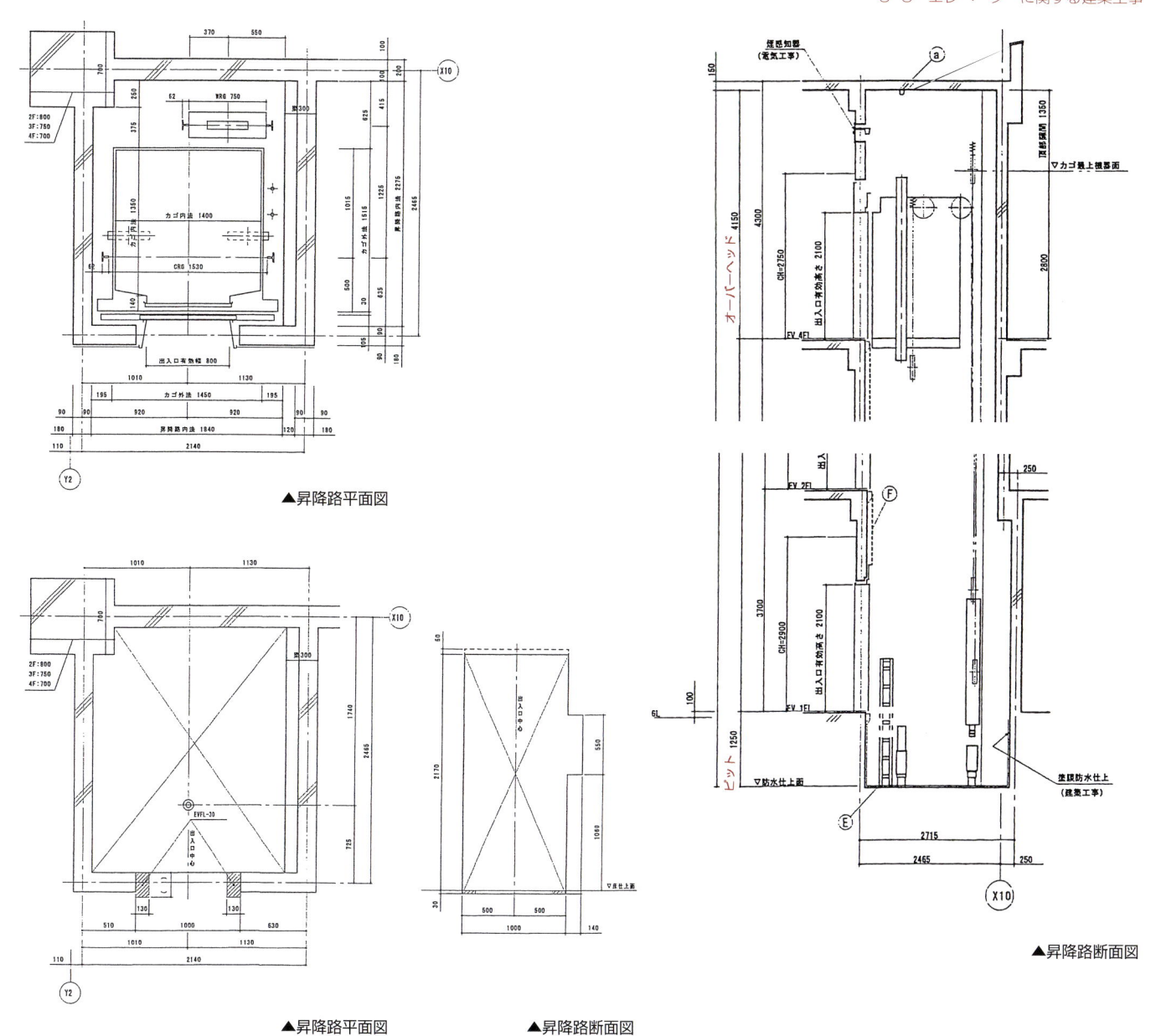

▲昇降路平面図　　▲昇降路断面図

▲昇降路断面図

2. オーバーヘッド寸法

速度 (m/min)	OHオーバーヘッド寸法 (mm)
45	3,150
60	3,200
90	3,450
105	3,500

3. ピット深さ

速度 (m/min)	ピット深さ寸法 (mm)
45・60	1,250
90・105	1,350

4. ピット防水工事

ピット部分は、地下水等による漏水のおそれのある場合は、防水モルタル等により防水工事を施工する。(指導指針)

5. ピット床下部使用

ピット床下部を居室等に使用することは原則として認められていないが、やむを得ず使用する場合は、次のいずれかの措置が必要である。
・ピット床を二重スラブとし、つり合うおもり側にも非常止め装置を設ける。
・ピット床を二重スラブとし、つり合うおもり側直下部を厚壁にする。

6. ピット間仕切り

隣接昇降路との間で、ピットに1.5m以上の段差がある場合は、その間に人が乗り越えられない高さ1.8m以上の転落防止のための金網等を設ける。（指導指針）

7. 三方枠と上部梁

エレベータの出入口上部に梁がある場合、梁の高さによっては出入口が取り付けられなくなることがあるので、下記の点に注意する。

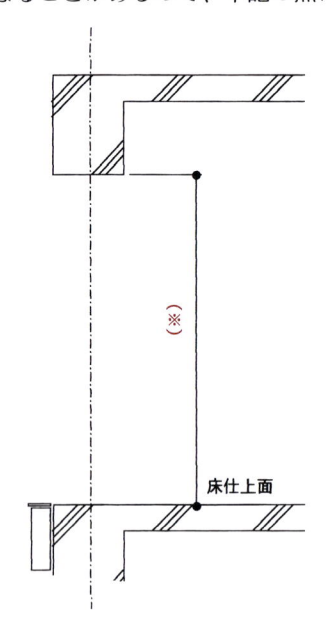

（※）寸法は下記を確保する。
- 住宅用フロントパネル付き三方枠の場合
    出入口高さ＋260m以上
- 幕板付き三方枠の場合、
    幕板上端＋50m以上
- その他の三方枠の場合
    出入口高さ＋70mm以上

■ 不停止区間がある場合の注意点

エレベータに不停止区間（不停止階）がある場合は、下記の昇降路救出口、および非常着床用出入口について注意を要する。

● **昇降路救出口**

不停止区間の垂直距離が10mを超える場合は、10m以内ごとに昇降路救出口が必要となる。

● **非常着床用出入口**

不停止区間が連続して11階床以上の場合は、10階床以内ごとに1ヶ所以上の非常着床用出入口が必要となる。

● 昇降路救出口、および非常着床用出入口の内容

名 称	昇降路救出口	非常着床用出入口
目的	正規出入口を設けない階での、かご内乗客の救出（昇降路外部から）	連続して11階床以上に出入口を設けない場合で、地震時の早期な最寄階着床を行い、かご内乗客の避難用
設計条件	就役階間の垂直距離が10mを超える時に設置	地震時の管制運転装置付きの時で、11階床以上連続して出入口を設けないとき
設置場所	10mを超えない範囲	10階床以内こと
構造要件	●昇降路の内側、および外用のいずれからも鍵を使用しなければ開かないこと ●自閉機能付き、自動施錠	就役階と同様の着床装置、およびかご着床時にかごの戸を自動的に開く装置を設ける （乗場表示器、呼びボタンは不要）
寸法	開口0.75m以上かつ高さ1.2m以上	就役階の出入口幅および高さとそれぞれ同じ寸法

設備工事業者作成施工図

第7章

1. 設備工事一般の注意点
2. モデル建物における設備工事の注意点

1 設備工事一般の注意点

1. 設備施工図とは

　本書では設備工事は専門業者が独自に行うものとして、建築担当者にとって、作業所で最低限対応すべき設備工事の重要ポイントをまとめておく。

　工事中は建築が主体でも、引渡し後は設備が主体となり、建物の運用に直接関わる。そのため、設備工事の出来不出来は将来のクレームの源となりやすい。その処理に掛かる費用はせっかく生み出した利益の減少、あるいはお客様からの信頼を損なうことになり、大きな損失となる。

　したがって、その現場を預かる建築担当者としては、工事全体の中で設備工事がどのような影響を現在と将来に与えるかという観点から管理してゆかなければならない。

　設備工事の管理にあたっては、次のような心構えが必要である。
1) 設備は人間の体で言えば血管、あるいは神経にあたると考えられる。
2) 人間の体で発生するコレステロールと同様に、配管も腐食、ゴミなどの異物による詰まり、これを除去するための手術、すなわち更新工事のやり易さが求められる。
3) メンテナンスが行い易い、あるいは問題が起こりにくい施工、取替えが容易な建築的な対応が欠かせない。
4) 設備システムや機器・材料などは時代の変化が激しく、更新を常に要求される。これらの対応が取れるように、事前に問題点や改善点を整理して建築的な改善が必要かどうかの判断が求められる。そして、これらの改善を設計者に提案するべきである。

　設備施工図には、上記のような基本事項を守った上で、設計図に示された内容の実現化を計ることが求められる。

　設備設計図ではシステムの基本的な考え方とか、設備機器容量が示されている。しかし、これだけでは、見積りは出来るが現場を納めるということになると非常に難しい。

　設備工事には空調・換気設備工事、衛生設備工事、電気設備工事などがある。電気工事の中には、強電として変電設備、幹線・電灯コンセント等がある。また、弱電には火災報知設備や放送設備、あるいはTV設備や情報設備など多岐にわたる。これらを一つの平面に納めることになるが、設計図では概略の検討しか行われないのが普通である。

　これは、設計図の段階では機器のメーカーや製作物の詳細寸法が決定していないこと、あるいは、取付け器具が客先の使い勝手を含めた決定になっていないこともあり、納まりや取付け位置は設備施工図で行うことになる。

　したがって、設備施工図では建築との取り合い、梁貫通の場所、大きさや数量の表示、仕上げ面から出る器具の配置を表示してある。また、設備どうしの取り合いでは、設備配管などが3次元の空間を自由に通るため、ルート、高さ、取り回しを明示し、他の設備との干渉を避けている。

　一方、天井伏せや平面図に設備器具のプロット、立面図に器具プロットと取付け高さを記入し、建築との調整を行ったうえで、客先への最終確認を得るのも設備施工図の重要な役割となる。

2. 設備工事の特徴

　建築の空間をより良い空間にするために、設備の納まり、仕上げ面から出てくる設備器具などをあらかじめ詳細に検討し、それに対応する建築の調整を行うことが求められる。
　下記に設備工事の特徴をあげる。

1) 設備工事は電気、空調、衛生、搬送機器それに情報関係の設備などがあり、その分野ごとに専門業者がいる。
2) 設備工事はひとつの建築工程の前後でいずれかの設備専門業者が必ず入るという係わり合いの深い工事である。
3) 設備の配管・配線は基本となる横展開と供給のための縦展開によって構成される。そのため、各階の平面計画上で縦系統の繋がりが悪くなると横に逃げることとなり、建築仕上げや躯体との取り合いに無理が生じ、各種の障害の源となる。
4) 建築工事では寸法の過不足は即納まらないことになるが、設備は体裁とメンテナンスを気にしなければ無理に納めることができる。そのため、設備工事に無理を言うと、その無理に答えてくれる可能性が高い。それが腕の良い工事ではない。単に、メンテナンスがやり難いなどの問題を先送りしただけの解決である。
5) 設備工事には梁貫通、スラブ貫通、躯体打ち込みなどの躯体を弱める工事が多く存在する。
6) 設備工事には見えない部分が多く、後からでは確認できにくい。隠蔽される部分は任せっぱなしにせず、施工状況の確認をまめに行うことが必要である。
7) 設備工事ではその設備が十分機能するかを確認するための性能検査が重要な要素になる。検査には一般的な目視検査、法的な検査以外に機器を使用してデータを取り、性能の確認をする検査がある。これらは、各工事の完成時点や中間で検査が行われる。これらの検査は、お客様が要求する性能に合っているかを確認する手段なので、結果の報告はおろそかに出来ない。

3. 設備工事と法規制

1. 関連法規

　設備工事には、建物規模や建物個別規定から規制される建築基準法や消防法がある。これ以外に設備の運用容量によって発生する各種の規制がある。
　これらの届出関係が遺漏のないよう設備担当者に確認することが重要である。主な関連法規は次表の通りである。(次頁参照)
　なお、工事の内容、種類や地域によって別の規制が存在する可能性があるので、これら調査は手落ちのないよう、十分な情報収集が必要である。

2. 設備工事に伴う出願

　設備工事ではインフラからの供給を受けるための各種手続きや、機器を設置する際の運用上の安全を確保するための各種規制がある。
　各設備に必要とされる申請書類および提出先等は、巻末に資料として記載した。

■ 関連法規

項　目	概　　　要
建築基準法	エレベーター等の運搬設備は確認申請時に申請書を提出されているが、メーカーと申請内容の確認が必要である
消防法	消防設備は、工事着工のために設置届けが必要である。これらの届けが提出されるための官庁打ち合わせ、申請日のスケジュール確認が必要である
水道法	既存の上下水道撤去、新設による引き込み工事の着工には指定業者による申請が必要となる
ガス事業法	大量のガスを使用する場合、ガスを貯蔵する場合に確認が必要である
電気事業法	電気受電容量により異なるが、所轄通産局に届出が必要な場合もあるので確認が必要である
浄化槽設置	浄化槽設置に関する申請は確認申請時点で行われているが、着工に伴う今までの許可を示す書類の確認が欠かせない
労働基準法	冷凍機、ボイラー、高圧機器の設置では厚生労働省への届けが必要で、建築的な規制もあるため忘れず確認が必要である

(※1) 工程について

工程表の作成を行い、設備工事の関わりを正確に知っておく必要がある。簡単に表せば次のようになる。

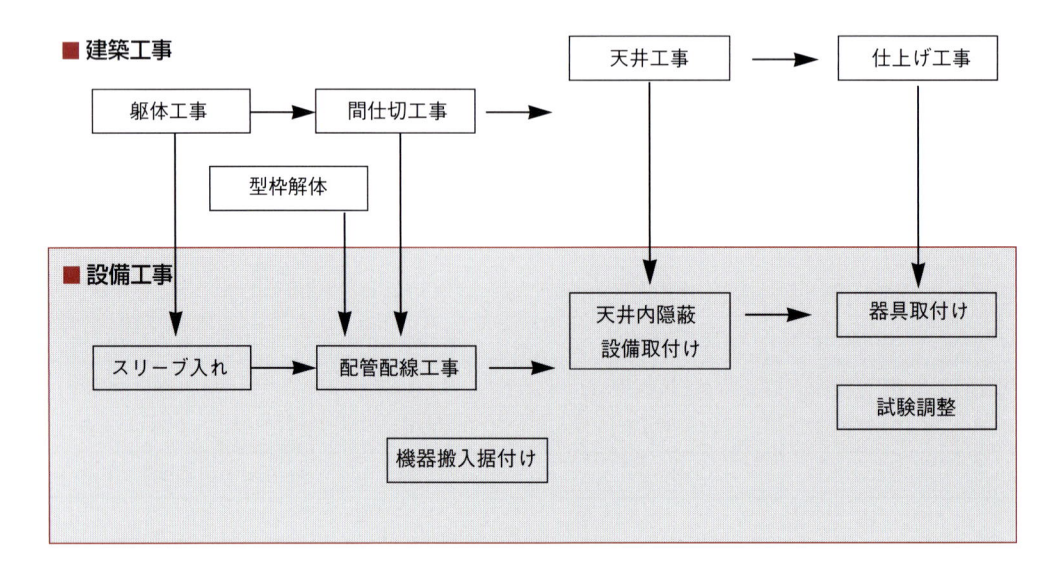

■ 建築工事

躯体工事 → 間仕切工事 → 天井工事 → 仕上げ工事

型枠解体

■ 設備工事

スリーブ入れ → 配管配線工事 → 天井内隠蔽設備取付け → 器具取付け

機器搬入据付け

試験調整

※上図説明・要点

建築工事の工程が進んで行く際、その工程における設備の係わり合いを十分認識し、設備工事の工程が、過少あるいは過密にならないように気を配る必要がある。特に、下記の点に注意が必要である。

● 設備工事者側は建築の工程を理解しているか、または特にクリティカルになる部分の注意を伝達してあるか確認する。
● 建築の工事項目の変わり目で、設備工事に必要な時間を適正に与えているかを確認する。
● 設備の各工程における性能検査の時間を十分取ってあるか確認する。

4. 設備工事のチェックポイント

建築担当者として設備工事の進捗を管理をするうえで、必要な事項を下記にまとめた。ここに挙げたものは基本的なものなので、実際の現場では状況にあわせた対応が必要となる。このためには、日頃から設備担当者との意見交換を密に行なってほしい。

■ 設備工事のチェックシート

検討項目	確認事項	内　　容
工程	□ 設備の工程表から建築との関係が理解できるか	建築工程表に設備の詳細工程をいれて施工可能か検討する（前頁＊1参照）
	□ 建築の各段階での設備工事のための適正な時間が与えられているか	
	□ 設備の竣工検査である性能検査の時間は十分か	
敷地調査	□ 敷地のレベルと1階床レベルは設備業者に周知されているか	基礎梁の貫通に関わるので、最新の建築施工図で確認する
	□ 屋外排水工事と放流口のレベルの測定はしてあるか	敷地レベル調査図の作成をチェックする
	□ 建物周囲に埋設される配管のスペースは確保されているか	地下躯体の施工図作成時に敷地境界との離隔を設備担当者と確認する
重量物の搬入と設置	□ 何時・何処に搬入するのか	建築搬入計画と擦り合わせを行う
	□ どのくらいの重量と大きさがあるか	メーカーに確認する
	□ 搬入ルート、吊り上げフックなど、その搬入方法はどうか	建築と入念に打ち合わせする。必要ならば吊りフックを躯体に埋め込む
	□ 設備荷重が構造計画の許容値内であるか	設計荷重内か工事監理者（構造設計者）に確認する
	□ 将来の搬入はどのように行うか	工事監理者と打ち合わせを行う
	□ メンテのための部品搬入はどのように行うか	
躯体	□ 躯体内への打ち込み配管があるか。	屋上防水または地下外壁防水個所を貫通する配管があるか確認をする
	□ 設備の管と管の隙間にコンクリートが廻るか	設備配管の集中する場所では配管施工図を作成し、チェックする
	□ 躯体の溝はつりによる埋め込みはあるか。	基本的にはしてはならない施工である
	□ 躯体のレベル差は設備業者に周知してあるか	最新の建築作成の躯体図で確認する
外壁貫通	□ 外壁を貫通して取り付けるダクト、配管の防水処置は適切か	外壁部の納まり共通詳細図を作成し、確認する
	□ 外部デザイン上の調整（縦・横合わせ）は行ったか	タイル割りを含め、下階、上階の位置寸法を確認する
躯体コンクリート打ち込み	□ WCなどの床下配管はメンテ出来るか	1階床下配管はピットにすべきだが、埋戻土の場合は工事監理者と確認が必要である
	□ 電気のCD管の集中（断面欠損）はないか	電気分電盤に集中するスラブ配管が、集中していないか確認する

天井およびタイル割り	□ スラブ下の天井インサートと設備用インサートは分けて計画しているか	天井仕上げ用インサートは建築、設備（電気）用インサートは設備で計画するが両者の調整は必要である。
	□ 天井、壁の設備プロット計画（概略計画）は承認されているか	建築施工図に設備（電気）の器具類の配置計画に問題はないか確認する。
	□ 器具の取り付け位置と目地が一致しているか	
外壁断熱	□ 空調負荷として見ている断熱と一致しているか	建築施工図を確認する
	□ 外壁の結露は検討したか（壁クロス部分）	外壁内壁の断熱施工はあるか確認する
騒音・防振	□ 空調機の騒音対策は適切か（設置場所によるファンの音・躯体振動）	基礎、防振ゴムが適切に設置計画されているか確認する
	□ 屋外に出る機械からの騒音は近隣に迷惑をかけないか	設計の騒音計算書の確認を行う
PS・DS・EPSおよび機械室の設備的納まり	□ 設備スペースの上下階の繋がり、構造物との障害がないか	梁があり実際使える配管スペースを確認し、必要ならばスペースの拡張が可能か検討する。
	□ 設備のメンテナンスを行うための十分なスペースがあるか	
	□ 防火区画の処理は法基準通りに施工されているか	FDの点検が容易に行えるかを確認する 電気関係のケーブルの処理は法基準通りかを確認する
	□ 機械室、電気室のメンテのためのスペースは確保されているか	設備機械室の詳細図でスペースを確認し、躯体関係の調整をあらかじめ行う
外構工事	□ 不等沈下対策はあるか	配管類に関してはフレキシブル管・スライド継手やハウジング型継手などの対策の他配管ブラケット等を施す
	□ 屋外雨水排水の集水場所は等分に配置されているか	建築作成の屋外関係の仕上げ施工図の確認を行う
	□ 屋外排水桝は車両の重量に耐えられるか	車輌が進入できる場所をあらかじめ設定する
電気工事	□ トランスの荷重は確認したか	メーカーに問い合わせる
	□ 電気引き込み方法を検討したか	立地条件その他保安上適切な引き込み位置を電力会社と調整しておく
	□ 盤廻りの配管集中は避けてあるか	設備詳細図作成を行い、検討する
	□ 器具の点検はできるか	建築化照明などは器具の点検が出来るスペースを確保してあるか確認する。また、隠蔽された場所にある場合は点検口を付ける
空調工事	□ 梁下の納まりは可能か	建築作成天井伏せ図で確認する。
	□ 機器類の基礎の施工方法が適切か	器具の大きさ（重量）や設置場所（屋上・ベランダ・外構）により簡易型の基礎からRC造まで色々あるので検討する
衛生工事	□ 排水管の勾配は十分か	排水管の勾配は通常1/50から1/100で設定するが、それを取れるような上下のスペースがあるか確認する
	□ メンテに行く通路、点検歩廊があるか	無い場合は点検用ハッチ・歩廊・はしごを計画し、構造補強の指示を工事管理者から受ける
運搬機械工事	□ 法的なクリアランスが取れているか	計画する機械の仕様によりスペースが変わるので建築作成の躯体図を確認する。また、ガイドとなる鉄骨の納まりが躯体や基礎と絡むのであらかじめ詳細な打ち合わせをメーカーと行う
	□ 平面スペースが機械の図面と一致しているか	
	□ 機械のための支柱の位置、アンカーボルトの位置は整合が取れているか	

5. 設備施工計画図の記号

建築担当者として設備工事を理解し、把握するためには設備施工図を読める必要がある。設備図の基本的な内容は記号で表現されている。下記に理解の手助けとして、設備の記号表を記載した。

■ 電気関係シンボル

■盤類

シンボル	名称	シンボル	名称
	配電盤	BA	中央監視盤
	分電盤	RS	リモートステーション盤
	制御盤	S	開閉器盤・手元開閉器
	警報盤	Wh Wh	電力量計（箱入、箱なし）

■機器

シンボル	名称	シンボル	名称
M	電動機	RC	エアコン
H	電熱器	F	フロートスイッチ
∞	換気扇・天井扇	LF	フロートレススイッチ

■電灯

シンボル	名称	シンボル	名称
○ ◐	白熱灯・HID灯（天井付・壁付）	● ● 2P	点滅器（片切・両切）
	蛍光灯（天井付）	●3 ●4	点滅器（3路・4路）
	蛍光灯（壁付）	●L ●○	点滅器（パイロットランプ内蔵、別置）
	屋外灯	●WP	点滅器（防水型）
●	白熱灯（非常用照明）	●R	リモコンスイッチ
	蛍光灯（非常用照明）	⊗	セレクタスイッチ
	蛍光灯（誘導灯）	●A	自動点滅器
	蛍光灯（誘導灯・非常用照明兼用）		調光器
	蛍光灯（発電機回路）	TS	タイムスイッチ
⊘	白熱灯HID灯（発電機回路）	▲	リモコンリレー

■コンセント

シンボル	名称	シンボル	名称
⊖	コンセント（壁付）	⊕T	コンセント（引掛型）
⌀	コンセント（床付）	⊕	非常コンセント
⊖E	コンセント（接地極付）	◯	コンセント（引掛シーリング丸）
⊖ET	コンセント（接地端子付）	[ ]	コンセント（引掛シーリング角）
⊖WP	コンセント（防水型）		

■電話

シンボル	名称	シンボル	名称
MDF	本配線盤	◉	電話用アウトレット（壁付）
▭	端子盤	◉	電話用アウトレット（床付）
PBX	電話交換機	◉PT	電話用アウトレット（公衆電話用）
▢	保安器	T	内線電話機

■拡声

シンボル	名称	シンボル	名称
AMP	増幅器	JS	ジャック（スピーカー用）
RM	リモートマイク	―◯―	ワイヤレスアンテナ
◉	スピーカー（壁付）	⌀	アッテネーター
△	スピーカー（天井付）	C	カットリレー（電源制御器）
◁	ホーン型スピーカー	CS	スピーカー切替器
JM	ジャック（マイクロホン用）		

■インターホーン

シンボル	名称	シンボル	名称
Ⓣ	インターホーン（親）	Ⓓ	ドアホン端子
ⓣ	インターホーン（子）		

■テレビ

シンボル	名称	シンボル	名称
┬	テレビアンテナ（UHF, VHF, FM）	⊕	分配器
◁	テレビアンテナ（BS, CS）	⊙	直列ユニット（75Ω）
⌀	混合器	⊙R	直列ユニット（終端抵抗付）
∀	増幅器	✉	機器収納盤
⊕	分岐器		

■呼出・表示

シンボル	名称	シンボル	名称
NC	ナースコール親機	◉N	握り押釦（ナースコール用）
⊛	スピーカー型インターホーン端子	◎	表示灯（壁付）
▭	表示盤	○	表示灯（天井付）
◉	押釦（一般）	▯	ナースコール切換機
◉N	押釦（ナースコール用）	♩	チャイム

■火報・煙感連動・ガス漏れ

シンボル	名称	シンボル	名称
Ⓖ	ガス漏れ感知器	⊠	火報受信機
⊍	低温式スポット型感知器 65℃	▱	煙感連動制御盤
⌒	差動式スポット型感知器	▭	ガス漏れ受信機
S	光電式スポット型感知器		

■防犯

シンボル	名称	シンボル	名称
▭	警報制御盤	Ⓜ︎Ⓢ	検知機（磁気近接スイッチ）
□C	カード式	ⓋⓈ	検知機（振動検知機）
□T	テンキー式	ⒼⓈ	検知機（ガラス破壊検知機）
□K	キー式	⊖	光線検知機（投光器）対向式
K	電気錠	⊖	光線検知機（受光器）対向式

シンボル	名　称	シンボル	名　称
�	検知機（パッシブセンサ）	 ⊕ ………	光線検知機（投光器）反射式
㊾	検知機（リミットスイッチ）	 ……… ㊉	光線検知機（反射器）反射式
㊽	検知機（シャッタ検知機）	 ▭	テレビカメラ

■避雷

シンボル	名　称	シンボル	名　称
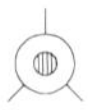 ⊕	突針部（平面図用）	———	避雷導線及び棟上導体
▯	突針部（立面図用）	⊗	接地抵抗測定端子

■配管・配線

シンボル	名　称	シンボル	名　称
———	天井隠ぺい配線	 EC	接地センター（接地端子盤）
- - -	床隠ぺい配線	⊠	プルボックス
— — —	露出配線	☐	ジョイントボックス
———	天井ふところ配線	⦸	VVF用ジョイントボックス
———	地中埋設配線	◇	ハンドホール
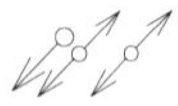 ↗↘↕	立上り・引下げ・素通し	 ⌐	受電点、引込口
 ⌒	ヨビ配管	⊟	梁貫通部
⏚	接地極	 ▨	防火区画貫通処理（BCJ認定工法）

■ 空調・衛生関係シンボル

■空調配管

シンボル	名　称	シンボル	名　称
―C―	冷水往管	―HH―	高温水往管
―CR―	冷水返管	―HHR―	高温水返管
―H―	温水往管	―CH―	冷温水往管
―HR―	温水返管	―CHR―	冷温水返管

■配管

シンボル	名　称	シンボル	名　称
―S―	低圧蒸気往管	―R―	冷媒管
―SR―	低圧蒸気返管	―E―	膨張管
―SSS―	高圧蒸気往管	―O―	給油管
―SSSR―	高圧蒸気返管	―OR―	返油管
―CD―	冷却水往管	----OV----	油タンク通気管
―CDR―	冷却水返管	―D―	ドレン管
―B―	ブライン往管	----AV----	空気抜き管
―BR―	ブライン返管	―A―	圧縮空気管

■配管符号・継ぎ手類

シンボル	名　称	シンボル	名　称
⊢○	立ち上り部	□	伸縮継手（単式）
⊢⌒	立ち下り部	▯	伸縮継手（複式）
―×―	配管固定点	⊓	伸縮継手（ループ式）
══	配管貫通部・ダクト貫通部	◠	防振継ぎ手
⊢U⊣	Uトラップ	∾	フレキシブル継ぎ手

■弁・配管付属・計器類

シンボル	名　称	シンボル	名　称
⋈	弁	◎	間接排水受け
⊳	コック	(A)	自動空気抜き弁
⋈	逆止弁	(T)	蒸気トラップ

シンボル	名称	シンボル	名称
(安全弁図)	安全弁	Ⓜ	流量計
Ⓡ	減圧弁	(点検口図)	点検口
Ⓢ	ストレーナー	(埋設弁図)	埋設弁
(Y型図)	Y型ストレーナー		

■弁・計器類

シンボル	名称	シンボル	名称
(二方弁図)	二方弁	Ⓣ	温度検出器
(三方弁図)	三方弁	Ⓗ	湿度調節器
Ⓣ	温度調節器	Ⓗ	湿度検出器

■ダクト

シンボル	名称	シンボル	名称
─SA─	給気ダクト	⊠ ⊗	給気ダクト断面
─RA─	還気ダクト	⊠ ⊘	還気・排気ダクト断面
─OA─	外気ダクト	⊠ ⊗	外気ダクト断面
─EA─	排気ダクト	⊠ ⊘	排煙ダクト断面
─SM─	排煙ダクト		

■ダクト附属品

シンボル	名称	シンボル	名称
○ □ ▭	天井付き吹出・吹込口	⌀VD ▯VD	ダンパ（MD、CD）
(壁付図)	壁付き吹出・吹込口	●FD ▮FD	防火・防煙ダンパ（FVD, SMD, HFD, SFD, SD, SFVD, PFD）
⇒	吹出しシンボル	●	排煙用手動開閉装置
(吸込図)	吸込みシンボル	∧∧∧ ▦	フレキシブルダクト
◣	天井付き排煙口	(ベーンエルボ図)	ベーン付きエルボ
(壁付排煙図)	壁付き排煙口	▨ ▨	消音エルボ・消音部
(ドアガラリ図)	ドアガラリ・アンダーカット	◁	可変風量ユニット
▯	外壁ガラリ	⊠	定風量ユニット

■ 設備シンボル

■衛生・消火配管

シンボル	名　　称	シンボル	名　　称
———————	給水管（上水）	———WS———	水噴霧消火管
——— － － ———	給水管（雑用水）	———F———	泡消火管
———IW———	工業用水管	———CO2———	二酸化炭素消火管
—|— —||—	給湯往管・返管	———DC———	粉末消火管
——— ⊥ ———	排水管	———HL———	ハロゲン化物消火管
——→——⊥———	汚水管	———G———	ガス管
———XS———	連結送水管	———PG———	プロパンガス管
———XB———	連結散水管	———MG———	中厚ガス管
———X———	消火栓管	———V———	真空配管
———SP———	スプリンクラ管	———OX———	酸素配管

■衛生機器・ガス器具

シンボル	名　　称	シンボル	名　　称
M	量水器	⊗(B)	排水目皿（(B)防水型）
⊙	洗浄弁	RD ○	ルーフドレーン
○—◎	ボールタップ	⊗	共栓付き排水金物
⌑	水栓（水）	T　T	トラップ枡
●	水栓（湯）	□　○	雨水枡
◐	水栓（混合）	▦	格子枡
◁	シャワー（水）	⊠　⊗	雑排水枡
◀	シャワー（湯）	◎　◎	汚水枡
◀	シャワー（混合）	公　公	公設枡
⊕(B)	床上掃除口 ((B)防水型)	⊕	ガス栓（1口）
∥	床上掃除口 （床上掃除口）	⨯⊕	ガス栓（2口）
GT	グリス阻集器	⊕	ガス栓（埋込）

OT	オイル阻集器	GM	ガスメーター
⊘(B)	排水金物		

■消火器具

シンボル	名　　称	シンボル	名　　称
▱	屋内消火栓（1号）	Ⓗ	屋外消火栓（スタンド型）
▱	屋内消火栓（1号放水口付き）	▭	屋外消火栓（総合盤型）
▱	屋内消火栓（高層階用・1号放水口付き）	⟣	送水口（壁付型）
▱	屋内消火栓（2号）	⟠	送水口（独立型）
▱	屋内消火栓（2号放水口付き）	⊳⊣	採水口（壁付型）
⊠	連結送水管（放水口格納箱付き）	○⊣	採水口（独立型）
⊠	連結送水管（高層階用・放水口格納箱付き）	○⊢	テスト弁

6. 設備施工計画図の見方

　一例として衛生設備施工図をあげる。この施工図は便所詳細図であるが、躯体との取り合いや仕上げとの取り合い、詳細な納まりなど検討することが多い例である。

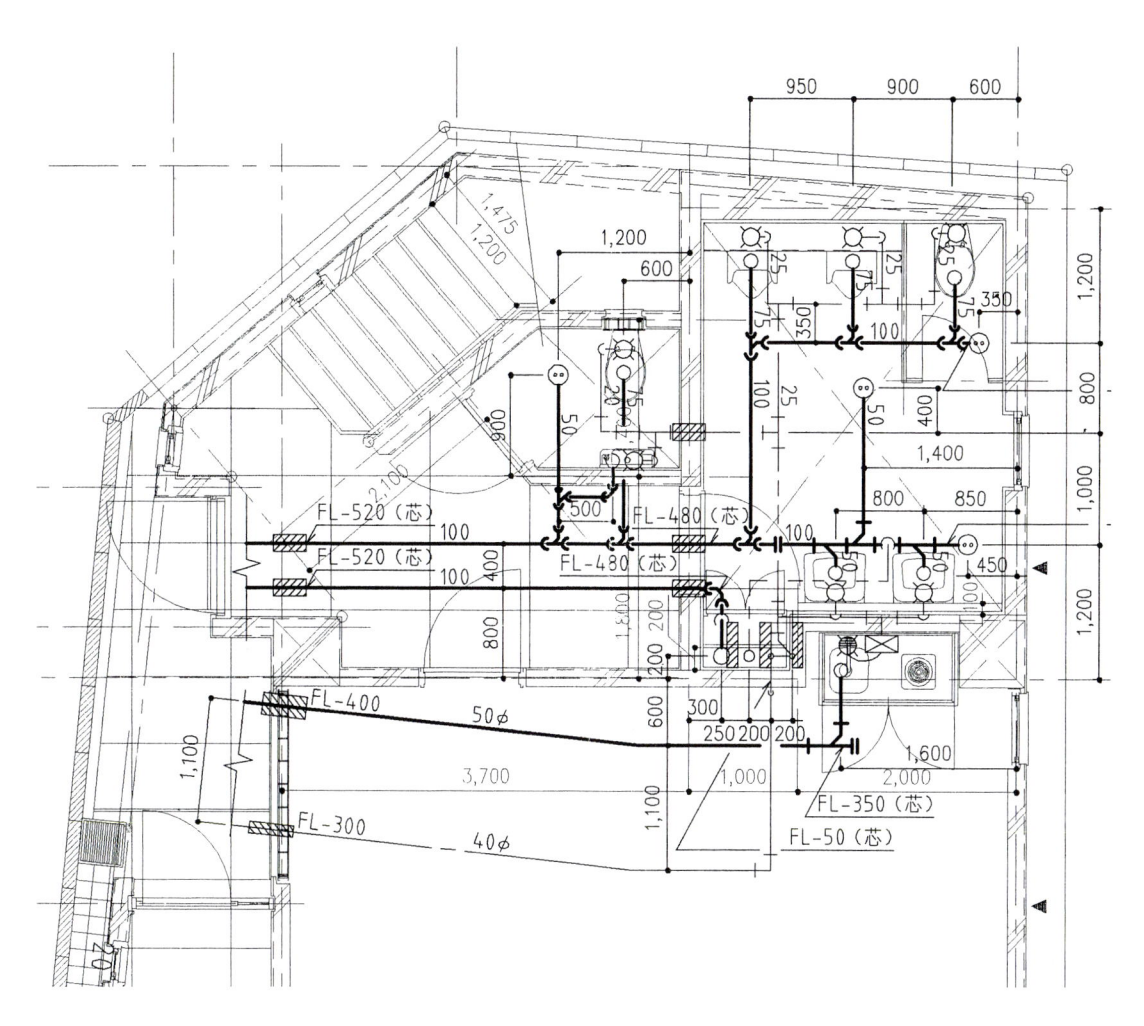

平面図

● 第一節で述べたように設備の種類はいろいろあるが、この例のように1階床が土間床の場合は、衛生配管の納まりが中心になる。また、土間に配管されるため、施工前の準備や工程の調整が重要になる。

● 建築的には、配管がどのように通るのかを把握しておかなければならない。設備施工前には配管の施工位置と高さが示されているので、躯体との取り合いを平面と立面の双方から検討出来るはずである。

● シャフトなど、設備の納まりがきついところはこの図でも見てとれる。この部分は、設備担当者と調整しなければならない。大ざっぱに以上のことがこの図で判明できる。

● また、衛生器具の取付け位置が示されているので、タイル割りとの調整や仕上げとの取り合いを詳細に詰め、平面詳細図に反映する必要がある。

【モデル建築にみる設備と躯体工事との関連】

1. 基礎工事における設備工事の注意点

　モデル建築では1階に便所があるため、この便所の衛生設備配管の施工方法が躯体に大きな影響を与える。具体的な注意点を下記に示す。

1. 土間の施工について
　土間の埋め戻し、填圧後、配管を埋設するため溝堀が発生する。無用な根伐をしないように注意し、填圧の効果が減じないようにしなければならない。(右図 A部参照)

2. スリーブどうしの間隔について
　RCの梁にスリーブを入れる場合、構造基準ではスリーブ径の3倍の間隔を取らなければならない。また、高さについても主筋からの離れが構造基準通りの離れがあるかどうかを設備のスリーブ図によりチェックする。(右図 B部参照)

■ 図中以外の一般的な注意点

● 躯体(基礎)天端のレベルと配管について
　基礎などの躯体上部にある設備器具からの設備配管、あるいはPSからの縦配管が基礎の上部に当たり、基礎を欠かないと納まらない場合がある。これを避けるために梁のレベルを下げるか、梁背を縮めたりするなどの対策が必要となる。梁のレベルを変えるのは他への影響が大きいので注意がいる。

● 配管の沈下対策について
　1階便所の衛生配管は土間(地中)に埋め込むため、埋め戻し土の沈下による配管の破損、排水管の勾配が変わるなどの問題が発生する。これを防ぐためには土間スラブを止め、便所の下部をピットにすることが望ましい。また、配管のメンテナンスや、将来の更新を考えると便所下部は人が入れるようにピットにしなければならない。
　便所以外を通る配管部分もピットにするべきだが、これが困難ならば埋め戻し土の沈下に配管が引きずられないように、土間スラブから配管を吊るか、あるいは簡単なトレンチ(溝)を作り、配管保護を行う。

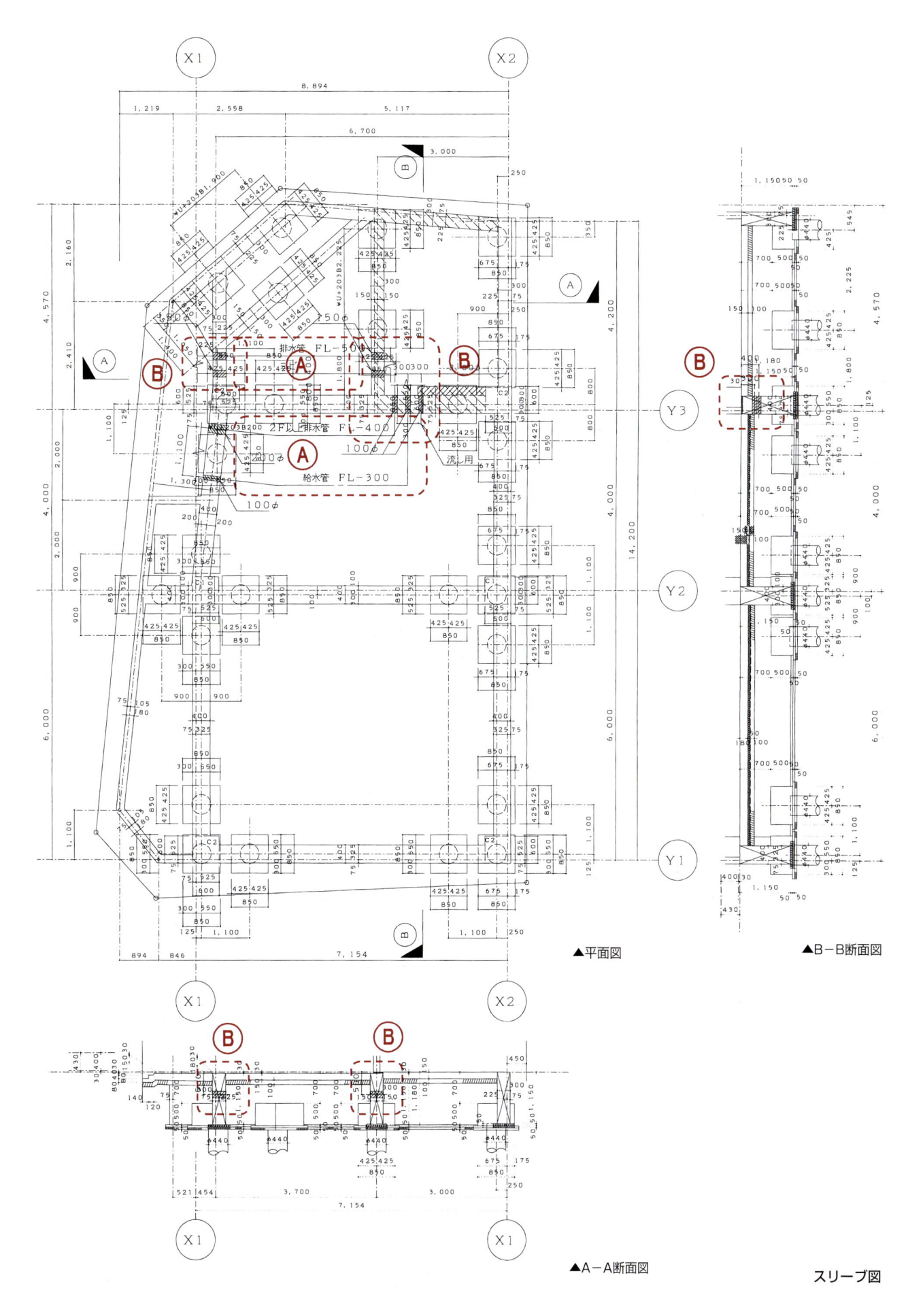

▲平面図

▲B−B断面図

▲A−A断面図

スリーブ図

2. 平面詳細図

本件の1階便所詳細図を例に、設備工事から見た問題点を指摘し、改善策を立てる。

1. 壁に埋め込まれる電気・衛生配管について

　洗面器の取り付く壁に給水管、排水管などの衛生配管が埋め込まれる。これを納めるために躯体を斫るのは好ましくない。洗面器や流し台からの配管はライニングを設置し、これに納めるようにする。（右図 A部参照）

　電気配管はほとんど躯体に埋め込まれるが、スイッチ等の細い配管では問題ないが、電気の盤にはこれらの配管が集中するので同様な注意が必要である。

2. 配管スペースについて

　上階からの配管スペースが不十分なので、戸棚を前後に分割し、配管を通すスペースを確保したが、設備担当者と打ち合わせを行い必要な大きさのPSを作ることが望ましい。また、柱脇のＰＳは狭すぎて配管のメンテナンスが出来ない。位置的にも基礎梁に当たるので使えない。（右図 B部参照）

　配管スペースは、上下階がまっすぐ通るように施工する事が望ましい（配管の振り〈縦管の位置を上下で変えること〉は将来腐食、あるいは詰まりなどの問題を起こしやすい）。

3. 躯体(基礎)天端のレベルと配管について

　基礎梁の上にある器具からの排水管や給水管あるいは、上階の排水管が基礎梁の天端に当たる。これを避けて配管してもスリーブの位置によっては配管との接続が難しくなる。このような困難な配管は詰まりの原因になり、メンテナンスがやり難い。（右図C部参照）

4. 衛生器具と設備全体システムの把握

　モデル建築では給水方式が直結方式なので、大便器にはロータンクが必要となる。しかし、建物高さの関係から給水方式全体を見直さなければならない。この例では加圧式の給水方式が必要と思われる。（右図 D部参照）

　電気的には洗面器前の照明の位置が検討の対象となる。姿見を目的とした鏡に対し、照明器具の記載が詳細図にないのは適切ではない。（右図 E部参照）

　このように建築の内容によっては設備の方式まで見直すことになり、十分な注意が必要である。専門工事業者の意見を聞き、理解しなければならない。

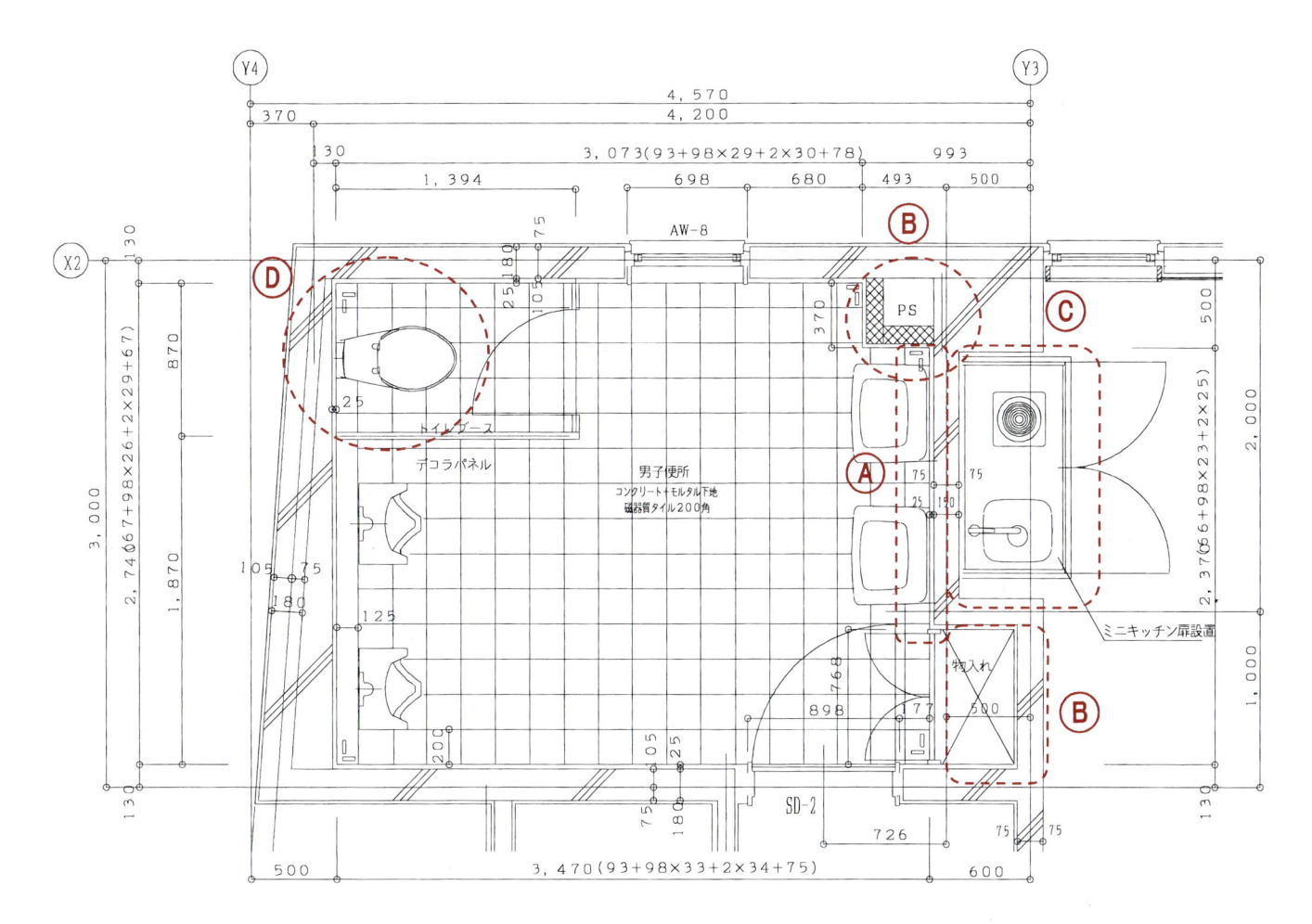

7-2 モデル建築における設備工事の注意点

平面図

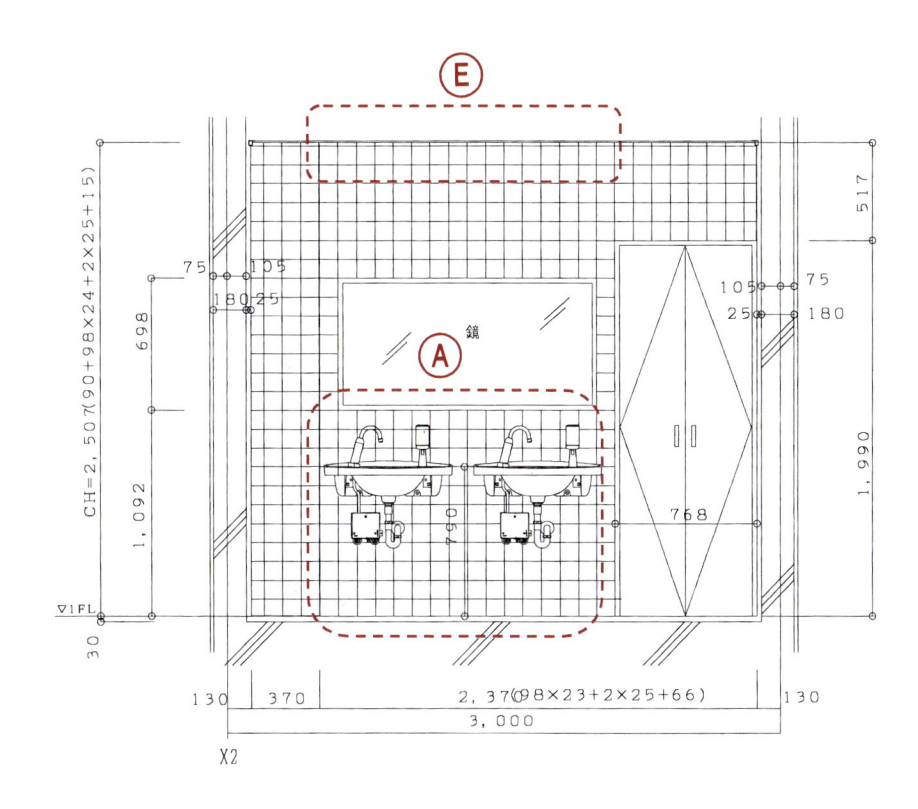

展開図

参考：設備関係出願リスト

　各設備に必要とされる申請書類および提出先等は、以下に示す表の通りである。
なお、所轄官庁により若干の違いがある。
※提出予定日はあくまでも目安なので、事前に調べておくことが必要となる。
※この他にも公害関係、工作物申請や新たに制定された法規関係の申請もあるので調査が必要となる。

● 運搬機械設備

エレベーター エスカレーター	クレーン	申請書類	提出先	申請者	提出予定日
○		運搬機械確認申請書	建築主事	建築主	着工前30日
○		運搬機械工事完了届	建築主事	労基署	完了時5日
	○	昇降機設置報告書	労基署	設置者	完了時
	○	クレーン設置届	労基署	設置者	着工前10日

● 防災設備

自火報・水消火・スプリンクラー 化学消火・誘導灯	申請書類	提出先	申請者	提出予定日
○	消防設備等着工届	消防署	消防設備士	着工前10日
○	消防設備等設置届	消防署	所有者	着工前10日
	火を使用する設備等の設置届	消防署	所有者	着工前10日
	防火対象物使用開始届	消防署	所有者	使用開始前10日

● 危険物

指定数量以下	指定数量以上	申請書類	提出先	申請者	提出予定日
		危険物貯蔵許可申請	消防署	設置者	着工前15日
		地下タンク施工中間検査	消防署	施工者	
		危険物貯蔵所完成検査申請	消防署	設置者	完成前15日
		危険物保安監督者選任届	消防署	設置者	使用前
		少量危険物貯蔵取扱届	消防署	設置者	完成前40日

● ガス設備

都市ガス	プロパンガス	申請書類	提出先	申請者	提出予定日
○		ガス工事申込書	ガス会社	使用者	着工前80日
	○	液化ガスまたは取扱いの開始届出書	消防署	使用者	着工前

● 給水設備

直結給水	直結以外の給水	申請書類	提出先	申請者	提出予定日
○	○	水道工事申込書	水道局	使用者	着工前30日
○	○	給水申込書	水道局	使用者	完了時
○	○	指定工事店承認申込	水道局	使用者	着工前30日
○	○	道路占有手続委任状	水道局	占有者	着工前30日
	○	受水タンク以下メーター設置工事申込書	水道局	使用者	着工前30日

● 搾泉設備

井戸	申請書類	提出先	申請者	提出予定日
○	建築物用地下水採取許可申請	知事または市町村長	所有者	着工前
○	地下水採取届出	知事または市町村長	所有者	着工前

● 排水設備

排水	井戸利用有	申請書類	提出先	申請者	提出予定日
○	○	排水設備計画確認申請	下水道局	使用者	着工前10日
○	○	公道内汚水桝工事申込	下水道局	所有者	着工前40日
	○	公共下水道使用開始届	下水道局	所有者	使用前

● 浄化槽

浄化槽	申請書類	提出先	申請者	提出予定日
○	し尿浄化槽設置届	建築主事	設置者	着工前
○	し尿浄化槽竣工検査	建築主事 保健所	施工者	

● 電話設備

配管のみ	機器共	申請書類	提出先	申請者	提出予定日
○	○	電話架設注文書	NTT	加入者	利用確定時
	○	加入申込書	NTT	加入者	利用確定時
	○	構内交換設備等自営届出書	NTT	加入者	着工前40日
	○	付属設備自営設置届	NTT	加入者	着工前40日
	○	構内交換設備等竣工検査請求書	NTT	加入者	着工前10日

● 受変電設備

低圧50kw未満	高圧50〜300kw未満	高圧300〜500kw未満	高圧500kw以上	申請書類	提出先	申請者	提出予定日
○				電灯使用申込書	電力会社	需要家	着工前20日
○				電力使用申込書	電力会社	需要家	着工前30日
○				自主検査の検査成績書	電力会社	需要家	送電前
	○	○	○	自家用電気使用申込	電力会社	需要家の代表	着工前30日
	○	○	○	自家用電気工作物落成予定通知書	電力会社	需要家の代表	落成予定前10日
	○	○	○	自主検査の検査成績書	電力会社	需要家の代表	送電前
	○	○	○	主任技術者選任届出	通産局	需要家の代表	着工前30日
	○	○		主任技術者選任許可申請	通産局	需要家の代表	着工前30日
	○	○		主任技術者兼任承認申請	通産局	需要家の代表	着工前30日
	○	○		主任技術者不選任承認申請	通産局	需要家の代表	着工前14日
	○	○	○	保安規定届出	通産局	需要家の代表	着工前
	○			自家用電気工作物使用開始届	通産局	需要家の代表	使用開始前
		○		工事計画届出	通産局	需要家の代表	着工前30日
			○	工事計画認可申請	通産局	需要家の代表	着工前30日
		○	○	使用前検査申請	通産局	需要家の代表	受電予定日

● 発電設備

発電機100kw以上	申請書類	提出先	申請者	提出予定日
○	自主検査の検査成績書	電力会社	需要家の代表	送電前
○	主任技術者選任届出	通産局	需要家の代表	着工前30日
○	主任技術者選任許可申請	通産局	需要家の代表	着工前30日
○	主任技術者兼任承認申請	通産局	需要家の代表	着工前30日
○	保安規定届出	通産局	需要家の代表	着工前
○	工事計画届出	通産局	需要家の代表	着工前30日
○	使用前検査申請	通産局	需要家の代表	受電予定日

● ボイラー設備

小型※ボイラー	左記を超えるボイラー	申請書類	提出先	申請者	提出予定日
	○	ボイラー設置届	労基署	所有者	着工前30日
	○	ボイラー構造検査申請	労基署	所有者	製造後
	○	ボイラー落成検査申請	労基署	所有者	落成前10日
	○	ボイラー取扱主任者選任報告	労基署	所有者	使用前
○		小型ボイラー設置報告	労基署	所有者	竣工時

※ 圧力1 kg/cm²2以下のボイラー

● 圧力容器設備設備

第1種圧力容器	申請書類	提出先	申請者	提出予定日
○	第1種圧力容器認可許可申請	労基署	所有者	着工前30日
○	第1種圧力容器認可許可申請	労基署	所有者	製造後
○	第1種圧力容器認可許可申請	労基署	所有者	落成前10日
○	取扱作業主任者選任報告	労基署	所有者	使用前

建築施工図研究会 メンバー
●

会長	松田　浩成	元・大成建設(株)
副会長	増田　正和	元・大成建設(株)
幹事	古村清次郎	(株)YOU建築事務所
会員	江部　　寛	元・大成建設(株)
会員	高橋　和之	元・(株)フジタ
会員	佐々　章郎	元・大成建設(株)
会員	松本洋一郎	元・大成建設(株)
会員	岸田　勝利	(株)YOU建築事務所

建築施工図の基本 −描き方・読み方の手引き−

発行　2004年5月25日　初版　　2025年6月30日　第10刷

著者　建築施工図研究会

編集室　建築思潮研究所
　　　　〒130-0026 東京都墨田区両国 4-32-16 両国プラザ1103号
　　　　電話 03 (3632) 3236　　FAX 03 (3635) 0045
編集・デザイン　渡辺 悟

発行者　馬場 栄一
発行所　建築資料研究社　https://www.kskpub.com
　　　　〒171-0014 東京都豊島区池袋 2-38-1　日建学院ビル 3F
　　　　電話 03 (3986) 3239　　FAX 03 (3987) 3256

印刷所　広済堂ネクスト

Ⓒ kenchiku-sekou-kenkyukai　2004
ISBN978-4-87460-819-7